mafalda

mafalda

presidenta

Quino

Lumen

"El verdadero fin
de la política
es hacer cómoda la existencia
y felices a los *pueblos*."

Rousseau

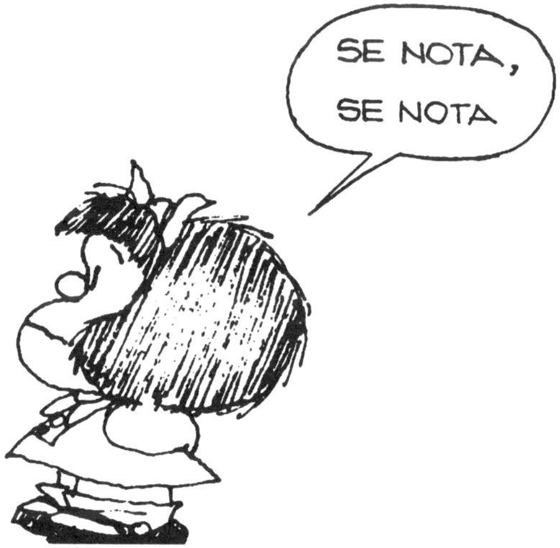
SE NOTA,
SE NOTA

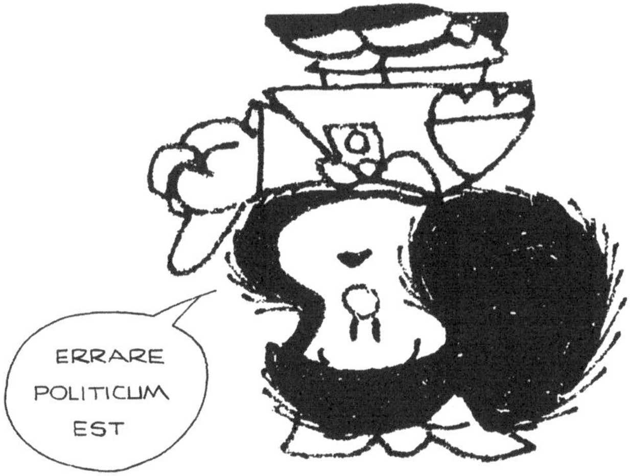
ERRARE POLITICUM EST

Nota editorial

«Oh, cuán floreciente época vivimos», comenta Mafalda al principio de este libro. Con la mirada perdida bajo el casco militar y pertrechada con metralleta, bombas y granadas, parece advertirnos de que nuestro tiempo y nuestra sociedad son un difícil campo de batalla. Y en verdad lo eran en la convulsa época en que nació, la década de 1960, en plena guerra fría, por lo que a lo largo de los diez años en que fueron publicadas sus tiras, Mafalda se hizo eco de los grandes conflictos del momento —la guerra de Vietnam, la carrera armamentística, los intentos de la ONU en Ginebra («capital del fracaso») de lograr un acuerdo de desarme nuclear, la deriva del castrismo y un largo etcétera—, pero también de los grandes cambios que supusieron el movimiento feminista, la revolución social, los medios de comunicación, la sociedad de consumo o el impacto de los Beatles en la juventud.

Siempre acompañada de una radio, un televisor o un periódico, Mafalda aprende que día tras día las noticias parecen repetirse: pobreza y hambre, desigualdades, autoritarismos, conflictos bélicos…, una situación que ni presidentes, ni reyes, ni papas, ni las mismísimas Naciones Unidas parecen saber evitar; como bien dice nuestra sabia amiga, a los gobernantes «no se les puede dar un año nuevo que enseguida lo rompen». Uno querría, igual que ella, que hubiera un día a la semana en que los informativos nos engañaran un poco dando buenas noticias, o que bastara con borrar del mapamundi a Pekín, el Kremlin y el Pentágono para ver si al fin podemos vivir tranquilos, pero la realidad es tozuda. «Dramática situación en medio Oriente», «Más víctimas en el Congo», «Nuevo choque racial en Estados Unidos», «Disturbios en Pekín», «Bombardeos en Vietnam», rezan los titulares del periódico que Mafalda le lee a una mosca mientras esta se golpea contra la ventana, para preguntarle a continuación si todavía quiere salir.

Pero sí, como reflexiona Mafalda y como Quino se encargó de mostrarnos una y otra vez en sus tiras, la mosca, al igual que la humanidad, desea con todas sus fuerzas salir adelante y ser libre. Este es el dilema al que el gran humorista argentino, que siempre se debatió entre el pesimismo y la esperanza, dio una y mil vueltas a lo largo de su trayectoria. Como viñetista comprometido con el mundo en el que vivía, convirtió a Mafalda y a sus amigos en grandes aliados para hablar abiertamente de política («esa mala palabra»), plasmar sin dramatismos sus preocupaciones y reírse de ellas, y transmitir un soplo de esperanza. Y así creó a la niña de seis años inconformista, solidaria y reivindicativa que tanto fascinó a Umberto Eco —«una heroína de nuestro tiempo», como él mismo la apodó—, una chiquilla sin pelos en la lengua que todo lo cuestiona, y que, al igual que Quino, se posiciona inequívocamente a favor de la justicia social y de los derechos humanos y contra la intolerancia. Y la rodeó de una pandilla de amigos con quienes jugar a los cowboys modernos (esos que luchan por acabar con la pobreza, el racismo y la guerra) y con quienes debatir, de manera divertida e inteligente, sus ideas de progreso y su mirada crítica. Juntos, a lo largo de estas páginas, intentarán encontrar soluciones para la paz mundial, el desarme, la libertad, la cultura, el medio ambiente, la lucha contra el hambre, el analfabetismo, la inactividad política, o la inoperancia de la Administración Pública. Juntos despliegan todo su ingenio componiendo canciones de protesta como «Los buenos empezamos a cansarnos» o lanzando propuestas tan diversas como la de una vacuna contra el despotismo, la nacionalización de la nación, la creación de un Ministerio de Adónde Vamos a Ir a Parar, el nombramiento de Joan Manuel Serrat como presidente, la implantación de un socialismo con las fábricas de caramelo y muchas más. Y nos recuerdan la importancia de respetarnos y cuidarnos los unos a los otros, de tener fe en el futuro y comprometernos a construir ese mundo mejor en el que no sea tan difícil salir de la cama cada día.

Hoy, más de medio siglo después de que fueran dibujadas, nos cuestionamos más que nunca «si la vida moderna no estará teniendo más de moderna que de vida». El panorama de nuestro querido «Bestiaplanēte» no es menos convulso que el que le tocó a Mafalda, y seguimos tentados de acostarlo y arroparlo con una mantita, como ella. Al leer estas tiras, nos sorprende su insólita vigencia y nos enternecen sus sueños de paz y entendimiento, su afán por subirse a una silla con una bombillita para iluminarnos con su sabia filosofía. Y con ella y sus amigos volvemos a preguntarnos: «Bueno, ¿y por qué en este año que viene no iniciamos de una buena vez la tan postergada construcción de un mundo mejor? ¿Eh?».

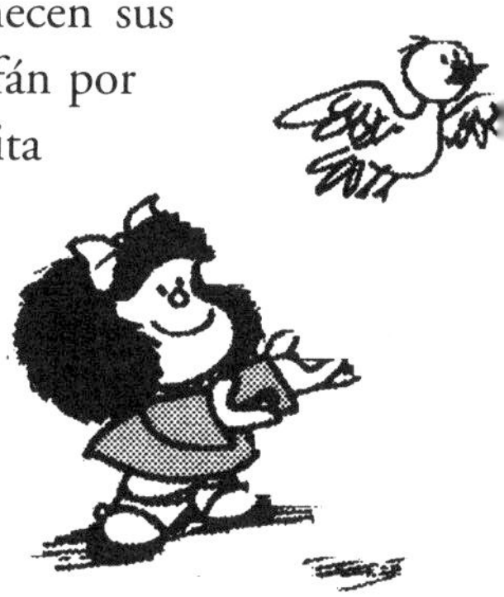

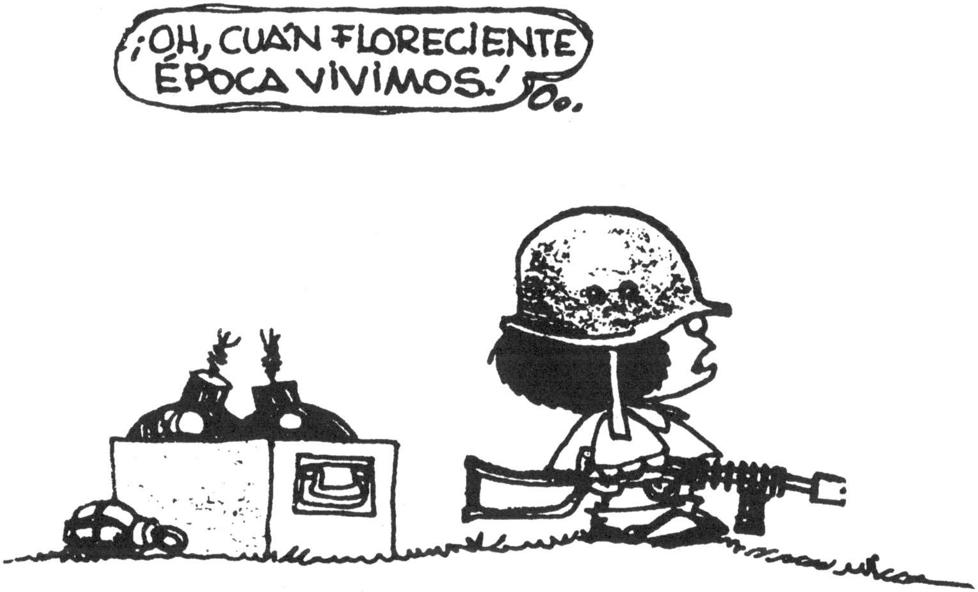
¡OH, CUÁN FLORECIENTE ÉPOCA VIVIMOS!

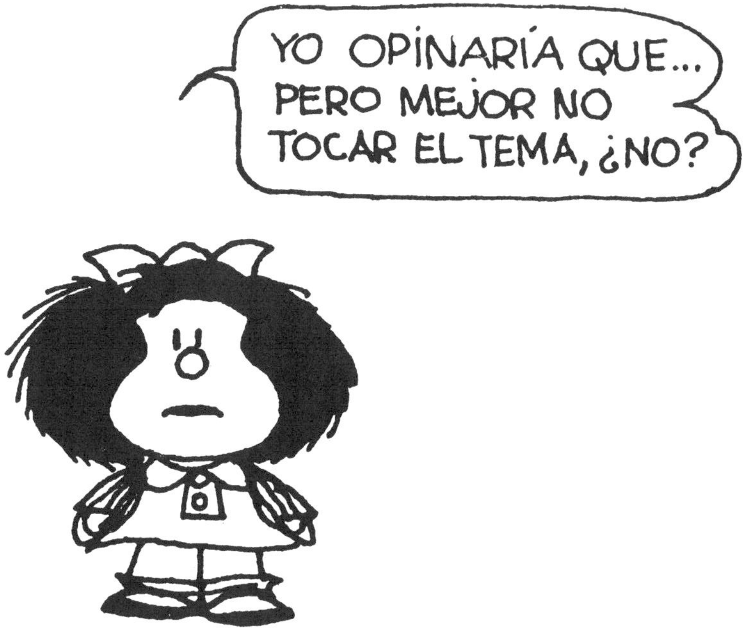
YO OPINARÍA QUE... PERO MEJOR NO TOCAR EL TEMA, ¿NO?

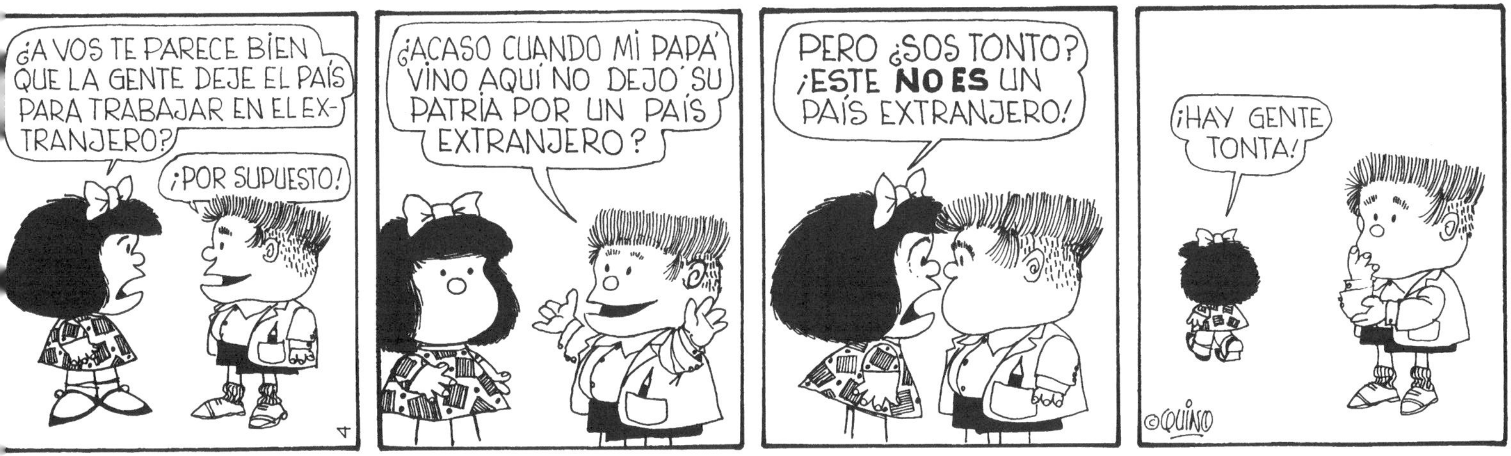
¿A VOS TE PARECE BIEN QUE LA GENTE DEJE EL PAÍS PARA TRABAJAR EN EL EXTRANJERO?
¡POR SUPUESTO!
¿ACASO CUANDO MI PAPÁ VINO AQUÍ NO DEJÓ SU PATRIA POR UN PAÍS EXTRANJERO?
PERO ¿SOS TONTO? ¡ESTE **NO ES** UN PAÍS EXTRANJERO!
¡HAY GENTE TONTA!
©QUINO

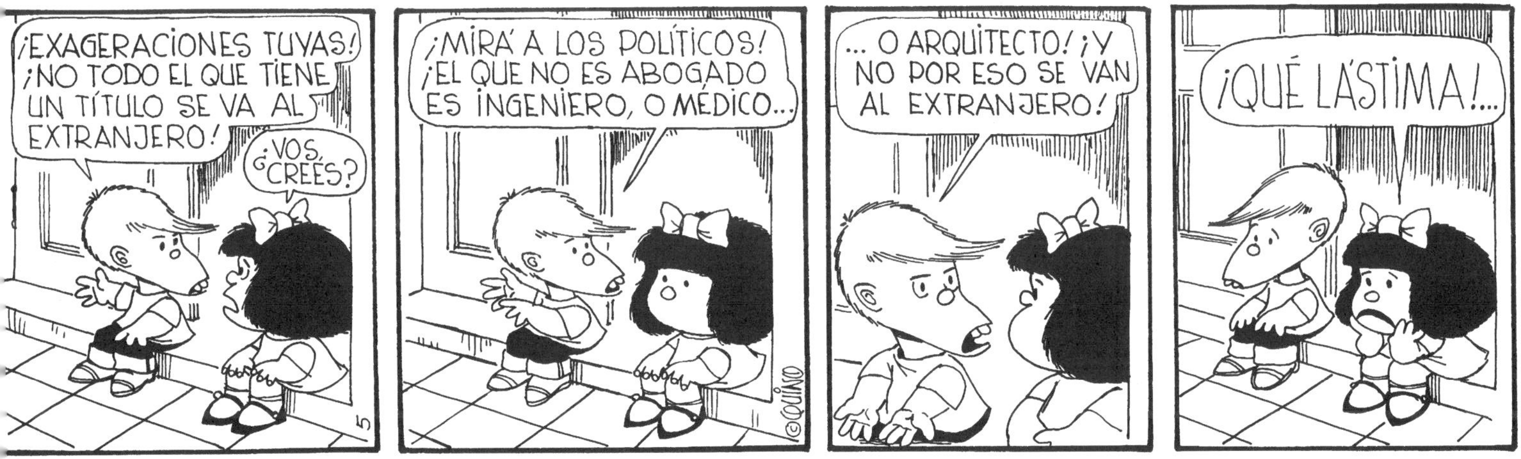
¡EXAGERACIONES TUYAS! ¡NO TODO EL QUE TIENE UN TÍTULO SE VA AL EXTRANJERO!
¿VOS, CREES?
¡MIRÁ A LOS POLÍTICOS! ¡EL QUE NO ES ABOGADO ES INGENIERO, O MÉDICO...
... O ARQUITECTO! ¡Y NO POR ESO SE VAN AL EXTRANJERO!
¡QUÉ LÁSTIMA!...
©QUINO

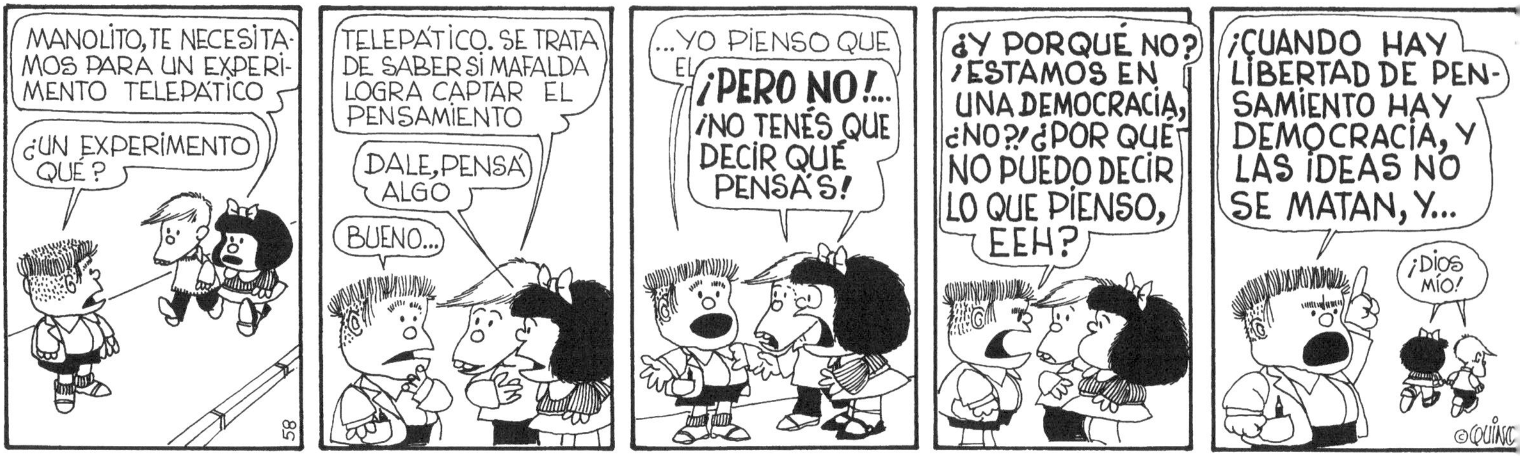
MANOLITO, TE NECESITAMOS PARA UN EXPERIMENTO TELEPÁTICO
¿UN EXPERIMENTO QUÉ?
TELEPÁTICO. SE TRATA DE SABER SI MAFALDA LOGRA CAPTAR EL PENSAMIENTO
DALE, PENSÁ ALGO
BUENO...
...YO PIENSO QUE EL
¡PERO NO!... ¡NO TENÉS QUE DECIR QUÉ PENSÁS!
¿Y PORQUÉ NO? ¡ESTAMOS EN UNA DEMOCRACIA, ¿NO?! ¿POR QUÉ NO PUEDO DECIR LO QUE PIENSO, EEH?
¡CUANDO HAY LIBERTAD DE PENSAMIENTO HAY DEMOCRACIA, Y LAS IDEAS NO SE MATAN, Y...
¡DIOS MÍO!
58
©QUINO

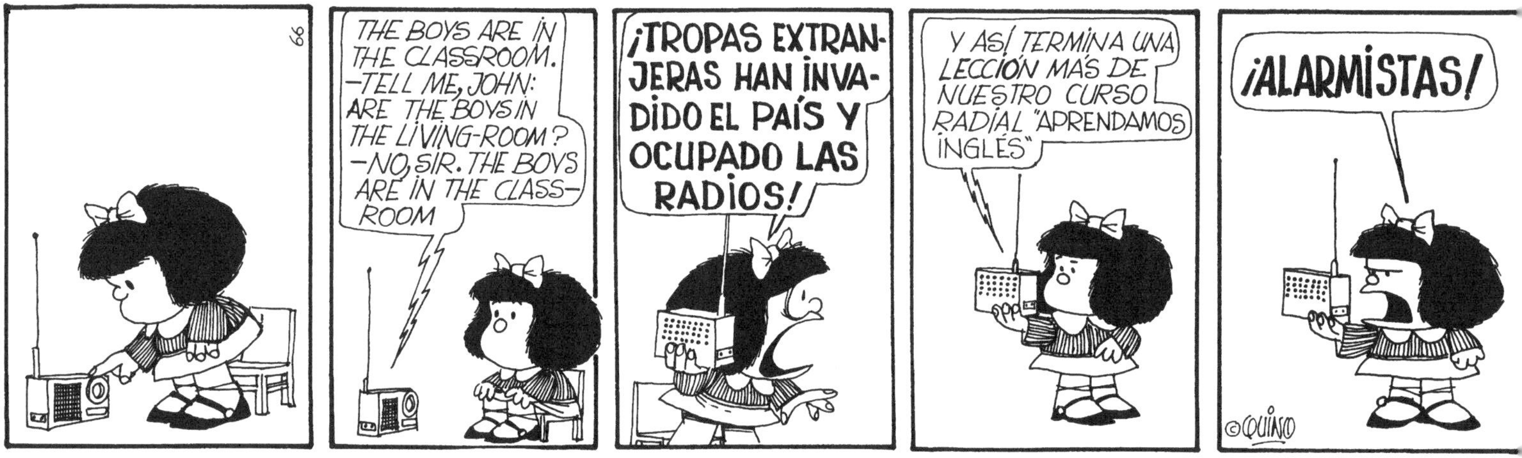
66
THE BOYS ARE IN THE CLASSROOM. —TELL ME, JOHN: ARE THE BOYS IN THE LIVING-ROOM? —NO, SIR. THE BOYS ARE IN THE CLASSROOM
¡TROPAS EXTRANJERAS HAN INVADIDO EL PAÍS Y OCUPADO LAS RADIOS!
Y ASÍ TERMINA UNA LECCIÓN MÁS DE NUESTRO CURSO RADIAL "APRENDAMOS INGLÉS"
¡ALARMISTAS!
©QUINO

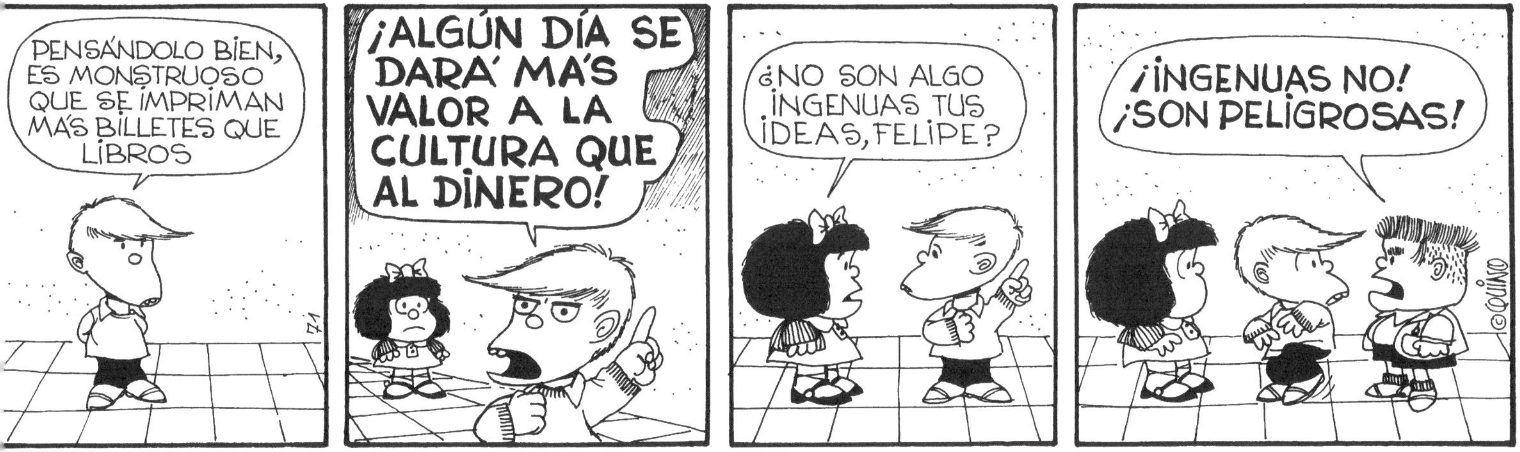
PENSÁNDOLO BIEN, ES MONSTRUOSO QUE SE IMPRIMAN MÁS BILLETES QUE LIBROS
¡ALGÚN DÍA SE DARÁ MÁS VALOR A LA CULTURA QUE AL DINERO!
¿NO SON ALGO INGENUAS TUS IDEAS, FELIPE?
¡INGENUAS NO! ¡SON PELIGROSAS!
©QUINO

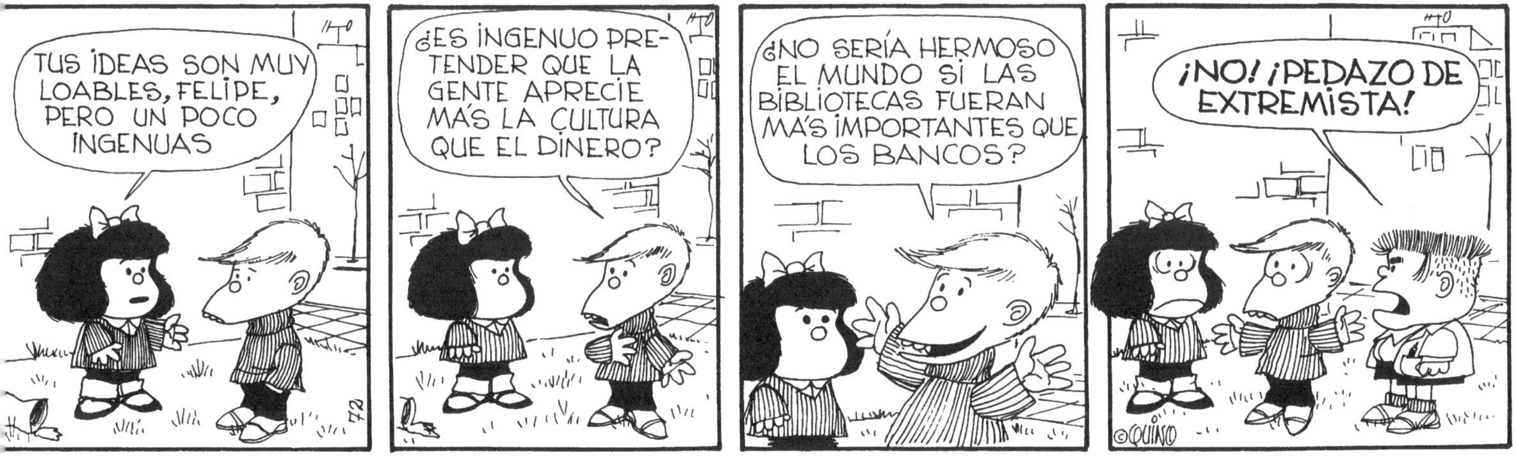
TUS IDEAS SON MUY LOABLES, FELIPE, PERO UN POCO INGENUAS
¿ES INGENUO PRETENDER QUE LA GENTE APRECIE MÁS LA CULTURA QUE EL DINERO?
¿NO SERÍA HERMOSO EL MUNDO SI LAS BIBLIOTECAS FUERAN MÁS IMPORTANTES QUE LOS BANCOS?
¡NO! ¡PEDAZO DE EXTREMISTA!
©QUINO

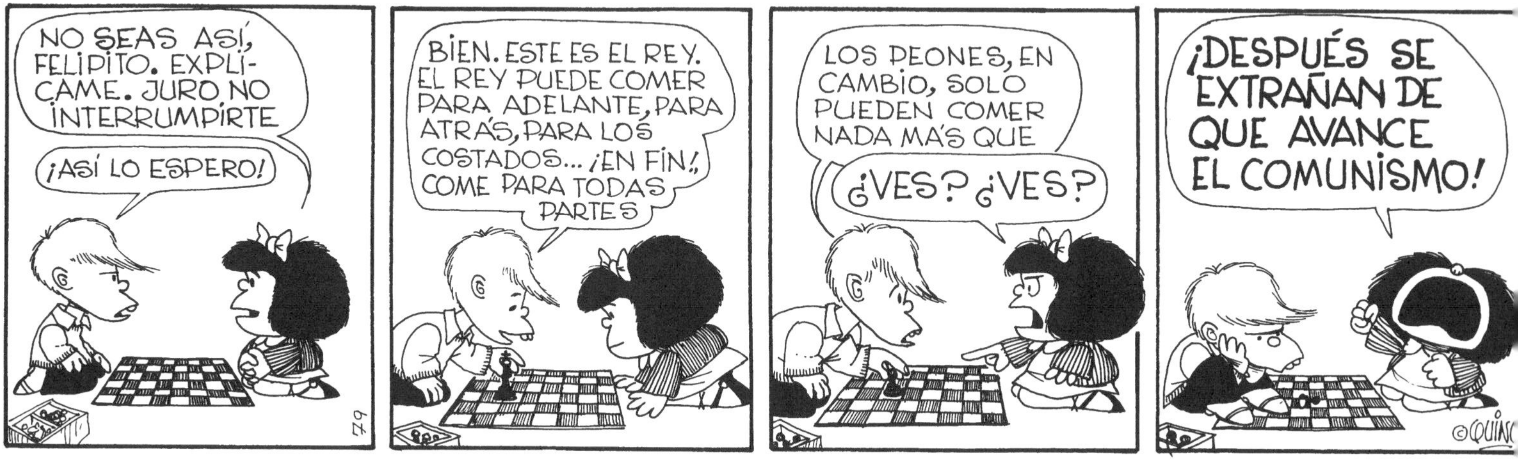
NO SEAS ASÍ, FELIPITO. EXPLÍCAME. JURO NO INTERRUMPIRTE
¡ASÍ LO ESPERO!
BIEN. ESTE ES EL REY. EL REY PUEDE COMER PARA ADELANTE, PARA ATRÁS, PARA LOS COSTADOS... ¡EN FIN!, COME PARA TODAS PARTES
LOS PEONES, EN CAMBIO, SOLO PUEDEN COMER NADA MÁS QUE
¿VES? ¿VES?
¡DESPUÉS SE EXTRAÑAN DE QUE AVANCE EL COMUNISMO!
©QUINO

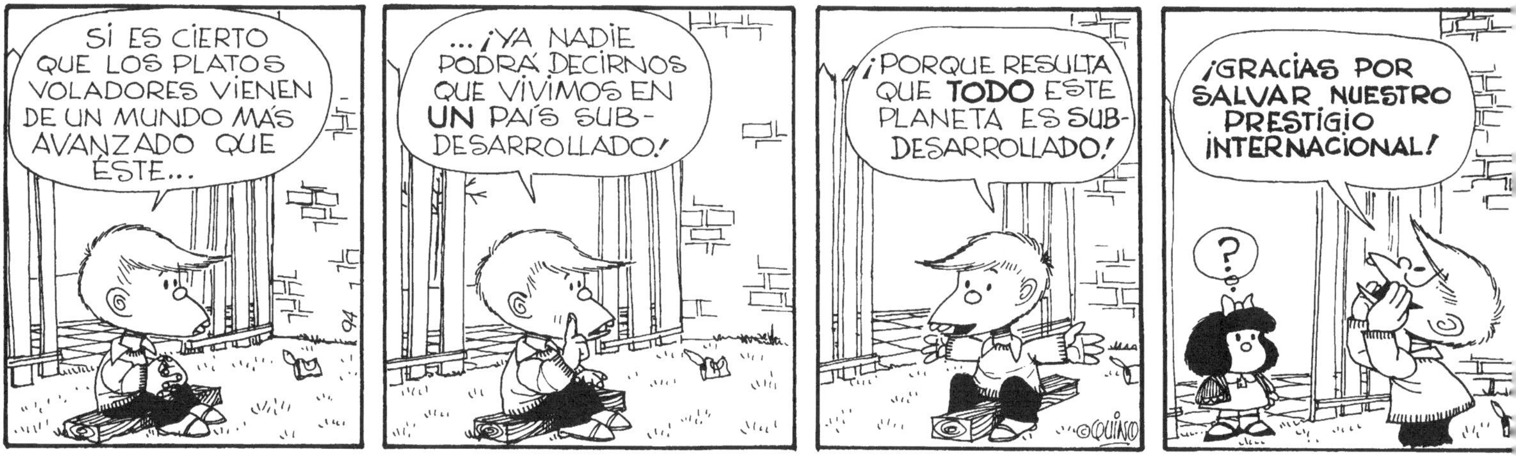
SI ES CIERTO QUE LOS PLATOS VOLADORES VIENEN DE UN MUNDO MÁS AVANZADO QUE ÉSTE...
...¡YA NADIE PODRÁ DECIRNOS QUE VIVIMOS EN UN PAÍS SUBDESARROLLADO!
¡PORQUE RESULTA QUE TODO ESTE PLANETA ES SUBDESARROLLADO!
©QUINO
¡GRACIAS POR SALVAR NUESTRO PRESTIGIO INTERNACIONAL!
?

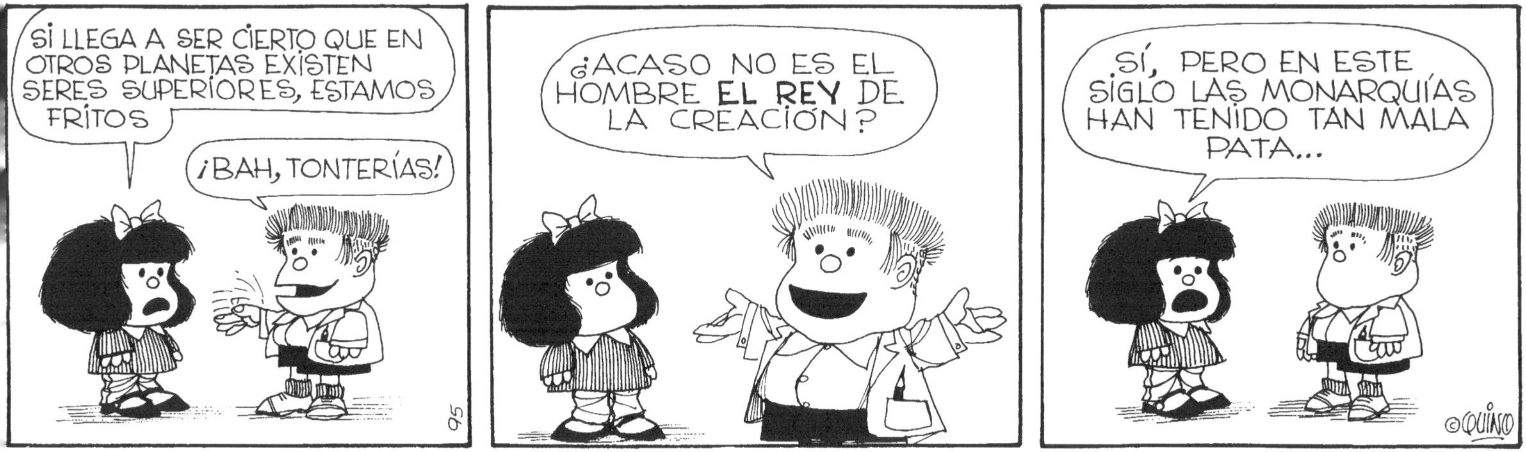
SÍ LLEGA A SER CIERTO QUE EN OTROS PLANETAS EXISTEN SERES SUPERIORES, ESTAMOS FRITOS
¡BAH, TONTERÍAS!
¿ACASO NO ES EL HOMBRE **EL REY** DE LA CREACIÓN?
SÍ, PERO EN ESTE SIGLO LAS MONARQUÍAS HAN TENIDO TAN MALA PATA...
95
©QUINO

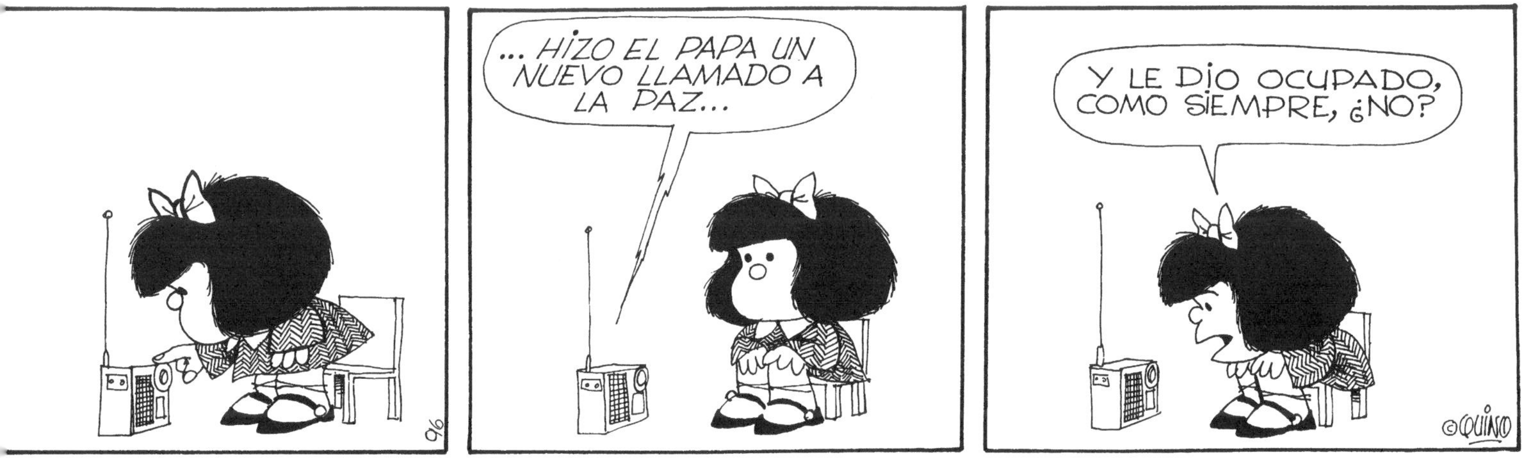
...HIZO EL PAPA UN NUEVO LLAMADO A LA PAZ...
Y LE DIO OCUPADO, COMO SIEMPRE, ¿NO?
96
©QUINO

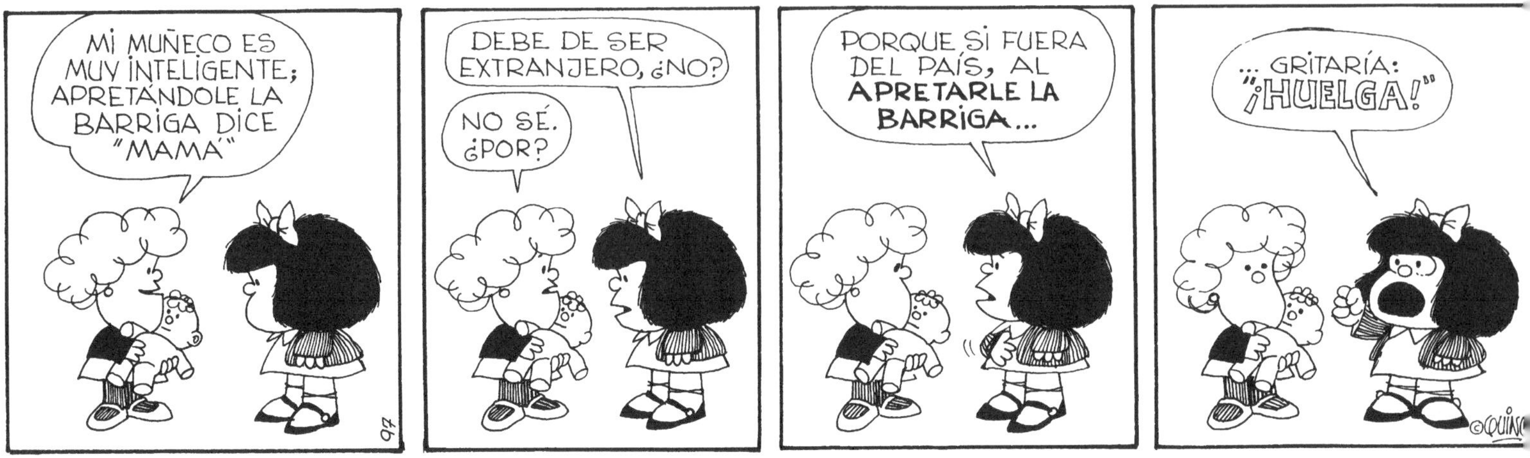
MI MUÑECO ES MUY INTELIGENTE; APRETÁNDOLE LA BARRIGA DICE "MAMÁ"
97
DEBE DE SER EXTRANJERO, ¿NO?
NO SÉ. ¿POR?
PORQUE SI FUERA DEL PAÍS, AL APRETARLE LA BARRIGA...
... GRITARÍA: "¡HUELGA!"
©QUINO

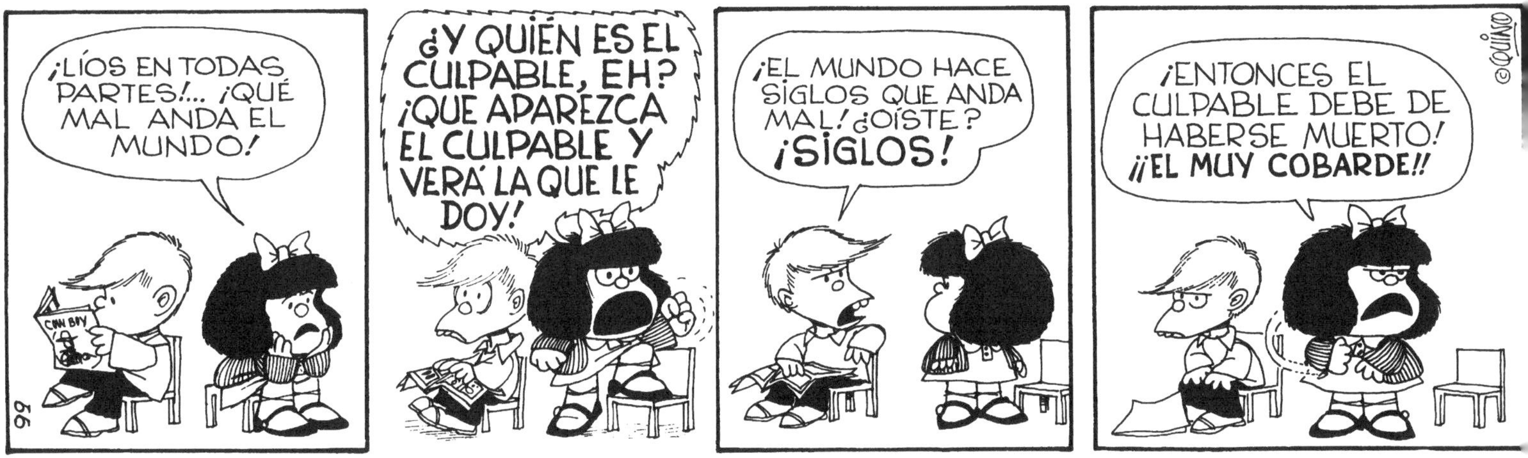
¡LÍOS EN TODAS PARTES!... ¡QUÉ MAL ANDA EL MUNDO!
99
¿Y QUIÉN ES EL CULPABLE, EH? ¡QUE APAREZCA EL CULPABLE Y VERÁ LA QUE LE DOY!
¡EL MUNDO HACE SIGLOS QUE ANDA MAL! ¿OÍSTE? ¡SIGLOS!
¡ENTONCES EL CULPABLE DEBE DE HABERSE MUERTO! ¡¡EL MUY COBARDE!!
©QUINO

¡APÚRATE, FELIPE! NO QUIERO PERDER EL NOTICIOSO. ¡SEGURO DIRÁN ALGO DEL "MARINER" Y LAS FOTOS DE MARTE!

¡VIDA EN MARTE! ¿NO ES SORPRENDENTE QUE HAYA VIDA EN OTROS PLANETAS?

... Y BOMBARDEARON INTENSAMENTE VIET-NAM DEL NORTE. GINEBRA: NO SE LLEGA A UN ACUERDO SOBRE DESARME NUCLEAR. JORDANIA: UN NUEVO TIROTEO CON TROPAS DE ISRAEL...

LO SORPRENDENTE ES QUE HAYA VIDA EN **ESTE** PLANETA

¡ME REVIENTA ESTO DE TENER AL CAPITALISMO POR UN LADO Y AL COMUNISMO POR OTRO!

¡UNO SE SIENTE SÁNDWICH!... ¡Y YA SE SABE **QUÉ LES OCURRE** A LOS SÁNDWICHES!

¡GRUMF! ¡CROF!

¡IMPERIALISTA!

?

19

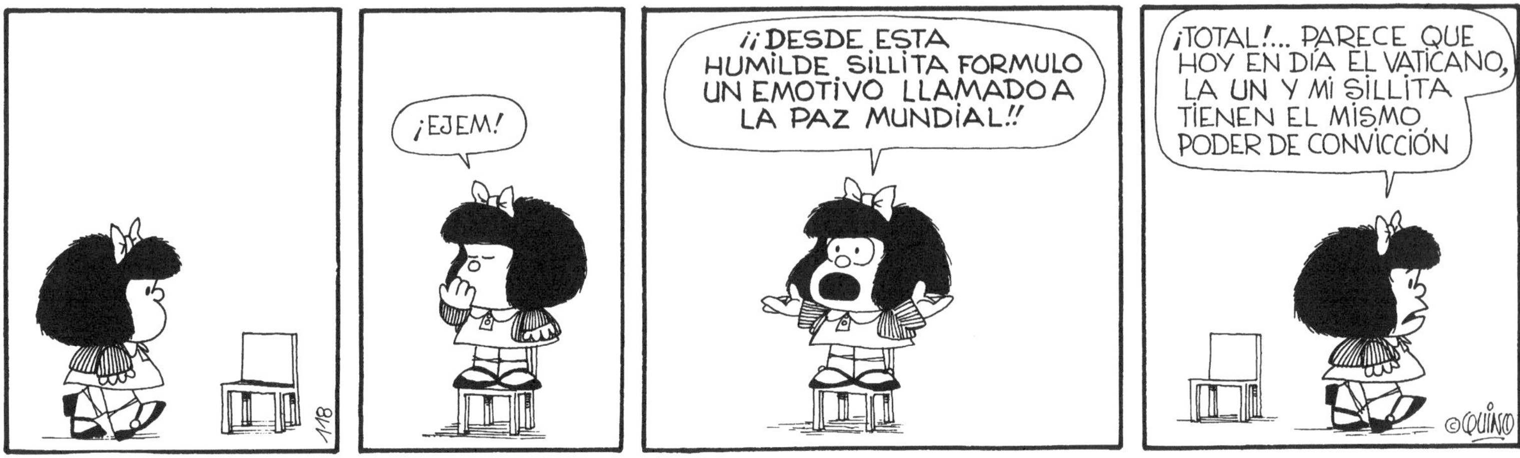
118
¡¡DESDE ESTA HUMILDE SILLITA FORMULO UN EMOTIVO LLAMADO A LA PAZ MUNDIAL!!
¡EJEM!
¡TOTAL!... PARECE QUE HOY EN DÍA EL VATICANO, LA UN Y MI SILLITA TIENEN EL MISMO PODER DE CONVICCIÓN
©QUINO

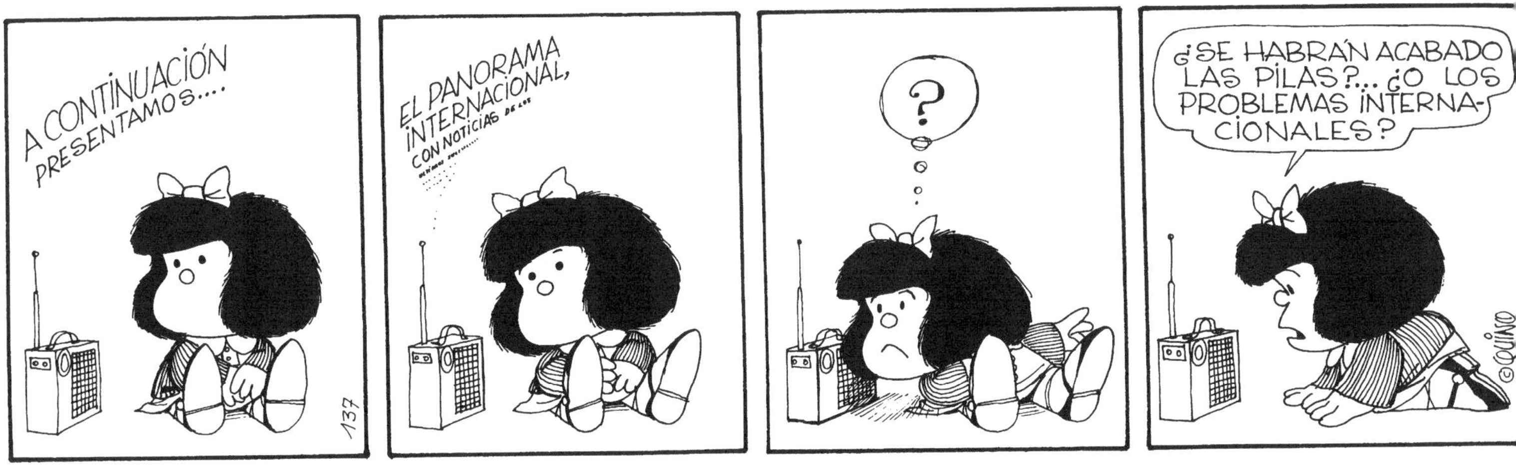
A CONTINUACIÓN PRESENTAMOS....
137
EL PANORAMA INTERNACIONAL, CON NOTICIAS DE LOS
?
¿SE HABRÁN ACABADO LAS PILAS?... ¿O LOS PROBLEMAS INTERNACIONALES?
©QUINO

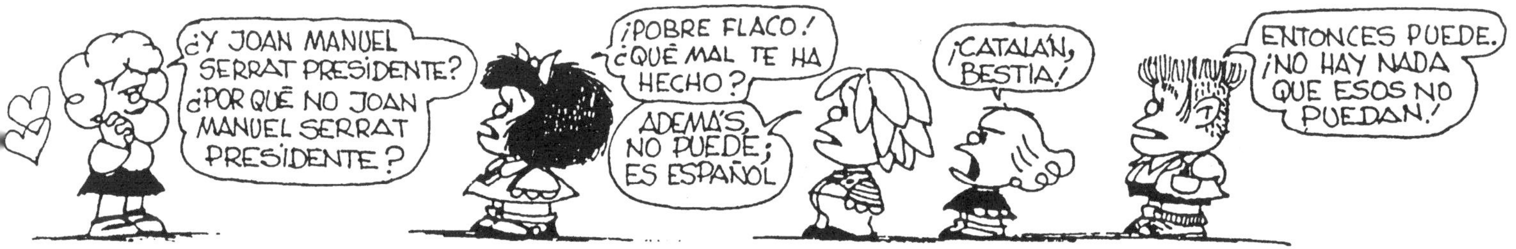
¿Y JOAN MANUEL SERRAT PRESIDENTE? ¿POR QUÉ NO JOAN MANUEL SERRAT PRESIDENTE?
¡POBRE FLACO! ¿QUÉ MAL TE HA HECHO?
ADEMÁS, NO PUEDE; ES ESPAÑOL
¡CATALÁN, BESTIA!
ENTONCES PUEDE. ¡NO HAY NADA QUE ESOS NO PUEDAN!

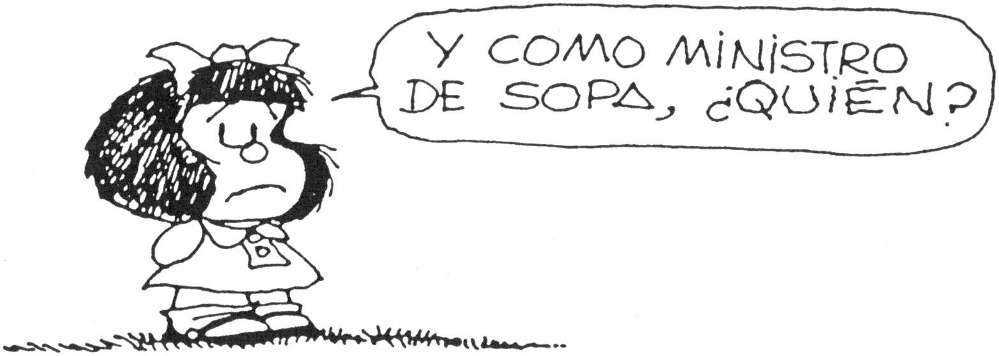
Y COMO MINISTRO DE SOPA, ¿QUIÉN?

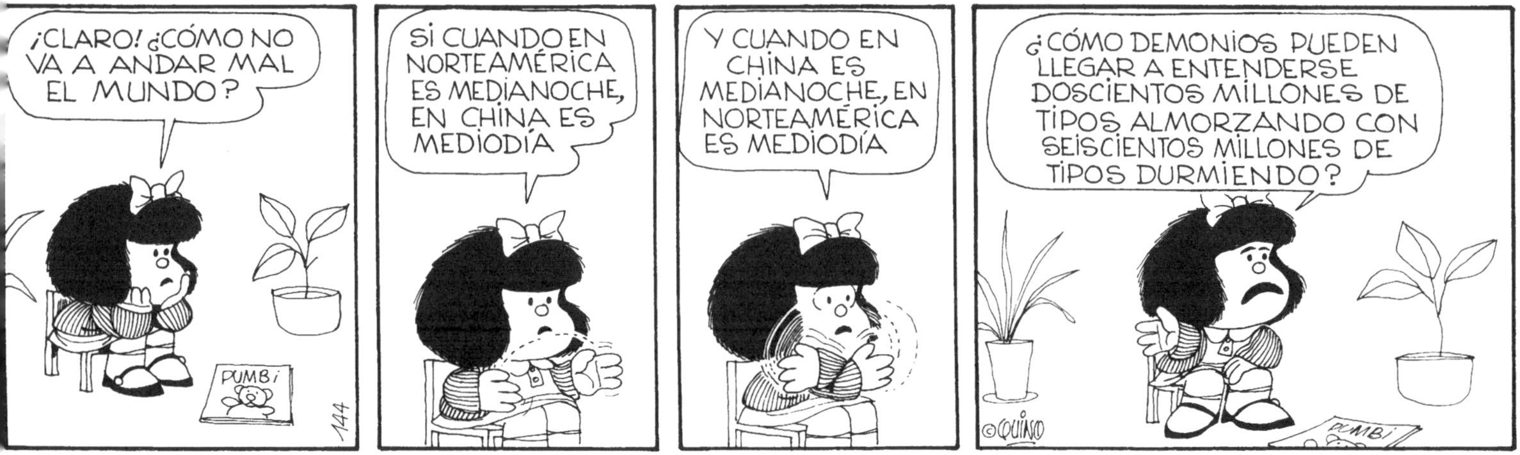
¡CLARO! ¿CÓMO NO VA A ANDAR MAL EL MUNDO?
PUMBi
144
Si CUANDO EN NORTEAMÉRICA ES MEDIANOCHE, EN CHINA ES MEDIODÍA
Y CUANDO EN CHINA ES MEDIANOCHE, EN NORTEAMÉRICA ES MEDIODÍA
¿CÓMO DEMONIOS PUEDEN LLEGAR A ENTENDERSE DOSCIENTOS MILLONES DE TIPOS ALMORZANDO CON SEISCIENTOS MILLONES DE TIPOS DURMIENDO?
©QUINO

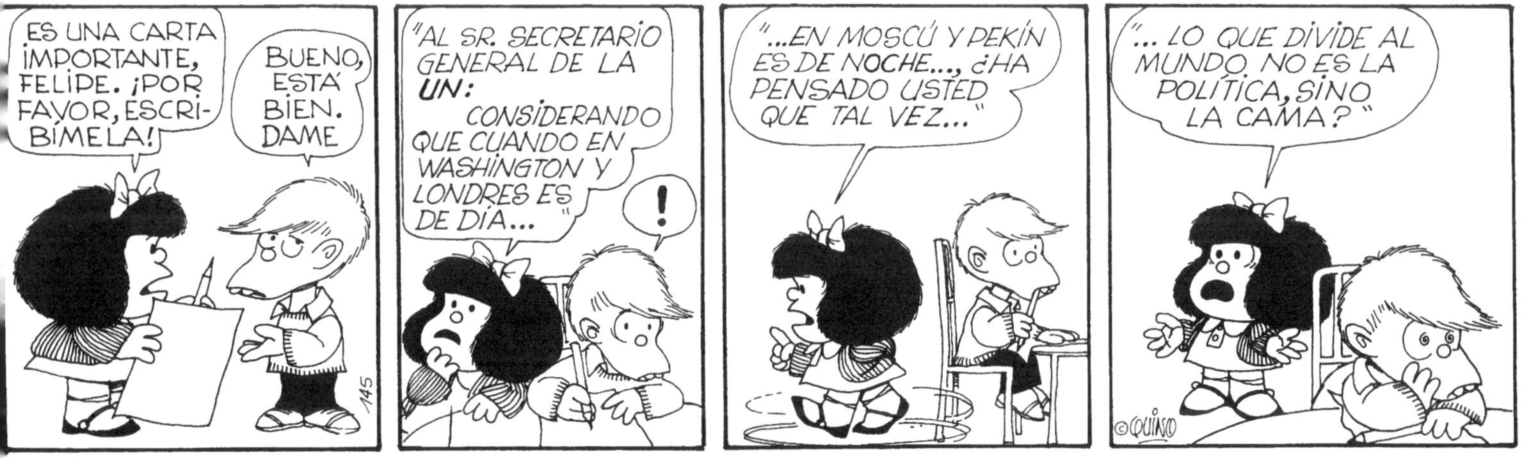
ES UNA CARTA IMPORTANTE, FELIPE. ¡POR FAVOR, ESCRIBÍMELA!
BUENO, ESTÁ BIEN. DAME
145
"AL SR. SECRETARIO GENERAL DE LA UN: CONSIDERANDO QUE CUANDO EN WASHINGTON Y LONDRES ES DE DÍA..."
!
"...EN MOSCÚ Y PEKÍN ES DE NOCHE..., ¿HA PENSADO USTED QUE TAL VEZ..."
"... LO QUE DIVIDE AL MUNDO NO ES LA POLÍTICA, SINO LA CAMA?"
©QUINO

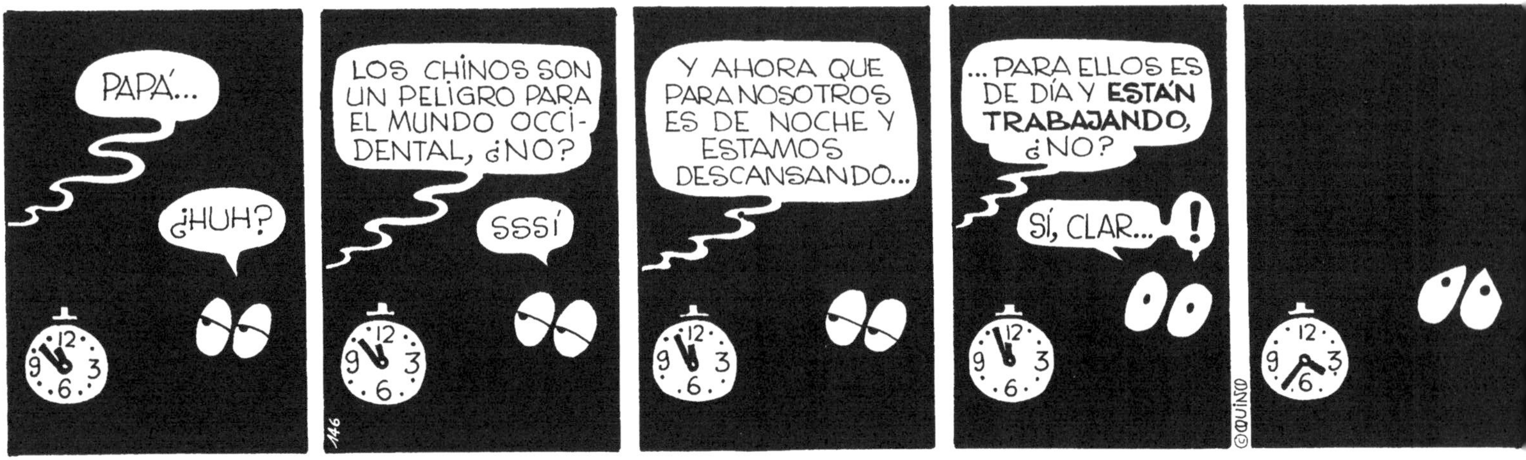
PAPÁ...
¿HUH?
146
LOS CHINOS SON UN PELIGRO PARA EL MUNDO OCCI-DENTAL, ¿NO?
SSSÍ
Y AHORA QUE PARA NOSOTROS ES DE NOCHE Y ESTAMOS DESCANSANDO...
...PARA ELLOS ES DE DÍA Y **ESTÁN TRABAJANDO**, ¿NO?
SÍ, CLAR...
!
©QUINO

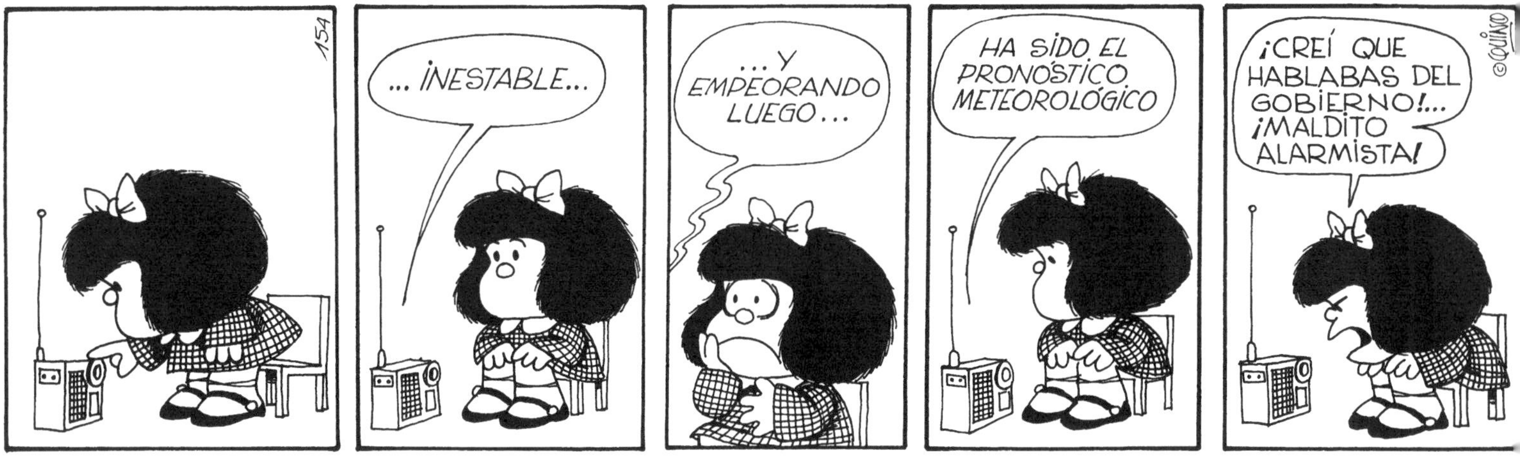
154
...INESTABLE...
...Y EMPEORANDO LUEGO...
HA SIDO EL PRONÓSTICO METEOROLÓGICO
¡CREÍ QUE HABLABAS DEL GOBIERNO!... ¡MALDITO ALARMISTA!
©QUINO

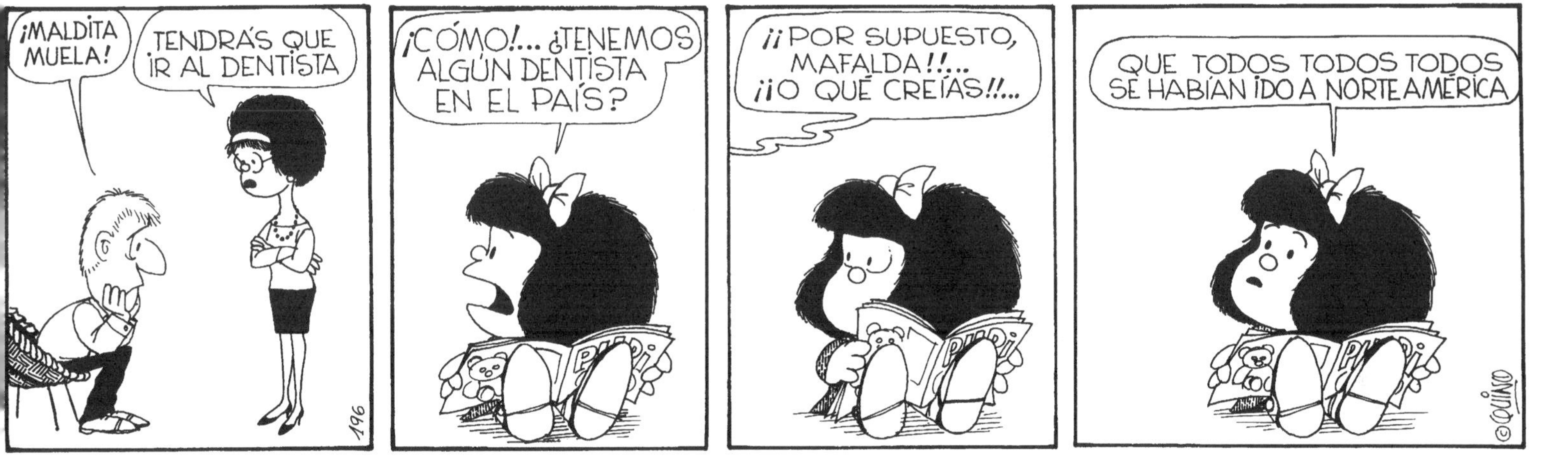
¡MALDITA MUELA!
TENDRÁS QUE IR AL DENTISTA
¡CÓMO!... ¿TENEMOS ALGÚN DENTISTA EN EL PAÍS?
¡¡POR SUPUESTO, MAFALDA!!... ¡¡O QUÉ CREÍAS!!...
QUE TODOS TODOS TODOS SE HABÍAN IDO A NORTEAMÉRICA

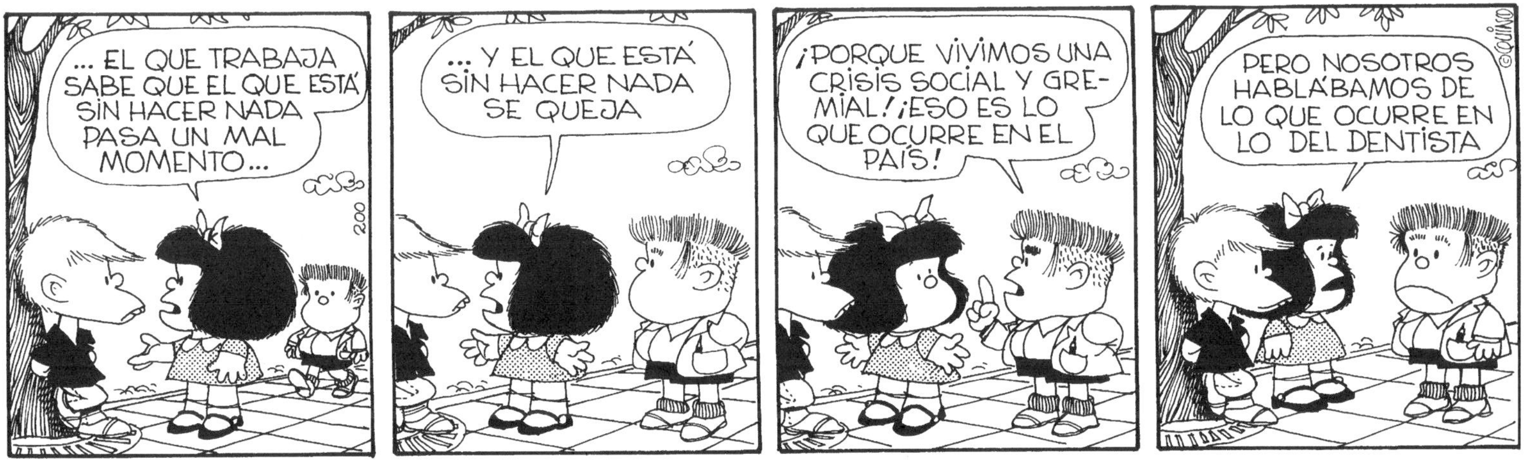
... EL QUE TRABAJA SABE QUE EL QUE ESTÁ SIN HACER NADA PASA UN MAL MOMENTO...
... Y EL QUE ESTÁ SIN HACER NADA SE QUEJA
¡PORQUE VIVIMOS UNA CRISIS SOCIAL Y GREMIAL! ¡ESO ES LO QUE OCURRE EN EL PAÍS!
PERO NOSOTROS HABLÁBAMOS DE LO QUE OCURRE EN LO DEL DENTISTA

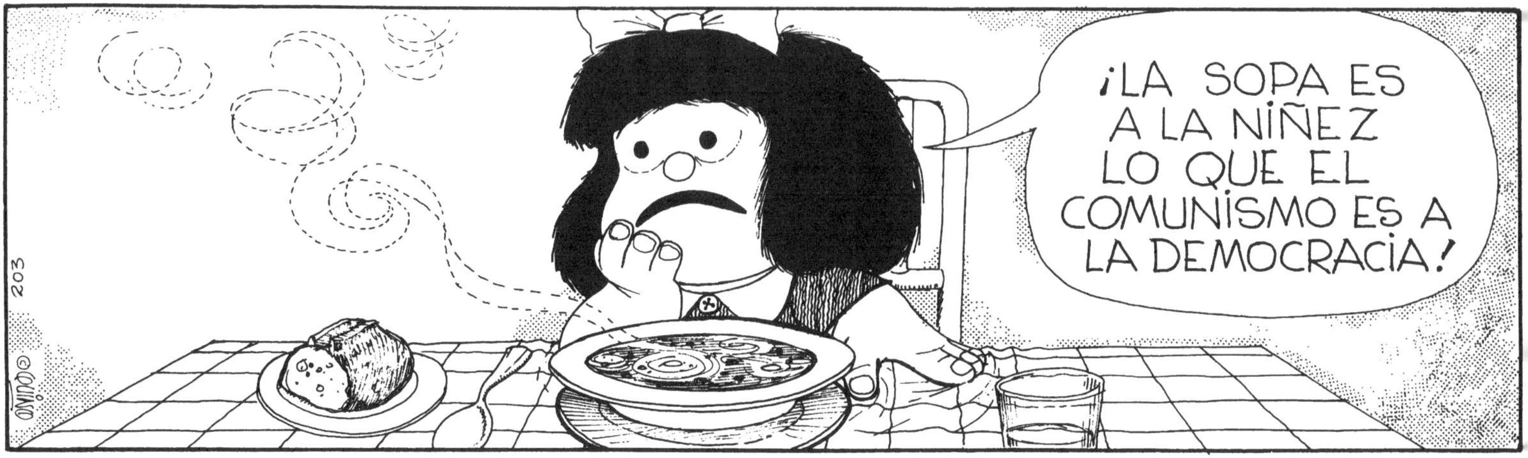
203
¡LA SOPA ES A LA NIÑEZ LO QUE EL COMUNISMO ES A LA DEMOCRACIA!

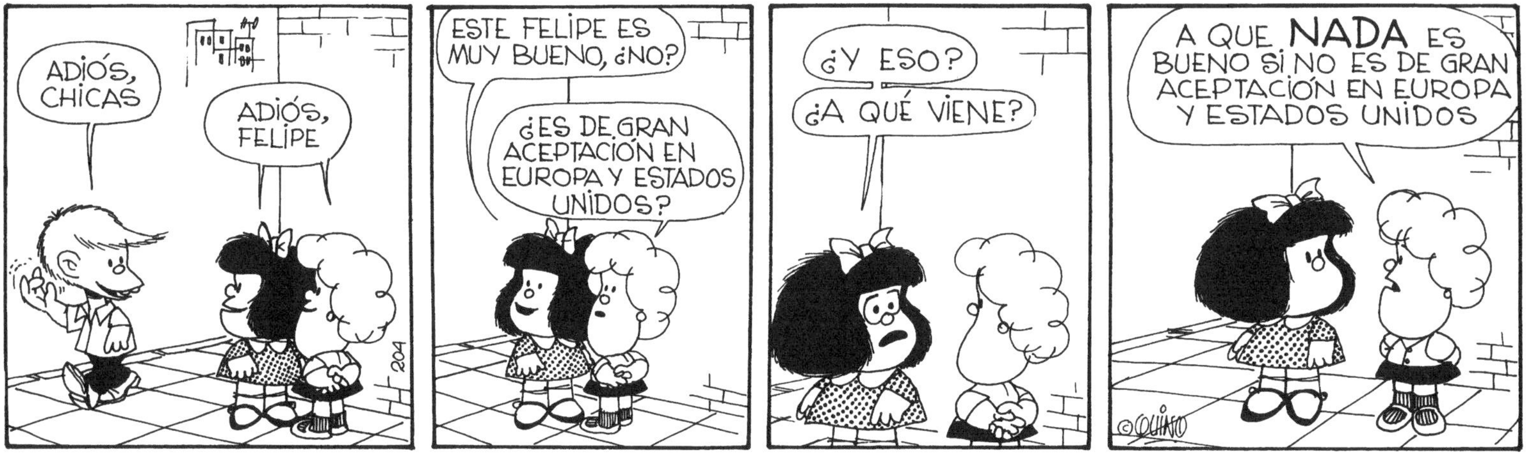
ADIÓS, CHICAS
ADIÓS, FELIPE
204
ESTE FELIPE ES MUY BUENO, ¿NO?
¿ES DE GRAN ACEPTACIÓN EN EUROPA Y ESTADOS UNIDOS?
¿Y ESO?
¿A QUÉ VIENE?
A QUE NADA ES BUENO SI NO ES DE GRAN ACEPTACIÓN EN EUROPA Y ESTADOS UNIDOS

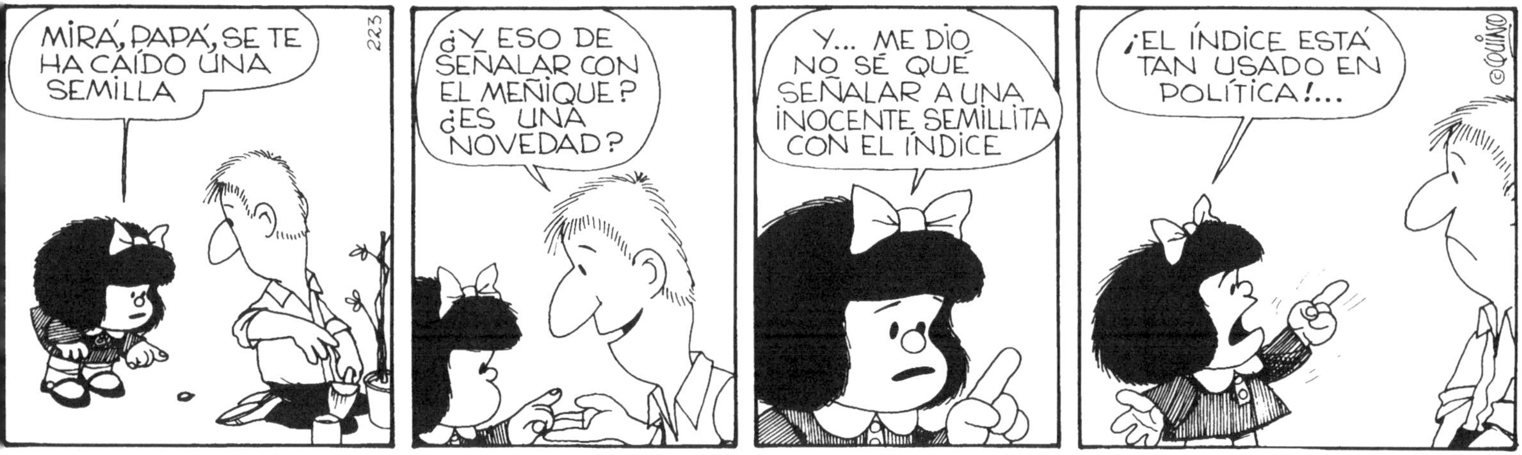
223
MIRÁ, PAPÁ, SE TE HA CAÍDO UNA SEMILLA
¿Y ESO DE SEÑALAR CON EL MEÑIQUE? ¿ES UNA NOVEDAD?
Y... ME DIO NO SÉ QUÉ SEÑALAR A UNA INOCENTE SEMILLITA CON EL ÍNDICE
¡EL ÍNDICE ESTÁ TAN USADO EN POLÍTICA!...
©QUINO

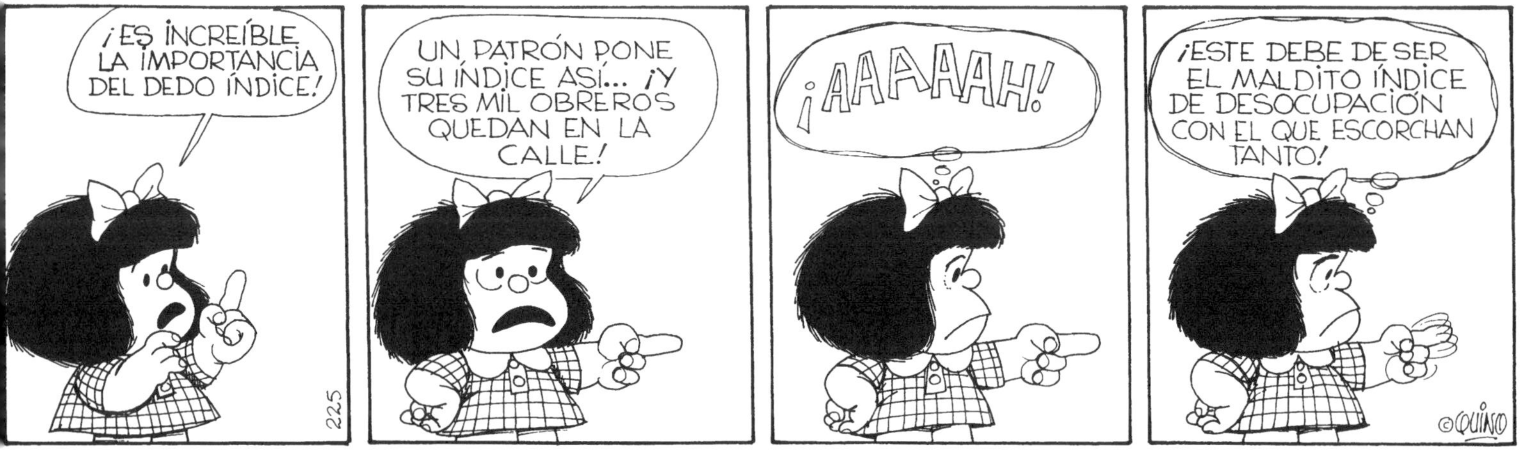
¡ES INCREÍBLE LA IMPORTANCIA DEL DEDO ÍNDICE!
225
UN PATRÓN PONE SU ÍNDICE ASÍ... ¡Y TRES MIL OBREROS QUEDAN EN LA CALLE!
¡AAAAAH!
¡ESTE DEBE DE SER EL MALDITO ÍNDICE DE DESOCUPACIÓN CON EL QUE ESCORCHAN TANTO!
©QUINO

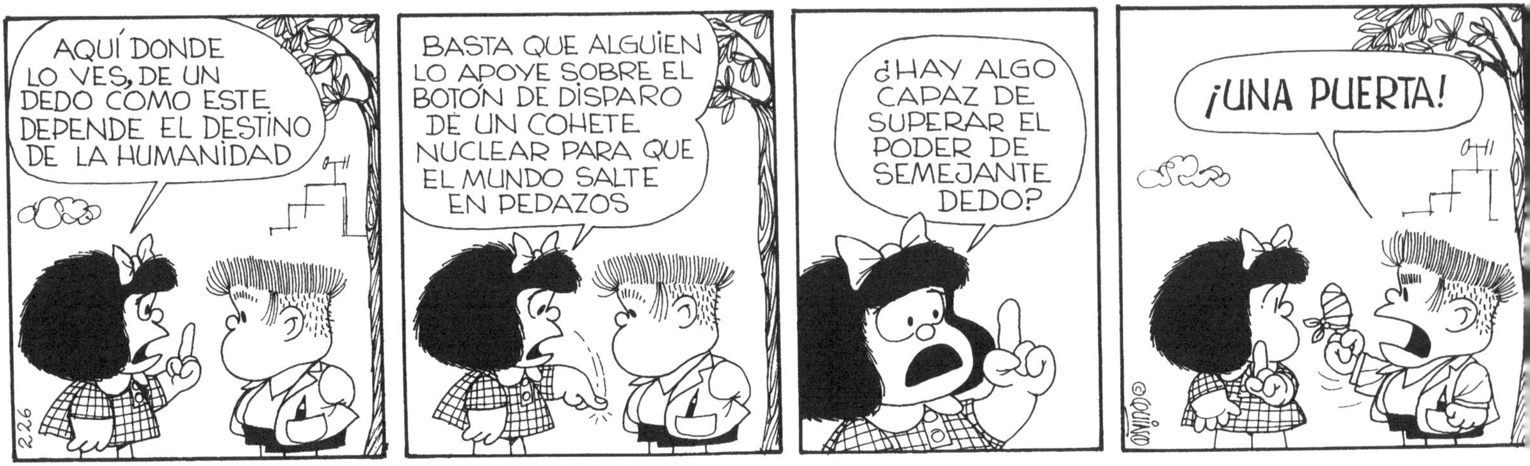
226
AQUÍ DONDE LO VES, DE UN DEDO COMO ESTE DEPENDE EL DESTINO DE LA HUMANIDAD
BASTA QUE ALGUIEN LO APOYE SOBRE EL BOTÓN DE DISPARO DE UN COHETE NUCLEAR PARA QUE EL MUNDO SALTE EN PEDAZOS
¿HAY ALGO CAPAZ DE SUPERAR EL PODER DE SEMEJANTE DEDO?
¡UNA PUERTA!
© QUINO

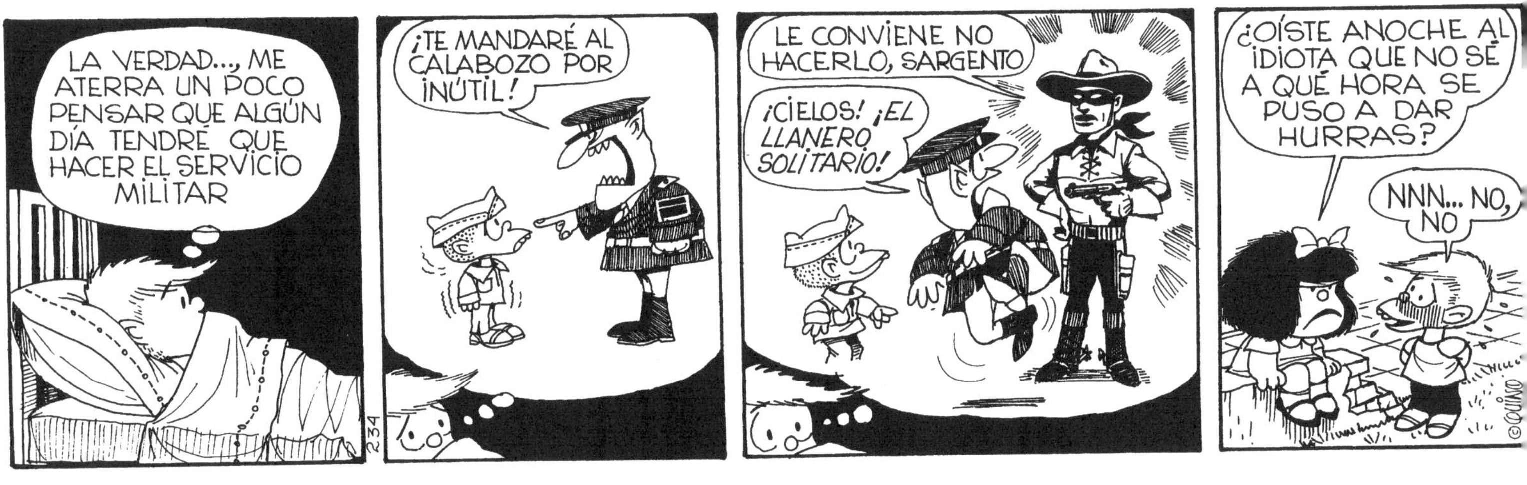
234
LA VERDAD..., ME ATERRA UN POCO PENSAR QUE ALGÚN DÍA TENDRÉ QUE HACER EL SERVICIO MILITAR
¡TE MANDARÉ AL CALABOZO POR INÚTIL!
LE CONVIENE NO HACERLO, SARGENTO
¡CIELOS! ¡EL LLANERO SOLITARIO!
¿OÍSTE ANOCHE AL IDIOTA QUE NO SÉ A QUÉ HORA SE PUSO A DAR HURRAS?
NNN... NO, NO
© QUINO

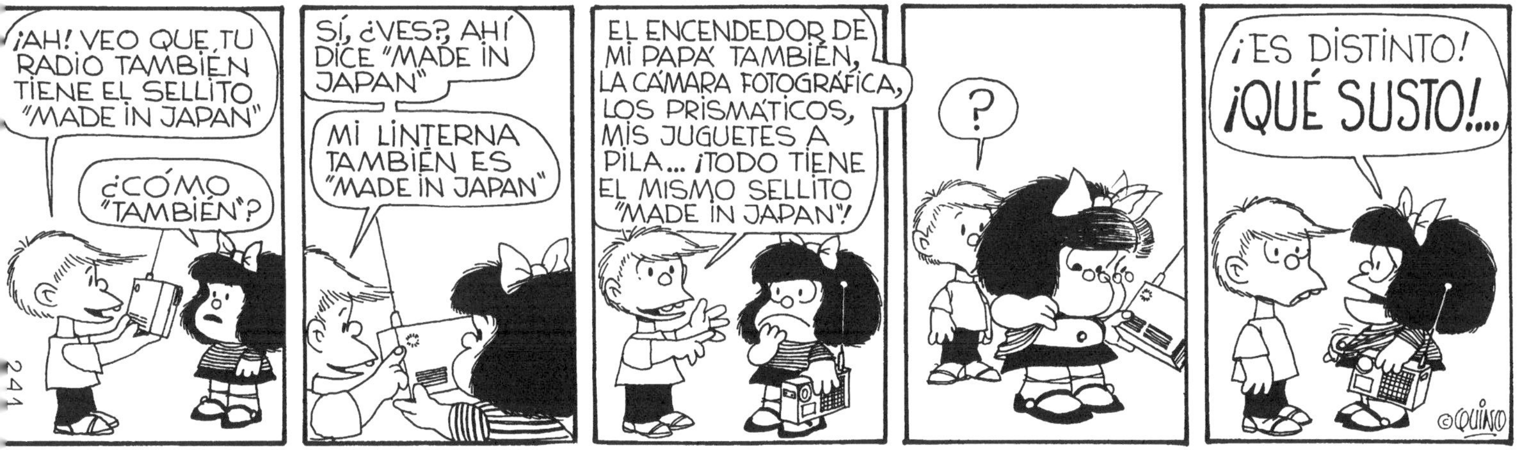
¡AH! VEO QUE TU RADIO TAMBIÉN TIENE EL SELLITO "MADE IN JAPAN"
¿CÓMO "TAMBIÉN"?
SÍ, ¿VES?, AHÍ DICE "MADE IN JAPAN"
MI LINTERNA TAMBIÉN ES "MADE IN JAPAN"
EL ENCENDEDOR DE MI PAPÁ TAMBIÉN, LA CÁMARA FOTOGRÁFICA, LOS PRISMÁTICOS, MIS JUGUETES A PILA... ¡TODO TIENE EL MISMO SELLITO "MADE IN JAPAN"!
?
¡ES DISTINTO!
¡QUÉ SUSTO!...
©QUINO

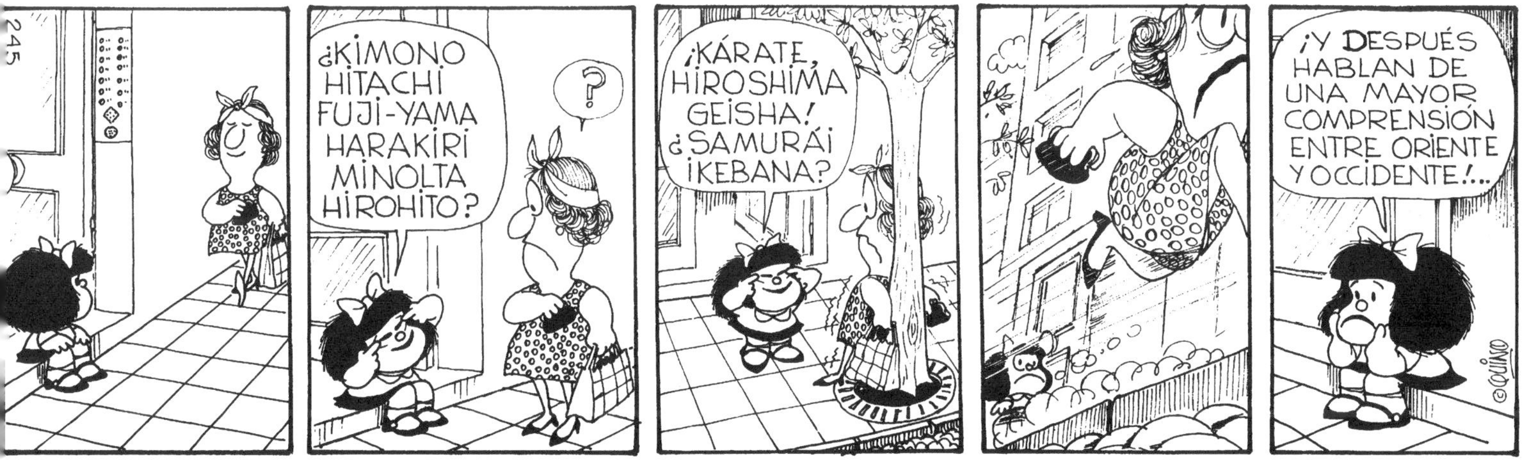
¿KIMONO HITACHI FUJI-YAMA HARAKIRI MINOLTA HIROHITO?
?
¡KÁRATE, HIROSHIMA GEISHA! ¿SAMURÁI IKEBANA?
¡Y DESPUÉS HABLAN DE UNA MAYOR COMPRENSIÓN ENTRE ORIENTE Y OCCIDENTE!...
©QUINO

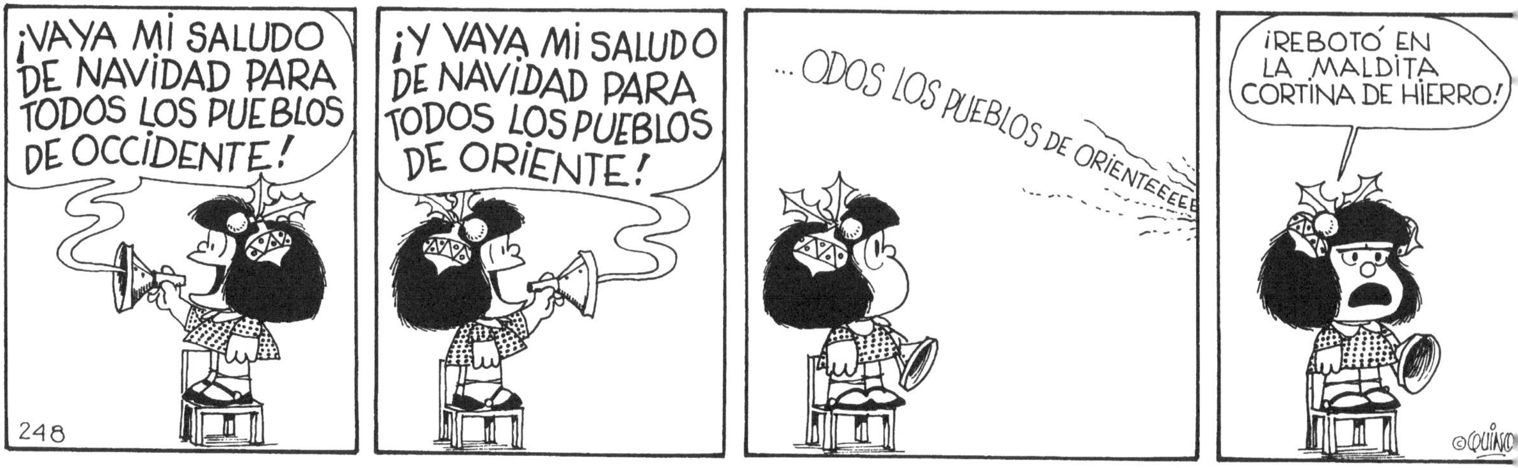

¡VAYA MI SALUDO DE NAVIDAD PARA TODOS LOS PUEBLOS DE OCCIDENTE!
248
¡Y VAYA MI SALUDO DE NAVIDAD PARA TODOS LOS PUEBLOS DE ORIENTE!
...ODOS LOS PUEBLOS DE ORIENTEEEEEE
¡REBOTÓ EN LA MALDITA CORTINA DE HIERRO!
©QUINO

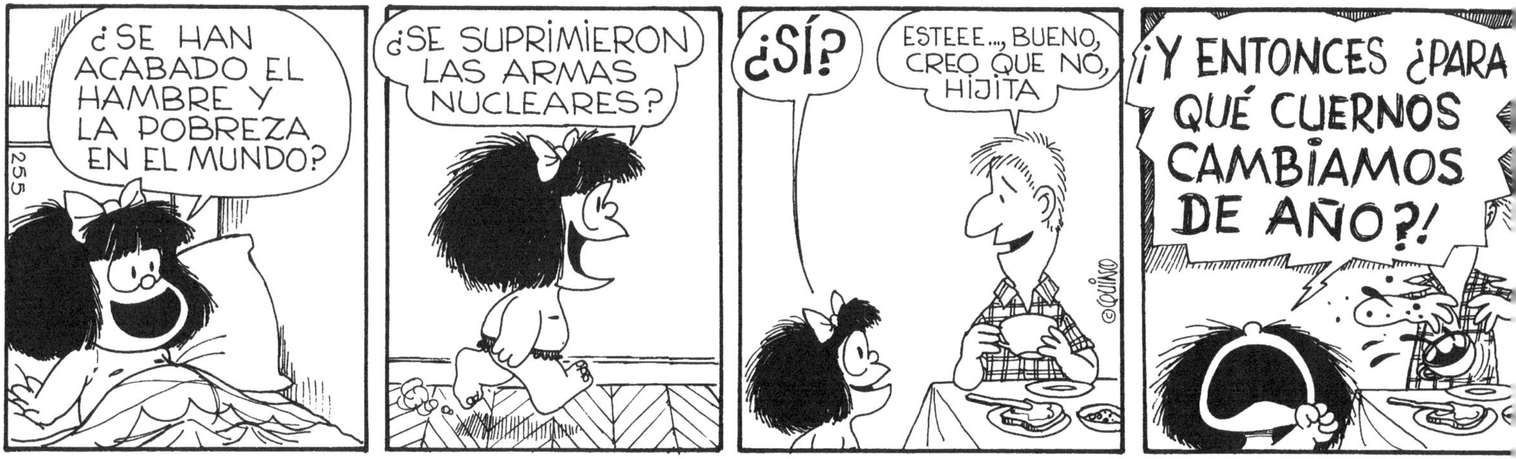

255
¿SE HAN ACABADO EL HAMBRE Y LA POBREZA EN EL MUNDO?
¿SE SUPRIMIERON LAS ARMAS NUCLEARES?
¿SÍ?
ESTEEE..., BUENO, CREO QUE NO, HIJITA
©QUINO
¡Y ENTONCES ¿PARA QUÉ CUERNOS CAMBIAMOS DE AÑO?!

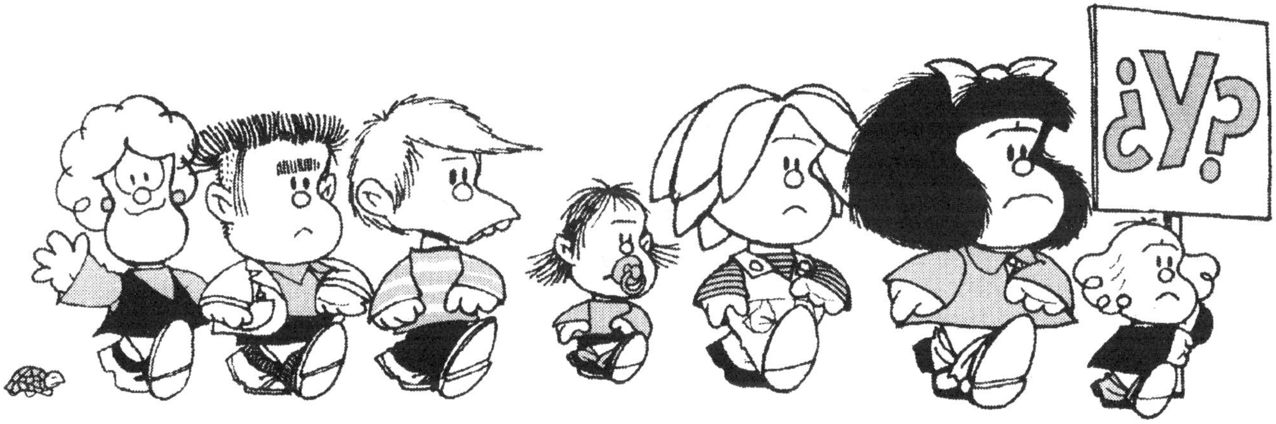
¿Y?

¿FUERA QUIÉNES DE DÓNDE?

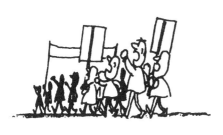

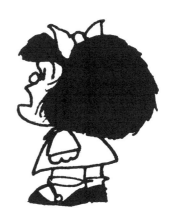

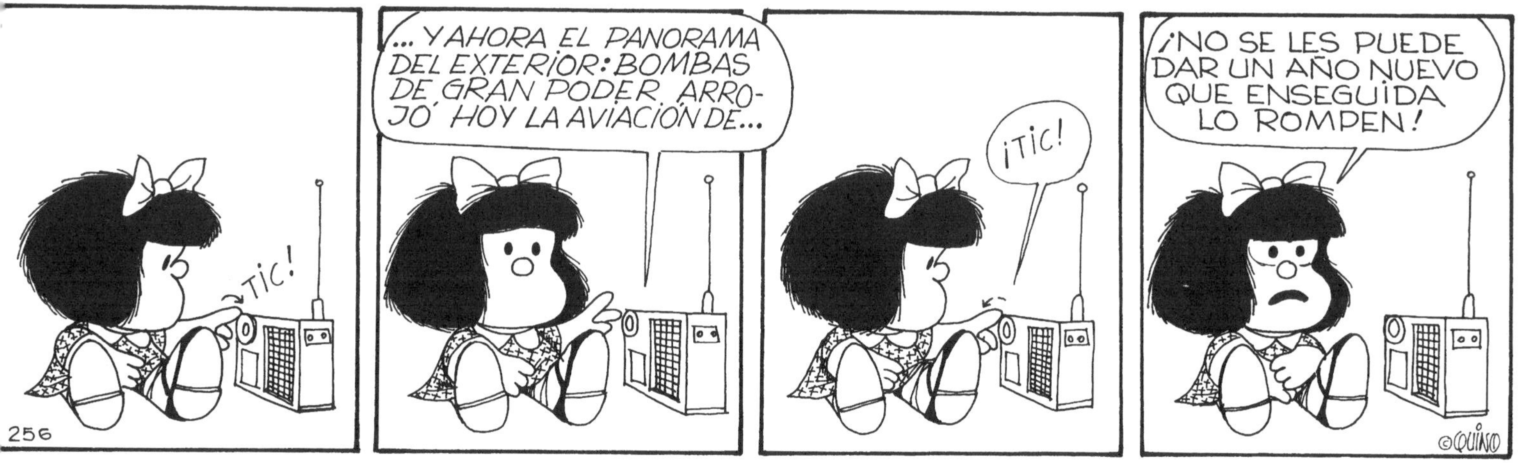
256
¡TIC!
...Y AHORA EL PANORAMA DEL EXTERIOR: BOMBAS DE GRAN PODER ARROJÓ HOY LA AVIACIÓN DE...
¡TIC!
¡NO SE LES PUEDE DAR UN AÑO NUEVO QUE ENSEGUIDA LO ROMPEN!
©QUINO

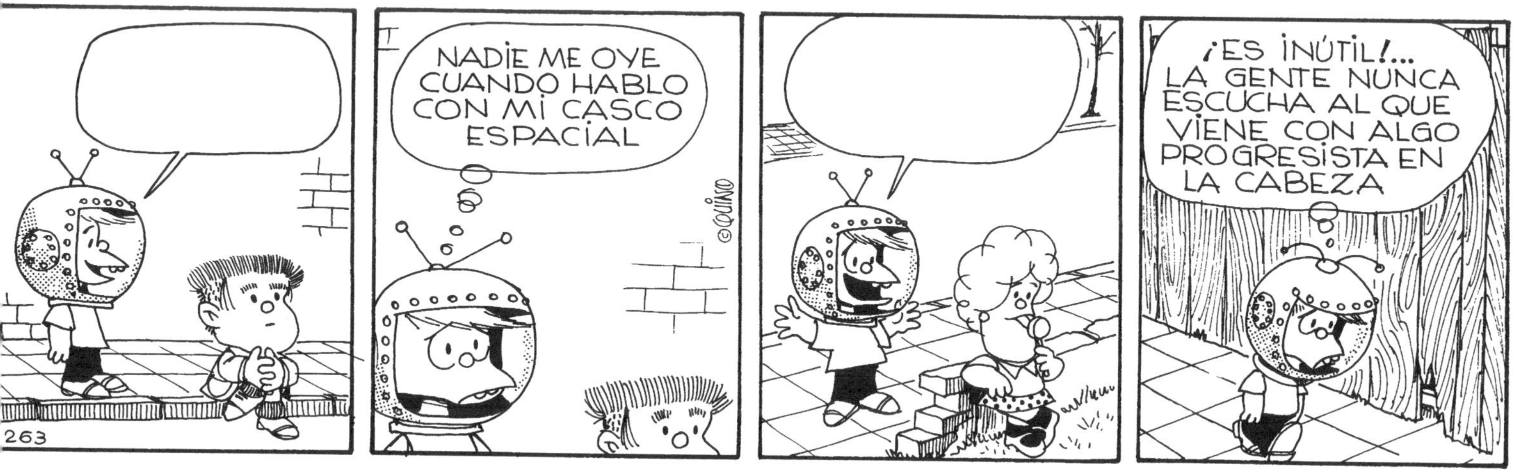
263
NADIE ME OYE CUANDO HABLO CON MI CASCO ESPACIAL
©QUINO
¡ES INÚTIL!... LA GENTE NUNCA ESCUCHA AL QUE VIENE CON ALGO PROGRESISTA EN LA CABEZA

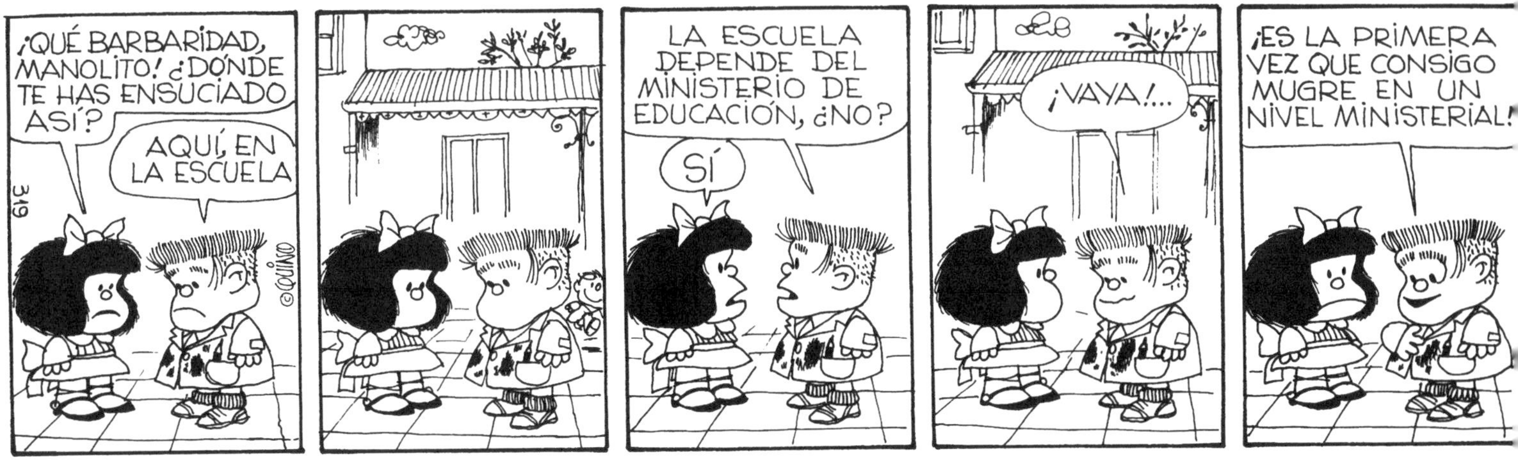
¡QUÉ BARBARIDAD, MANOLITO! ¿DÓNDE TE HAS ENSUCIADO ASÍ?
AQUÍ, EN LA ESCUELA
319
©QUINO
LA ESCUELA DEPENDE DEL MINISTERIO DE EDUCACIÓN, ¿NO?
SÍ
¡VAYA!...
¡ES LA PRIMERA VEZ QUE CONSIGO MUGRE EN UN NIVEL MINISTERIAL!

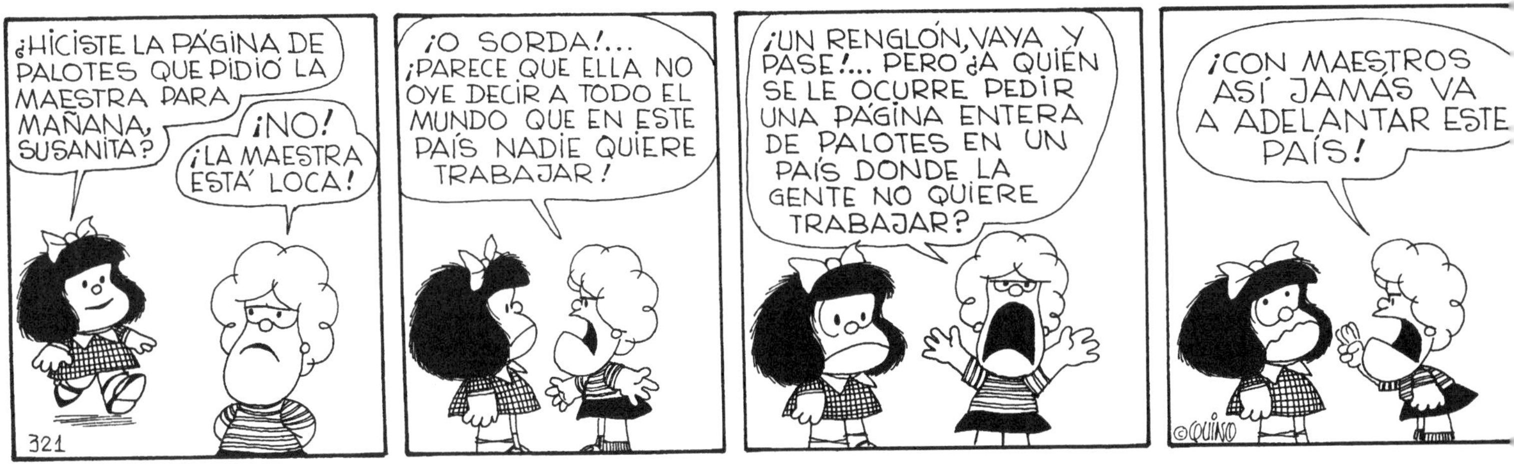
¿HICISTE LA PÁGINA DE PALOTES QUE PIDIÓ LA MAESTRA PARA MAÑANA, SUSANITA?
¡NO! ¡LA MAESTRA ESTÁ LOCA!
321
¡O SORDA!... ¡PARECE QUE ELLA NO OYE DECIR A TODO EL MUNDO QUE EN ESTE PAÍS NADIE QUIERE TRABAJAR!
¡UN RENGLÓN, VAYA Y PASE!... PERO ¿A QUIÉN SE LE OCURRE PEDIR UNA PÁGINA ENTERA DE PALOTES EN UN PAÍS DONDE LA GENTE NO QUIERE TRABAJAR?
¡CON MAESTROS ASÍ JAMÁS VA A ADELANTAR ESTE PAÍS!
©QUINO

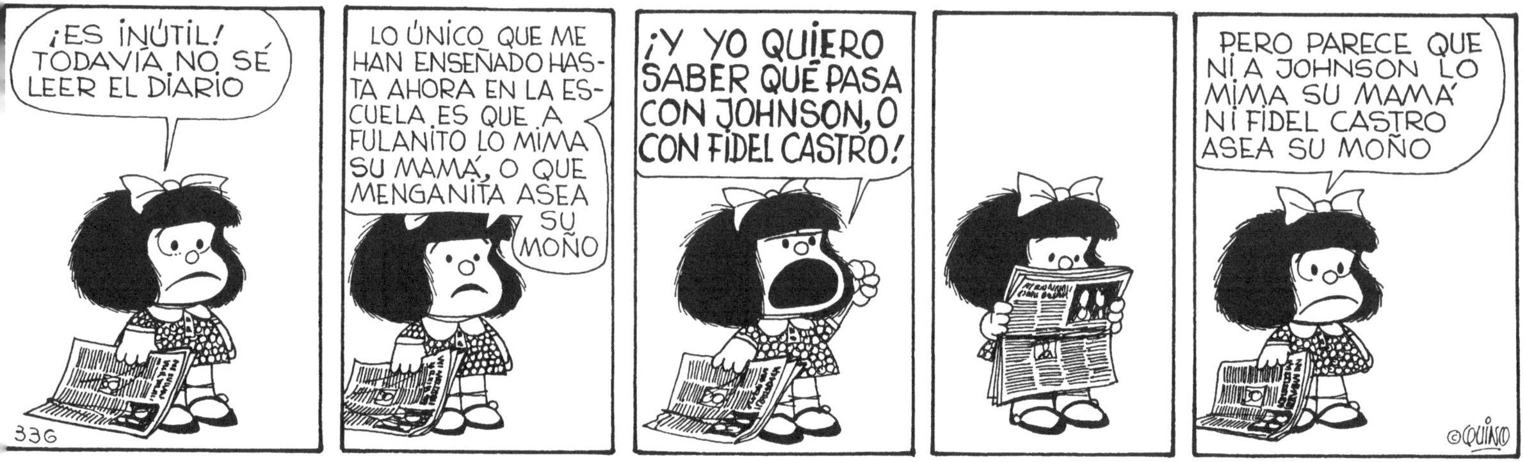
¡ES INÚTIL! TODAVÍA NO SÉ LEER EL DIARIO
LO ÚNICO QUE ME HAN ENSEÑADO HASTA AHORA EN LA ESCUELA ES QUE A FULANITO LO MIMA SU MAMÁ, O QUE MENGANITA ASEA SU MOÑO
¡Y YO QUIERO SABER QUÉ PASA CON JOHNSON, O CON FIDEL CASTRO!
PERO PARECE QUE NI A JOHNSON LO MIMA SU MAMÁ NI FIDEL CASTRO ASEA SU MOÑO
336

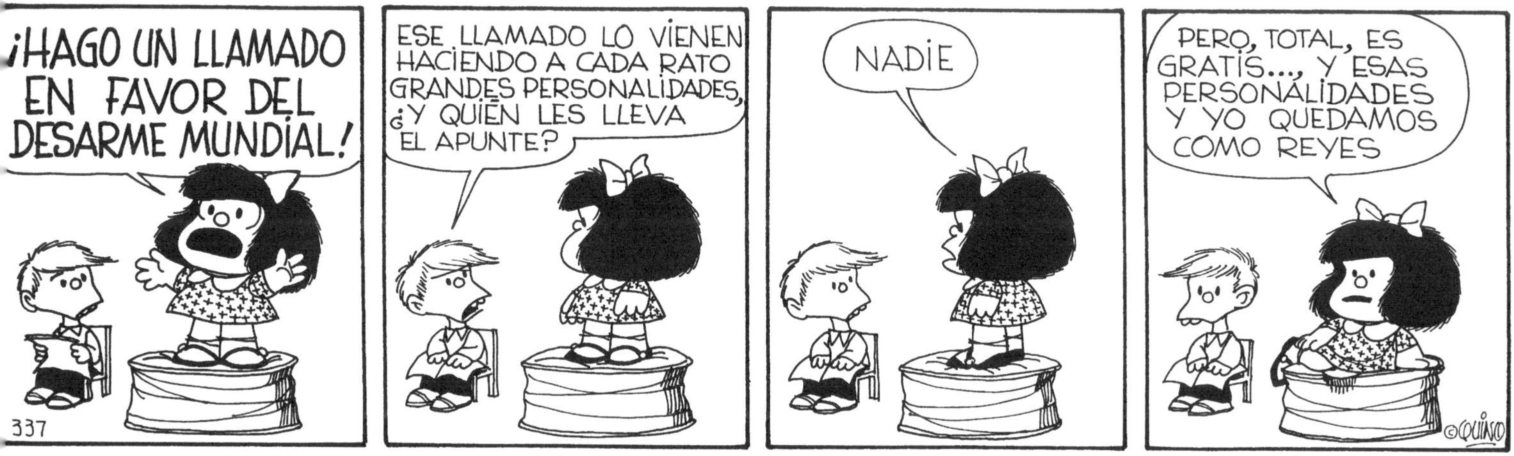
¡HAGO UN LLAMADO EN FAVOR DEL DESARME MUNDIAL!
ESE LLAMADO LO VIENEN HACIENDO A CADA RATO GRANDES PERSONALIDADES, ¿Y QUIÉN LES LLEVA EL APUNTE?
NADIE
PERO, TOTAL, ES GRATIS..., Y ESAS PERSONALIDADES Y YO QUEDAMOS COMO REYES
337

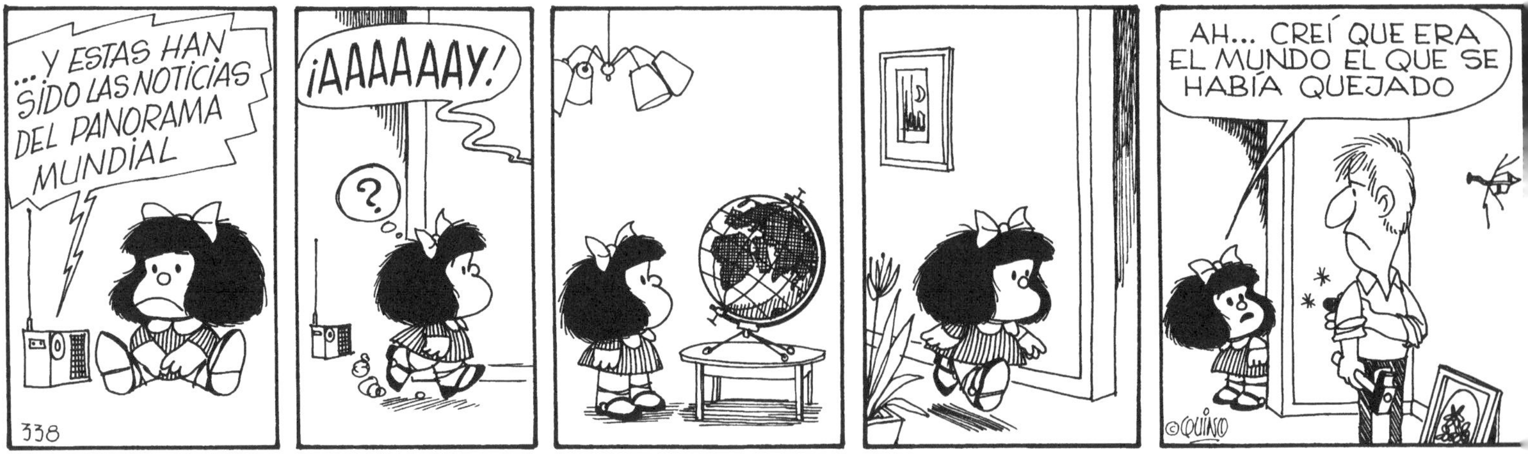
...Y ESTAS HAN SIDO LAS NOTICIAS DEL PANORAMA MUNDIAL
338
¡AAAAAAY!
?
AH... CREÍ QUE ERA EL MUNDO EL QUE SE HABÍA QUEJADO
©QUINO

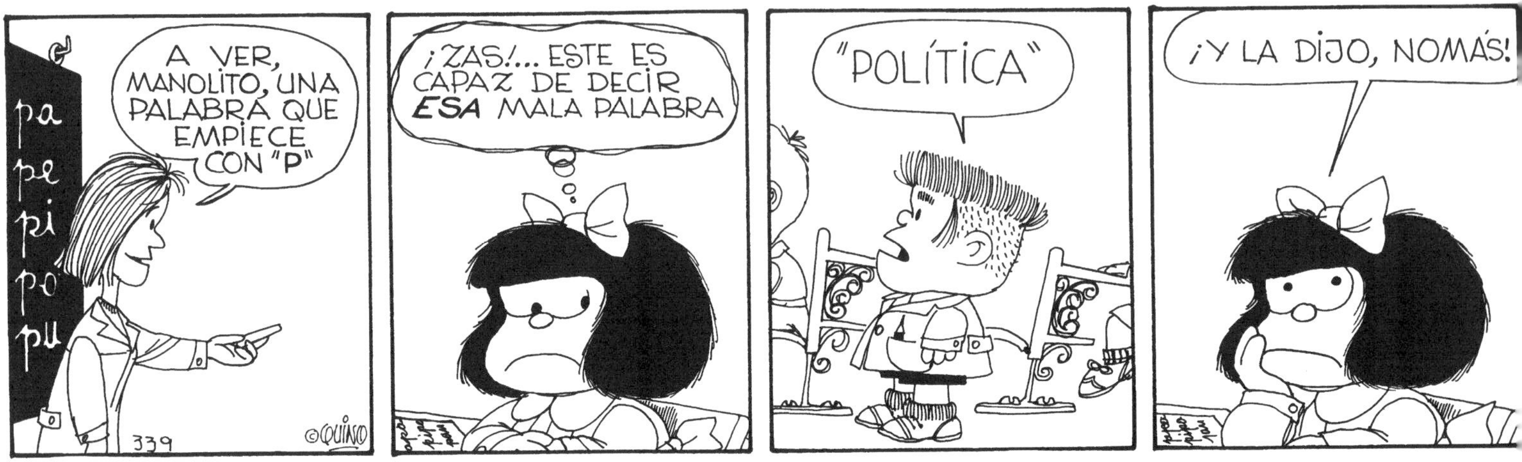
pa pe pi po pu
A VER, MANOLITO, UNA PALABRA QUE EMPIECE CON "P"
339
©QUINO
¡ZAS!... ESTE ES CAPAZ DE DECIR **ESA** MALA PALABRA
"POLÍTICA"
¡Y LA DIJO, NOMÁS!

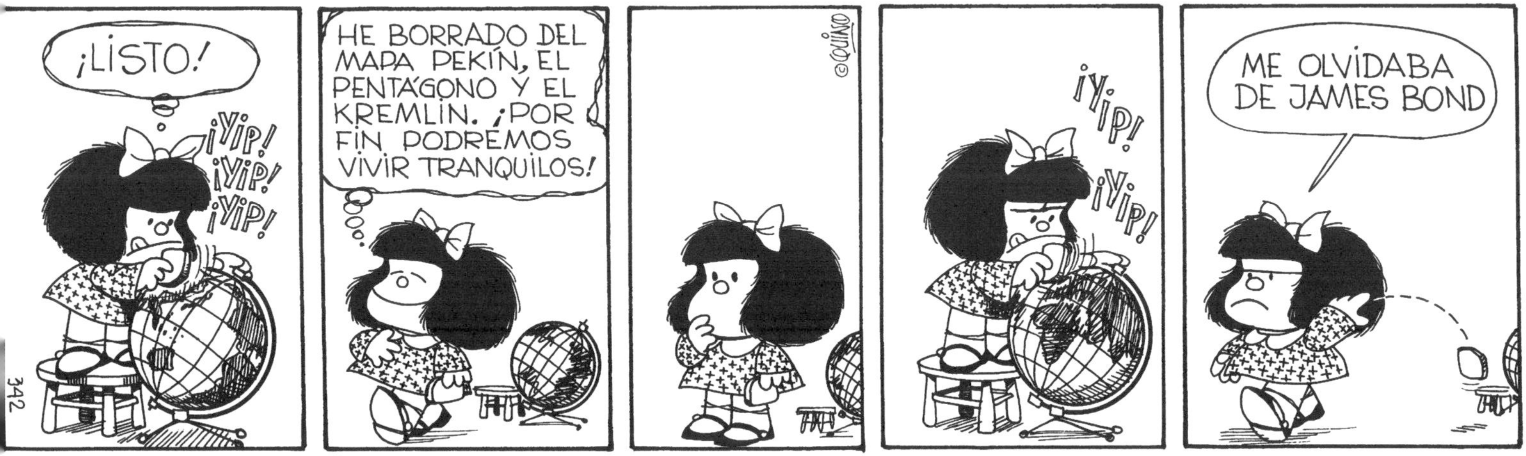
342
¡LISTO!
¡YIP! ¡YIP! ¡YIP!
HE BORRADO DEL MAPA PEKÍN, EL PENTÁGONO Y EL KREMLIN. ¡POR FIN PODREMOS VIVIR TRANQUILOS!
©QUINO
¡YIP! ¡YIP!
ME OLVIDABA DE JAMES BOND

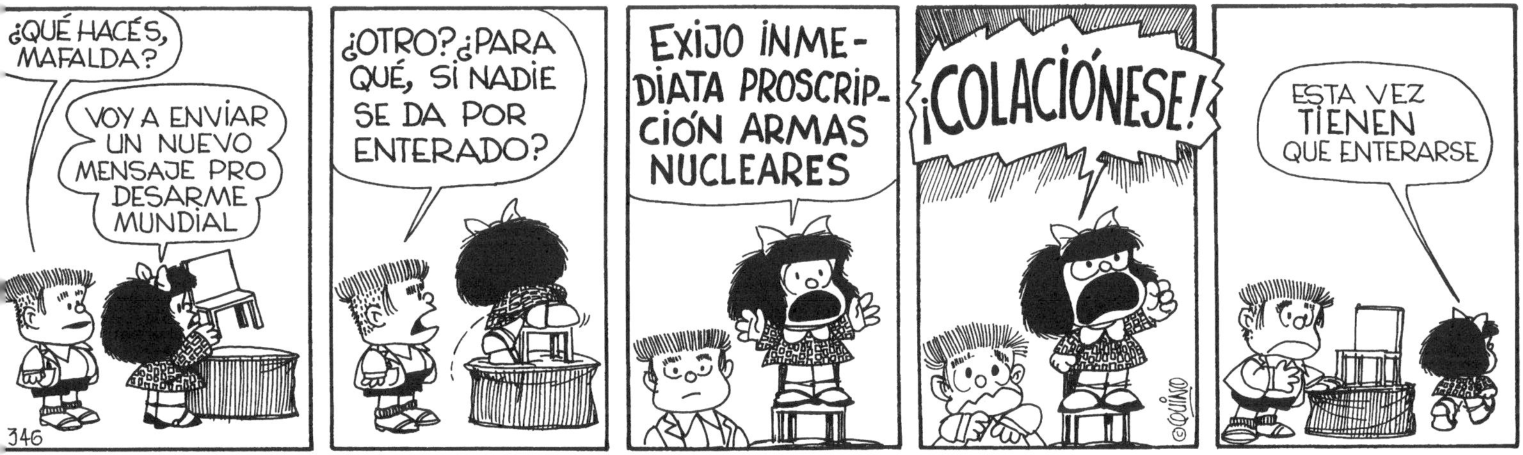
346
¿QUÉ HACÉS, MAFALDA?
VOY A ENVIAR UN NUEVO MENSAJE PRO DESARME MUNDIAL
¿OTRO? ¿PARA QUÉ, SI NADIE SE DA POR ENTERADO?
EXIJO INMEDIATA PROSCRIPCIÓN ARMAS NUCLEARES
¡COLACIÓNESE!
©QUINO
ESTA VEZ TIENEN QUE ENTERARSE

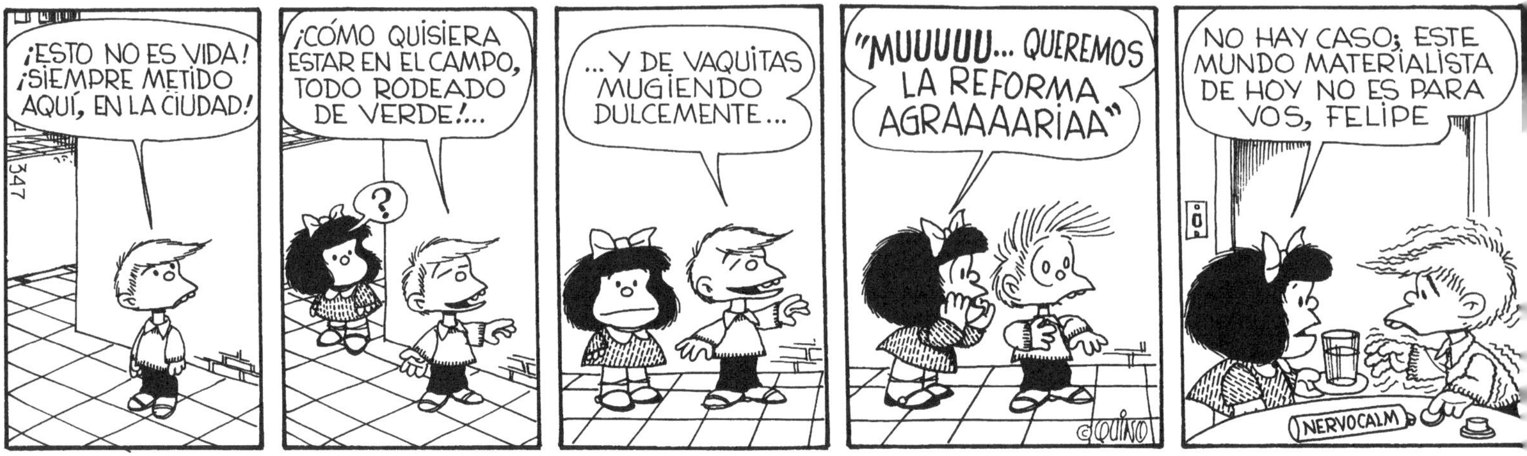

¡ESTO NO ES VIDA! ¡SIEMPRE METIDO AQUÍ, EN LA CIUDAD!
347
¡CÓMO QUISIERA ESTAR EN EL CAMPO, TODO RODEADO DE VERDE!...
?
...Y DE VAQUITAS MUGIENDO DULCEMENTE...
"MUUUUU... QUEREMOS LA REFORMA AGRAAAARIAA"
©QUINO
NO HAY CASO; ESTE MUNDO MATERIALISTA DE HOY NO ES PARA VOS, FELIPE
NERVOCALM

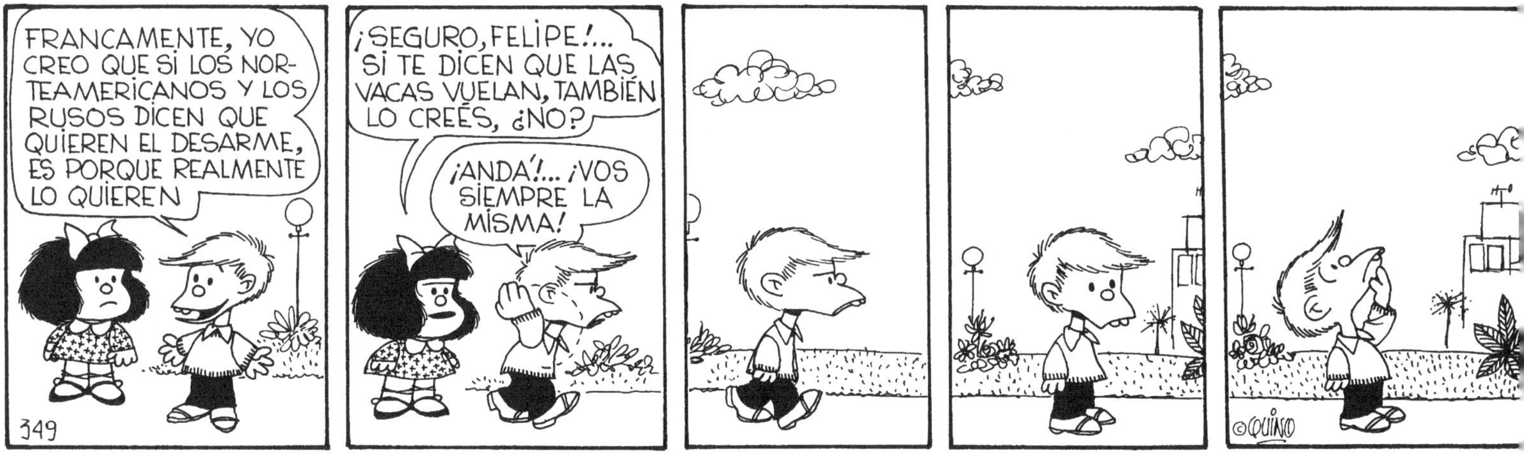

FRANCAMENTE, YO CREO QUE SI LOS NORTEAMERICANOS Y LOS RUSOS DICEN QUE QUIEREN EL DESARME, ES PORQUE REALMENTE LO QUIEREN
349
¡SEGURO, FELIPE!... SI TE DICEN QUE LAS VACAS VUELAN, TAMBIÉN LO CREÉS, ¿NO?
¡ANDÁ!... ¡VOS SIEMPRE LA MISMA!
©QUINO

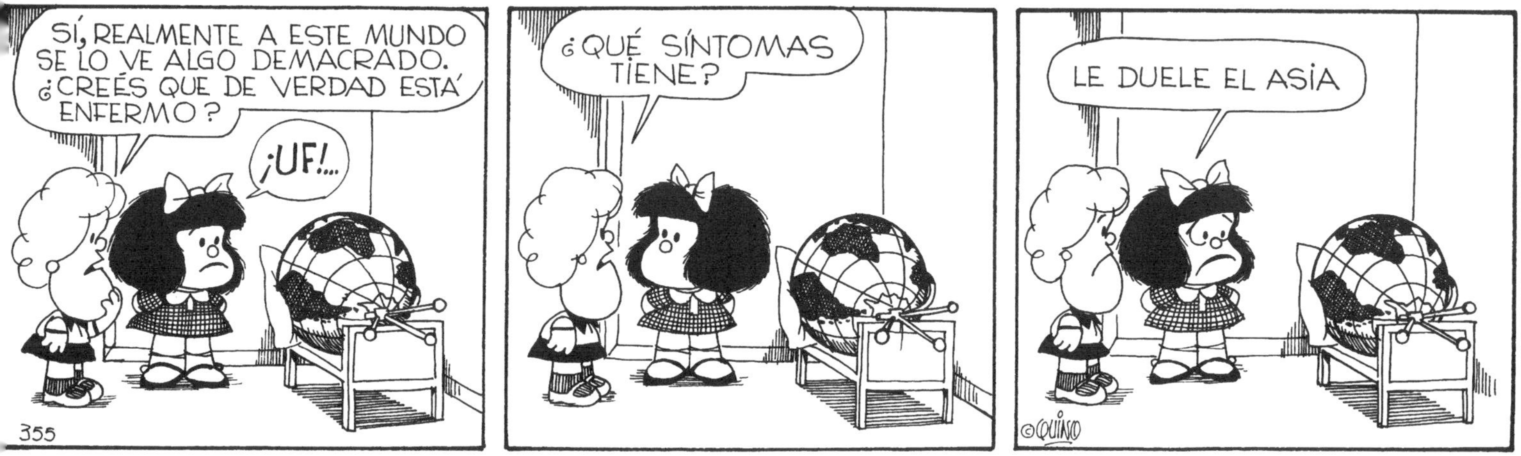
SÍ, REALMENTE A ESTE MUNDO SE LO VE ALGO DEMACRADO. ¿CREÉS QUE DE VERDAD ESTÁ ENFERMO?
¡UF!...
¿QUÉ SÍNTOMAS TIENE?
LE DUELE EL ASIA
355
©QUINO

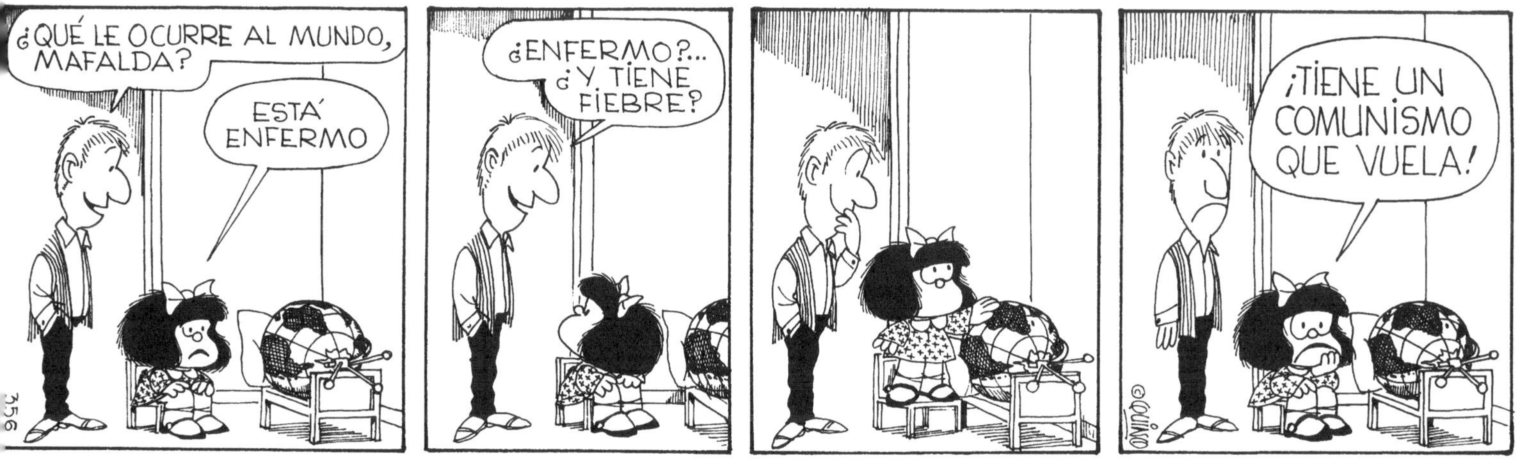
¿QUÉ LE OCURRE AL MUNDO, MAFALDA?
ESTÁ ENFERMO
¿ENFERMO?... ¿Y TIENE FIEBRE?
¡TIENE UN COMUNISMO QUE VUELA!
356
©QUINO

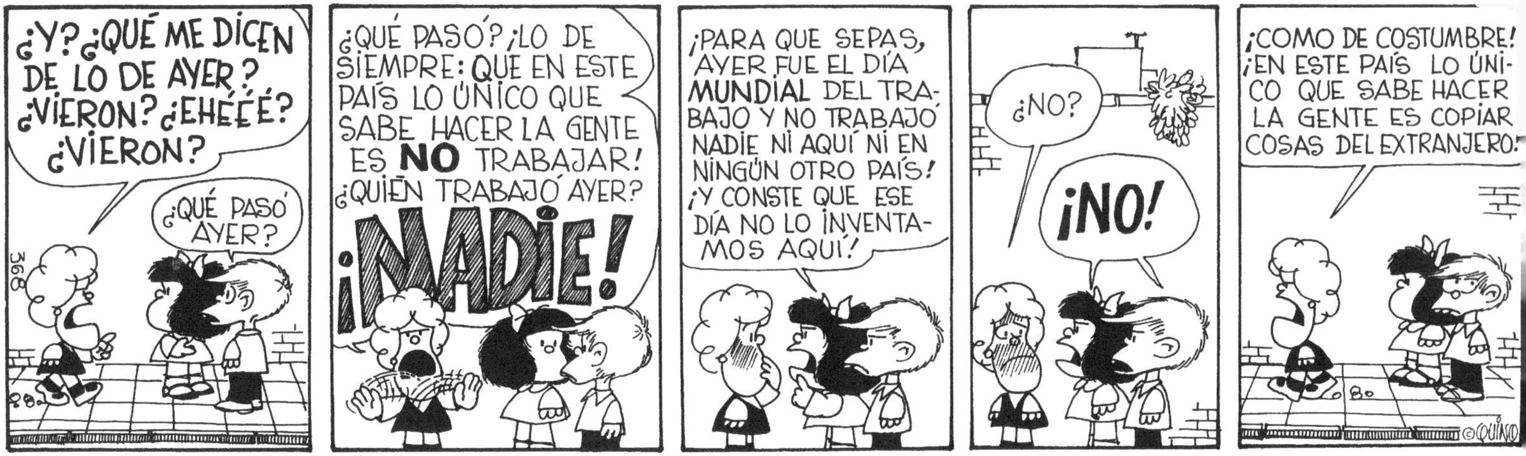
¿Y? ¿QUÉ ME DICEN DE LO DE AYER? ¿VIERON? ¿EHÉÉÉ? ¿VIERON?
¿QUÉ PASÓ AYER?
¿QUÉ PASÓ? ¡LO DE SIEMPRE: QUE EN ESTE PAÍS LO ÚNICO QUE SABE HACER LA GENTE ES NO TRABAJAR! ¿QUIÉN TRABAJÓ AYER?
¡NADIE!
¡PARA QUE SEPAS, AYER FUE EL DÍA MUNDIAL DEL TRABAJO Y NO TRABAJÓ NADIE NI AQUÍ NI EN NINGÚN OTRO PAÍS! ¡Y CONSTE QUE ESE DÍA NO LO INVENTAMOS AQUÍ!
¿NO?
¡NO!
¡COMO DE COSTUMBRE! ¡EN ESTE PAÍS LO ÚNICO QUE SABE HACER LA GENTE ES COPIAR COSAS DEL EXTRANJERO!
©QUINO

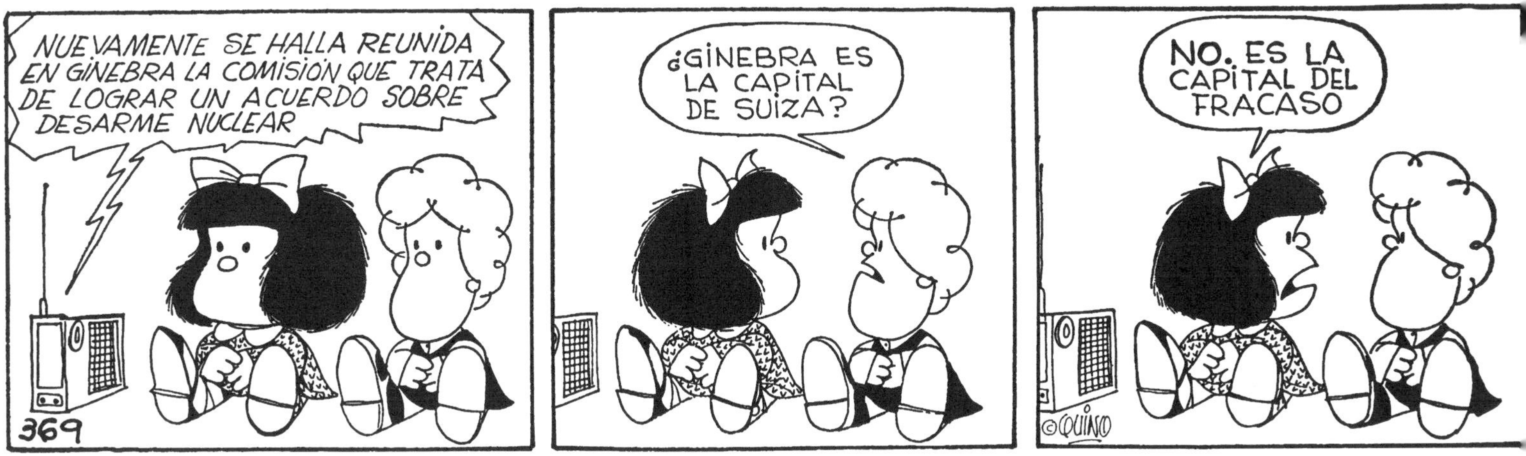
NUEVAMENTE SE HALLA REUNIDA EN GINEBRA LA COMISIÓN QUE TRATA DE LOGRAR UN ACUERDO SOBRE DESARME NUCLEAR
369
¿GINEBRA ES LA CAPITAL DE SUIZA?
NO. ES LA CAPITAL DEL FRACASO
©QUINO

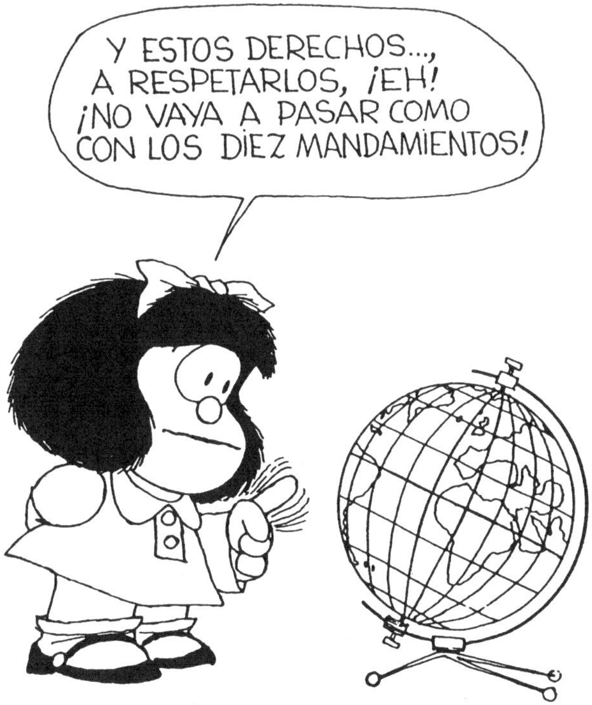
Y ESTOS DERECHOS..., A RESPETARLOS, ¡EH! ¡NO VAYA A PASAR COMO CON LOS DIEZ MANDAMIENTOS!

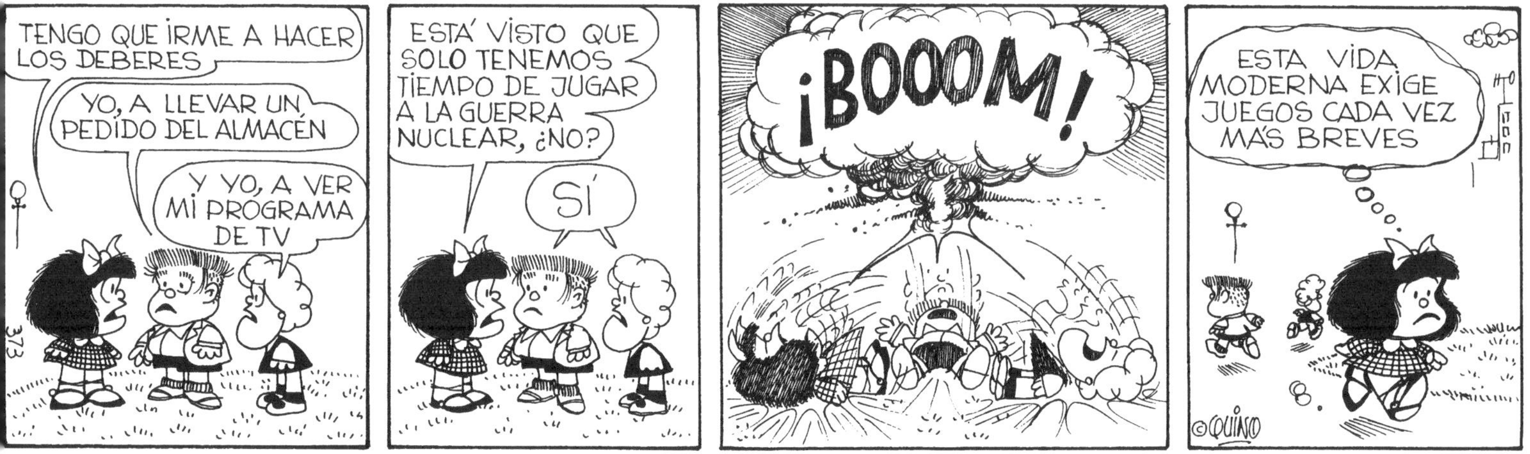
TENGO QUE IRME A HACER LOS DEBERES
YO, A LLEVAR UN PEDIDO DEL ALMACÉN
Y YO, A VER MI PROGRAMA DE TV
373
ESTÁ VISTO QUE SOLO TENEMOS TIEMPO DE JUGAR A LA GUERRA NUCLEAR, ¿NO?
SÍ
¡BOOOM!
ESTA VIDA MODERNA EXIGE JUEGOS CADA VEZ MÁS BREVES
©QUINO

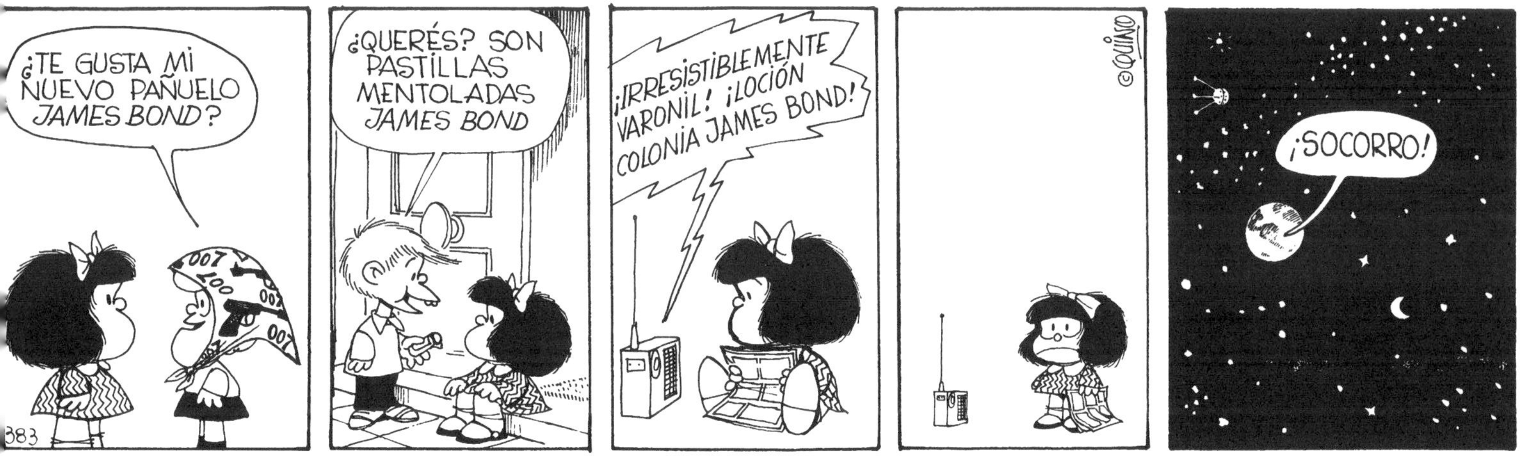
¿TE GUSTA MI NUEVO PAÑUELO *JAMES BOND*?
383
¿QUERÉS? SON PASTILLAS MENTOLADAS *JAMES BOND*
¡IRRESISTIBLEMENTE VARONIL! ¡LOCIÓN COLONIA JAMES BOND!
©QUINO
¡SOCORRO!

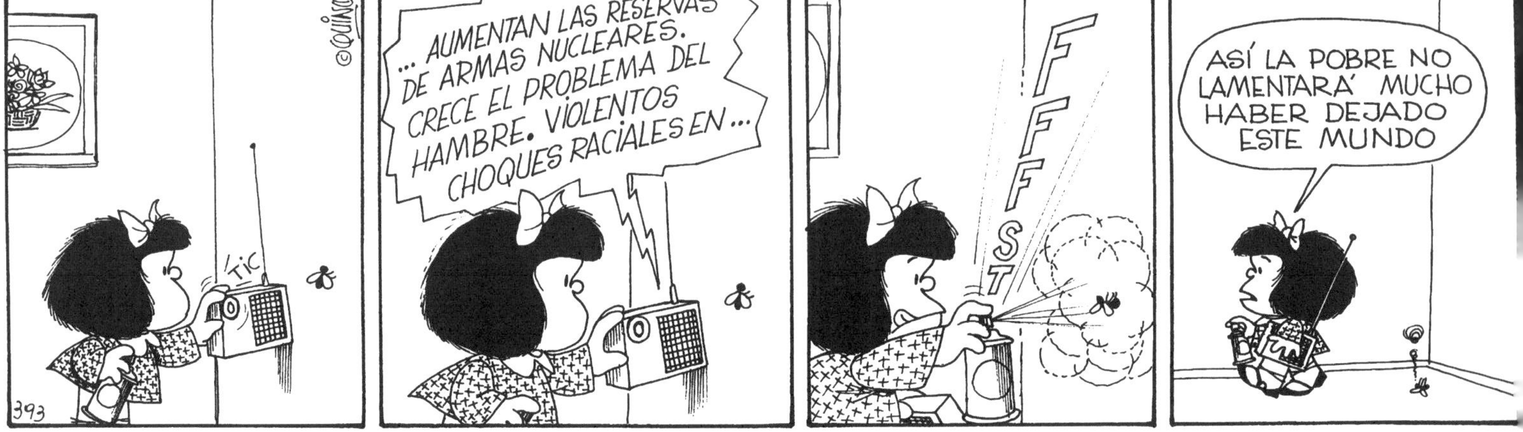
©QUINO
¡TIC
... AUMENTAN LAS RESERVAS DE ARMAS NUCLEARES. CRECE EL PROBLEMA DEL HAMBRE. VIOLENTOS CHOQUES RACIALES EN...
FFFFST
ASÍ LA POBRE NO LAMENTARÁ MUCHO HABER DEJADO ESTE MUNDO
393

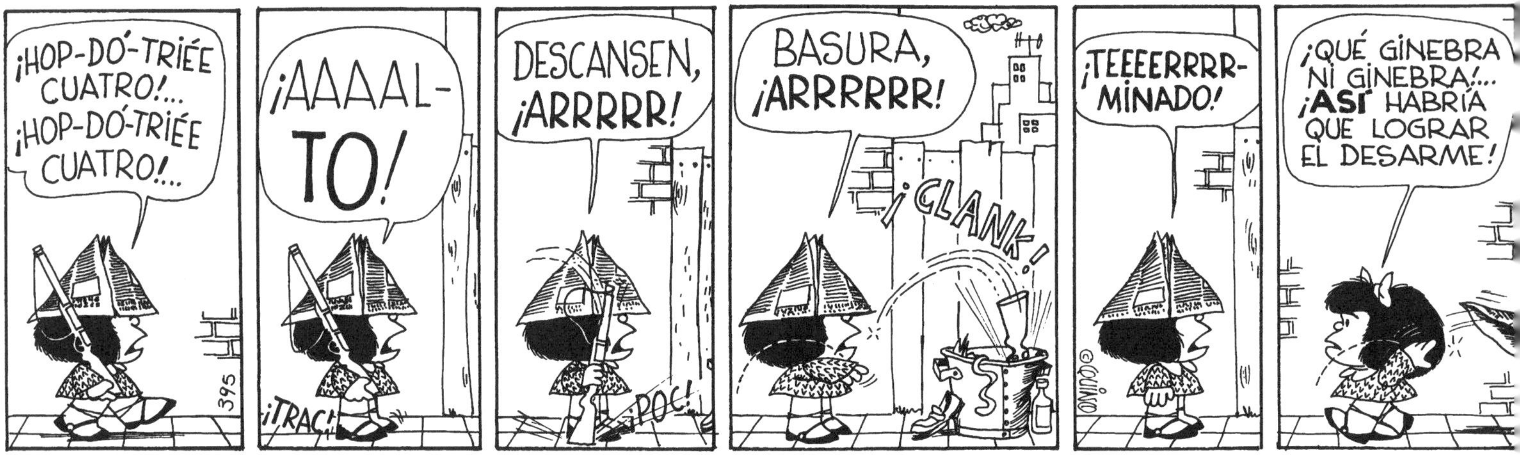
¡HOP-DÓ-TRIÉE CUATRO!... ¡HOP-DÓ-TRIÉE CUATRO!...
395
¡AAAAL-TO!
¡TRAC!
DESCANSEN, ¡ARRRRR!
¡POC!
BASURA, ¡ARRRRRR!
¡CLANK!
¡TEEEERRRR-MINADO!
©QUINO
¡QUÉ GINEBRA NI GINEBRA!... ¡ASÍ HABRÍA QUE LOGRAR EL DESARME!

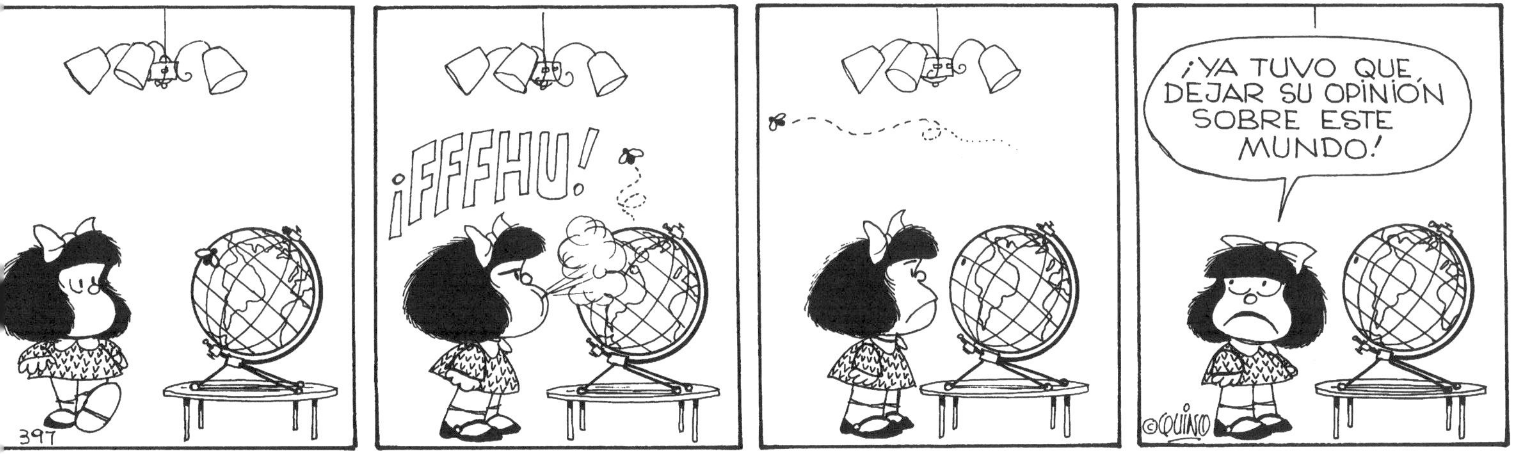
397
¡FFFHU!
¡YA TUVO QUE DEJAR SU OPINIÓN SOBRE ESTE MUNDO!
©QUINO

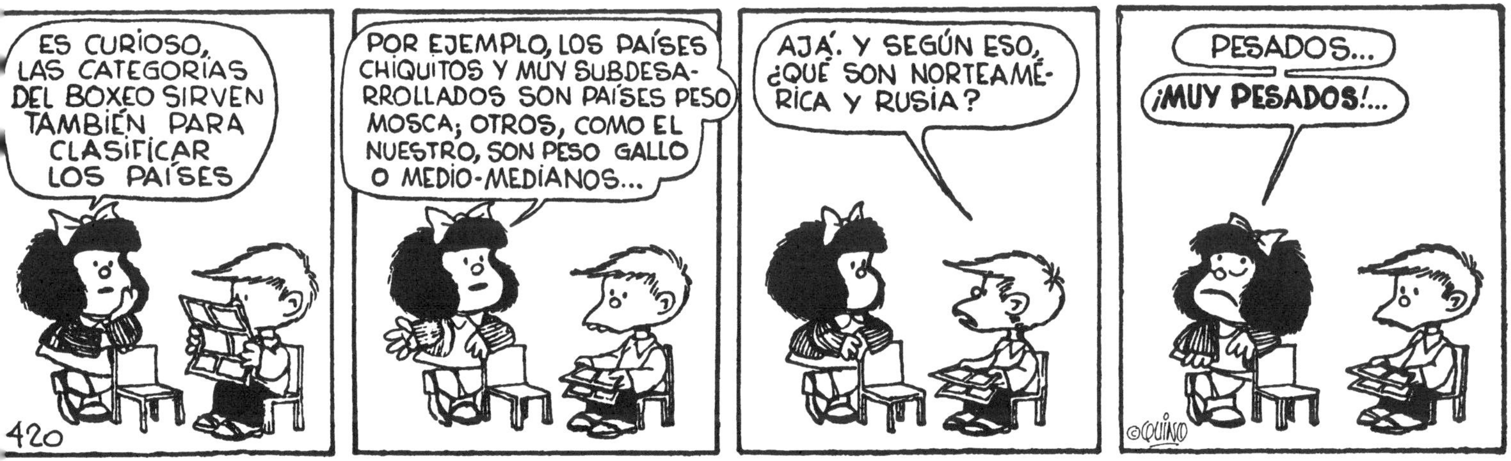
420
ES CURIOSO, LAS CATEGORÍAS DEL BOXEO SIRVEN TAMBIÉN PARA CLASIFICAR LOS PAÍSES
POR EJEMPLO, LOS PAÍSES CHIQUITOS Y MUY SUBDESARROLLADOS SON PAÍSES PESO MOSCA; OTROS, COMO EL NUESTRO, SON PESO GALLO O MEDIO-MEDIANOS...
AJÁ. Y SEGÚN ESO, ¿QUÉ SON NORTEAMÉRICA Y RUSIA?
PESADOS...
¡MUY PESADOS!...
©QUINO

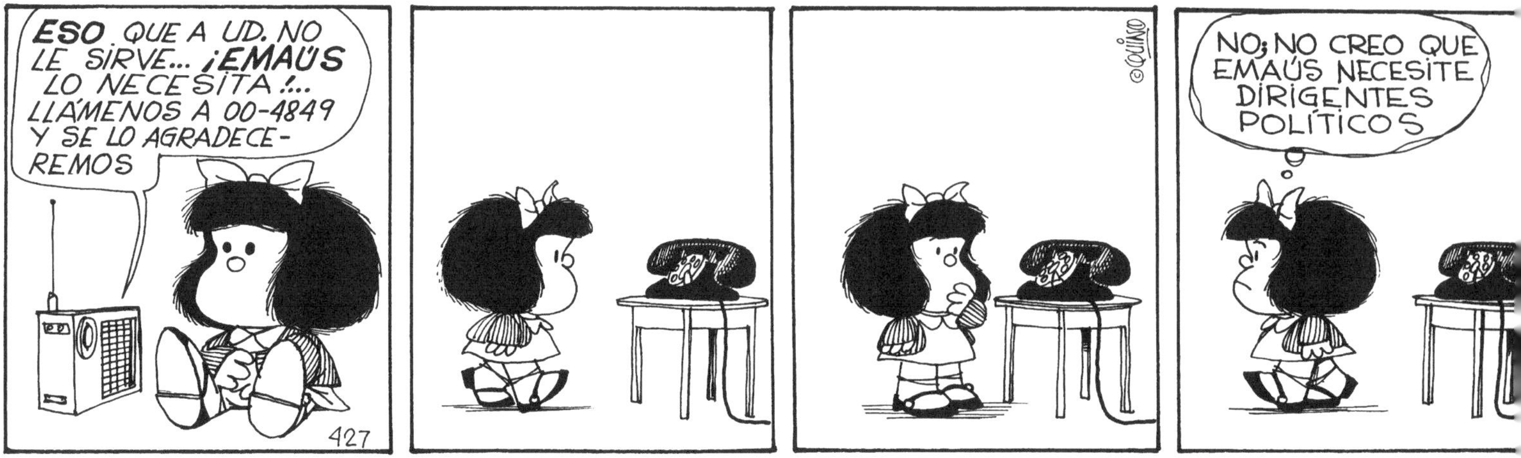
ESO QUE A UD. NO LE SIRVE... ¡EMAÚS LO NECESITA!... LLÁMENOS A 00-4849 Y SE LO AGRADECEREMOS
427
©QUINO
NO; NO CREO QUE EMAÚS NECESITE DIRIGENTES POLÍTICOS

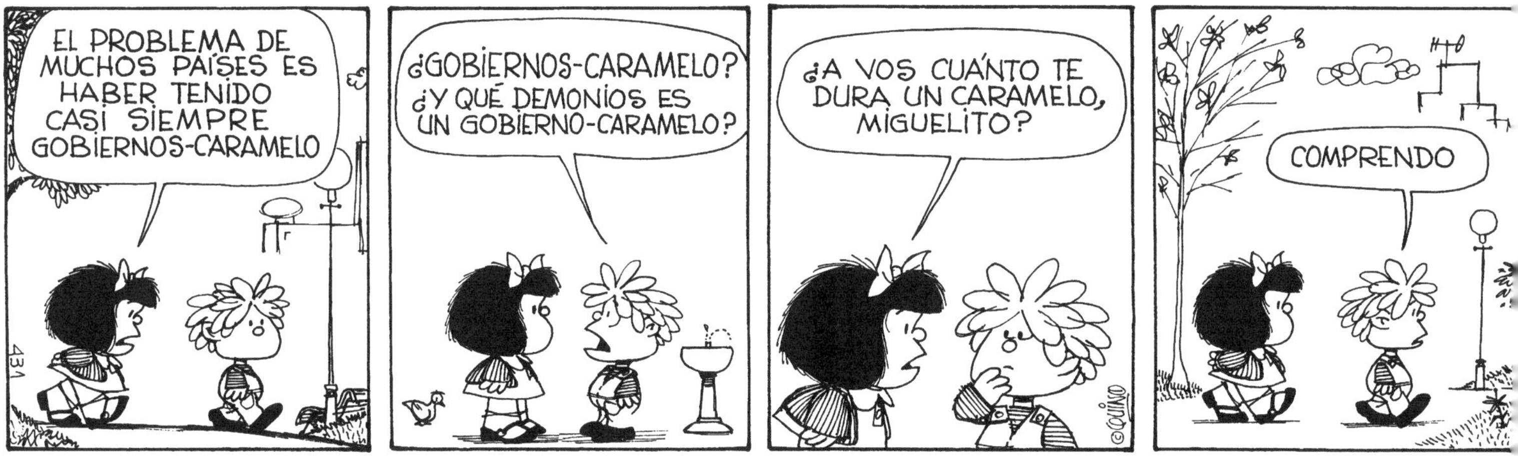
EL PROBLEMA DE MUCHOS PAÍSES ES HABER TENIDO CASI SIEMPRE GOBIERNOS-CARAMELO
431
¿GOBIERNOS-CARAMELO? ¿Y QUÉ DEMONIOS ES UN GOBIERNO-CARAMELO?
¿A VOS CUÁNTO TE DURA UN CARAMELO, MIGUELITO?
©QUINO
COMPRENDO

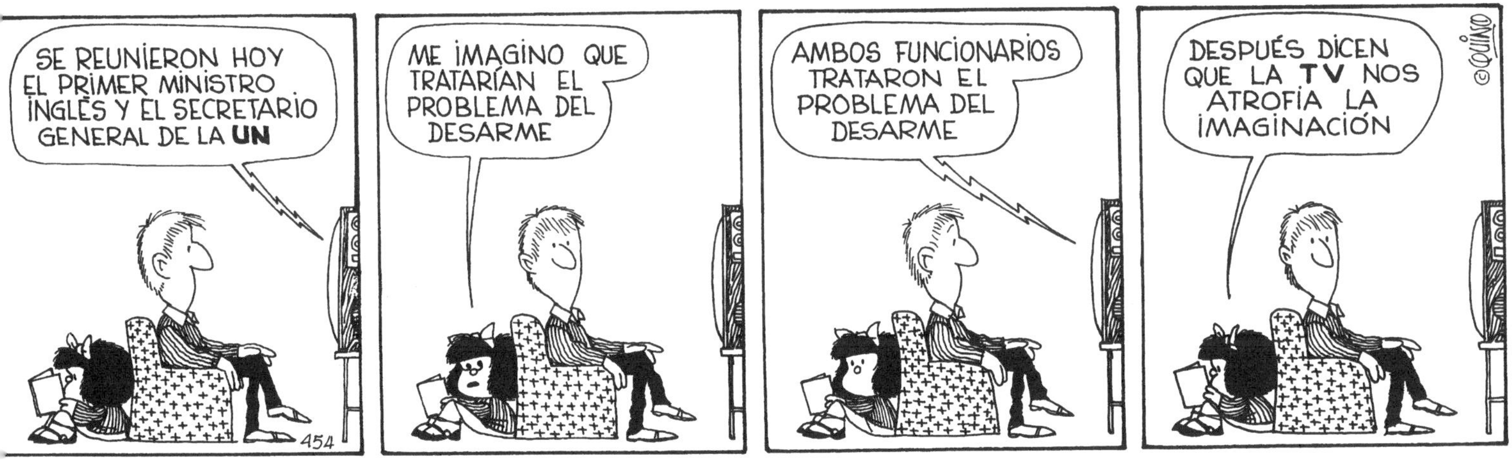
SE REUNIERON HOY EL PRIMER MINISTRO INGLÉS Y EL SECRETARIO GENERAL DE LA **UN**
454
ME IMAGINO QUE TRATARÍAN EL PROBLEMA DEL DESARME
AMBOS FUNCIONARIOS TRATARON EL PROBLEMA DEL DESARME
DESPUÉS DICEN QUE LA **TV** NOS ATROFIA LA IMAGINACIÓN
© QUINO

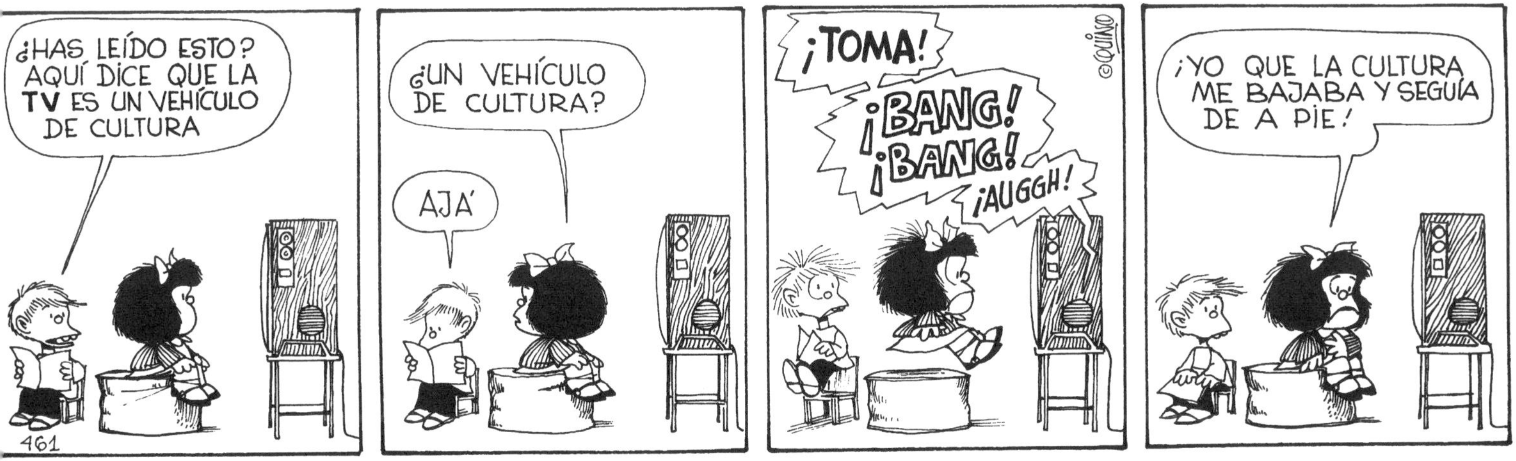
¿HAS LEÍDO ESTO? AQUÍ DICE QUE LA **TV** ES UN VEHÍCULO DE CULTURA
461
¿UN VEHÍCULO DE CULTURA?
AJÁ
¡TOMA!
¡BANG! ¡BANG!
¡AUGGH!
© QUINO
¡YO QUE LA CULTURA ME BAJABA Y SEGUÍA DE A PIE!

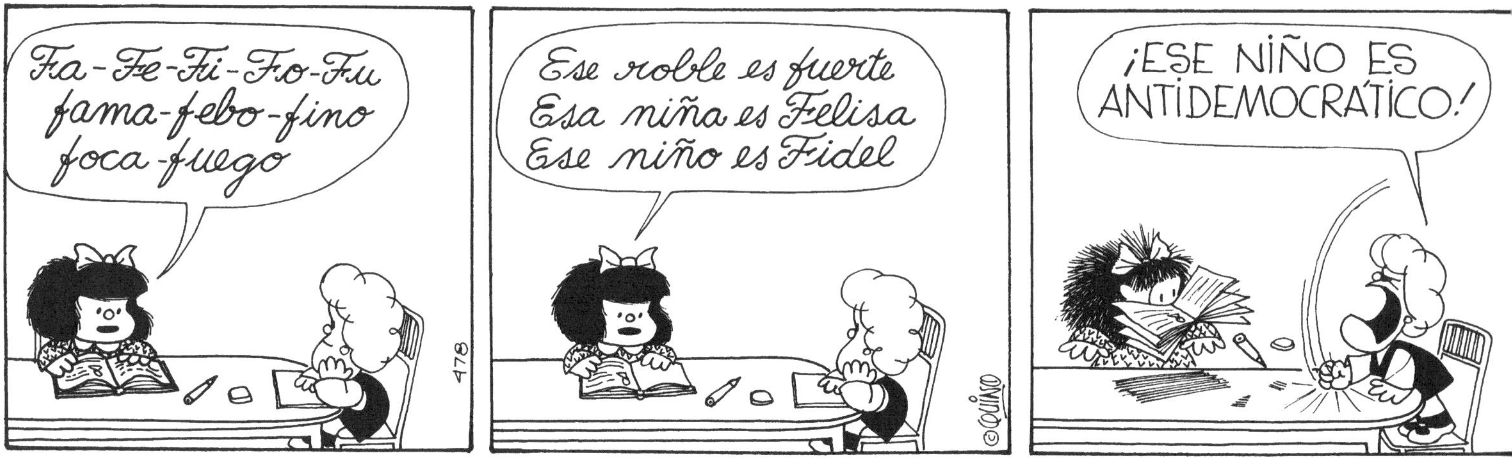
Fa-Fe-Fi-Fo-Fu
fama-febo-fino
foca-fuego
Ese roble es fuerte
Esa niña es Felisa
Ese niño es Fidel
¡ESE NIÑO ES ANTIDEMOCRÁTICO!

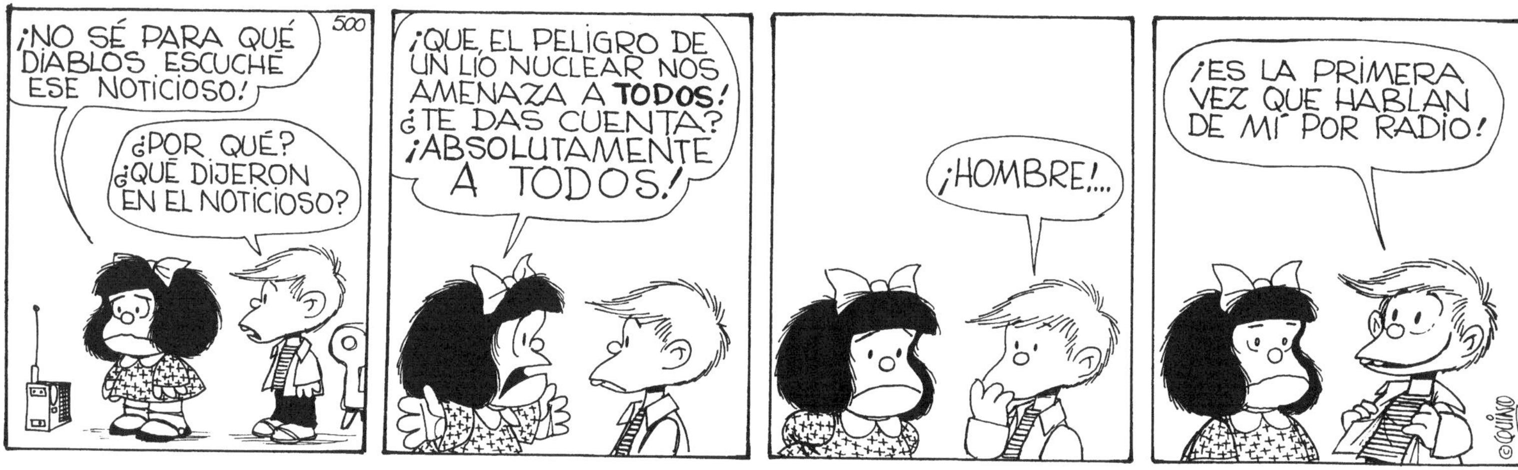
¡NO SÉ PARA QUÉ DIABLOS ESCUCHÉ ESE NOTICIOSO!
¿POR QUÉ? ¿QUÉ DIJERON EN EL NOTICIOSO?
¡QUE, EL PELIGRO DE UN LÍO NUCLEAR NOS AMENAZA A **TODOS**! ¿TE DAS CUENTA? ¡ABSOLUTAMENTE A TODOS!
¡HOMBRE!...
¡ES LA PRIMERA VEZ QUE HABLAN DE MÍ POR RADIO!

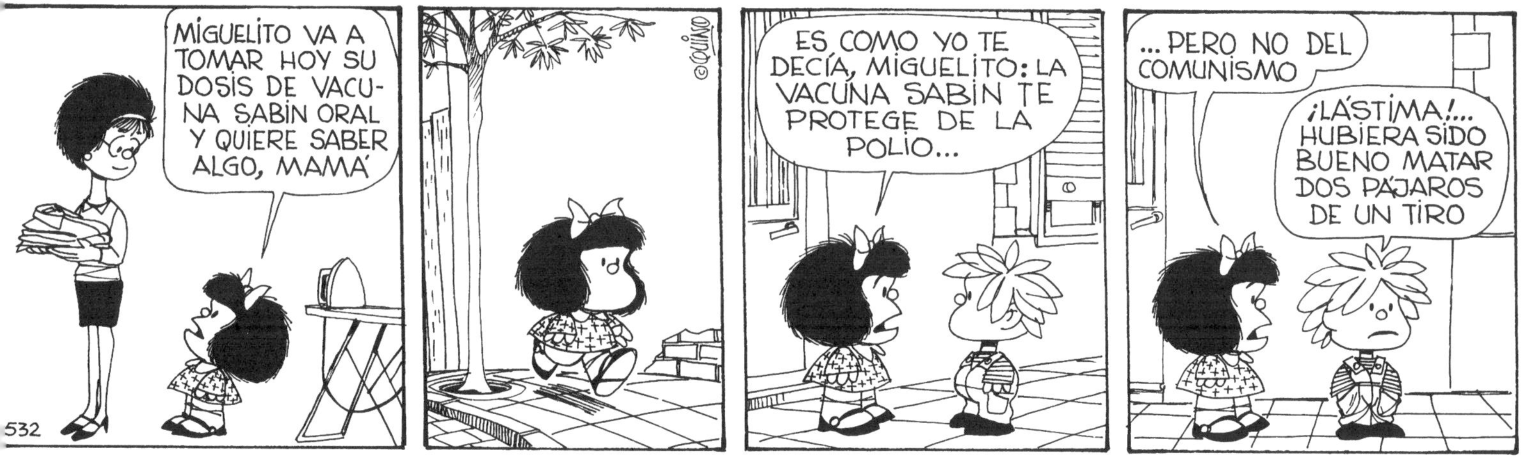
MIGUELITO VA A TOMAR HOY SU DOSIS DE VACUNA SABIN ORAL Y QUIERE SABER ALGO, MAMÁ
ES COMO YO TE DECÍA, MIGUELITO: LA VACUNA SABIN TE PROTEGE DE LA POLIO...
...PERO NO DEL COMUNISMO
¡LÁSTIMA!... HUBIERA SIDO BUENO MATAR DOS PÁJAROS DE UN TIRO
532

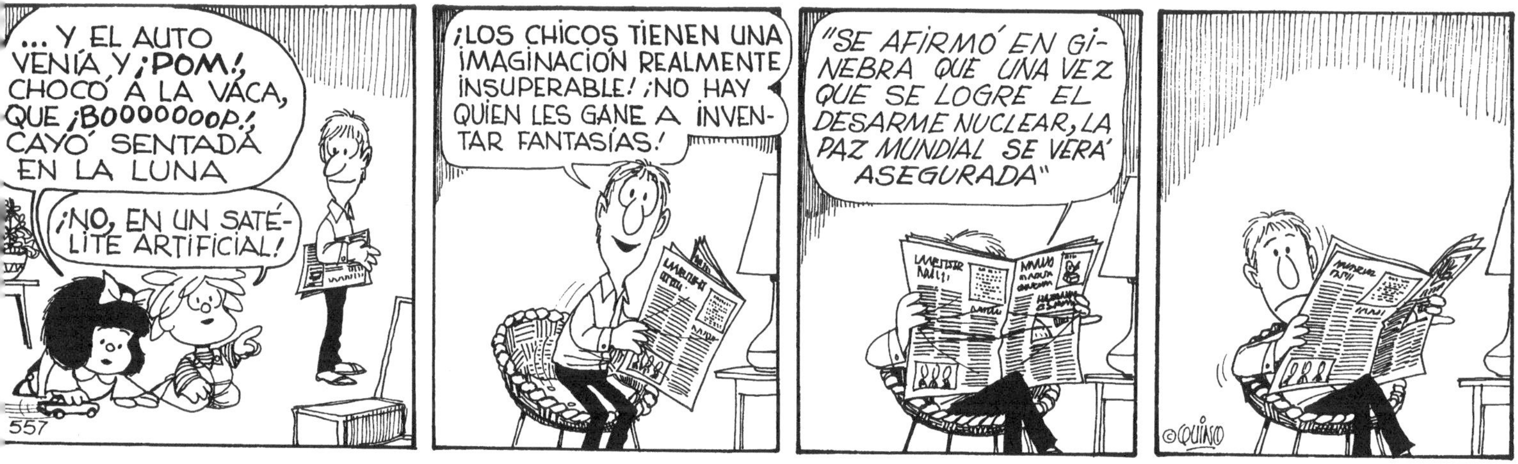
...Y EL AUTO VENÍA Y ¡POM!, CHOCÓ A LA VACA, QUE ¡BOOOOOOOP!, CAYÓ SENTADA EN LA LUNA
¡NO, EN UN SATÉLITE ARTIFICIAL!
¡LOS CHICOS TIENEN UNA IMAGINACIÓN REALMENTE INSUPERABLE! ¡NO HAY QUIEN LES GANE A INVENTAR FANTASÍAS!
"SE AFIRMÓ EN GINEBRA QUE UNA VEZ QUE SE LOGRE EL DESARME NUCLEAR, LA PAZ MUNDIAL SE VERÁ ASEGURADA"
557

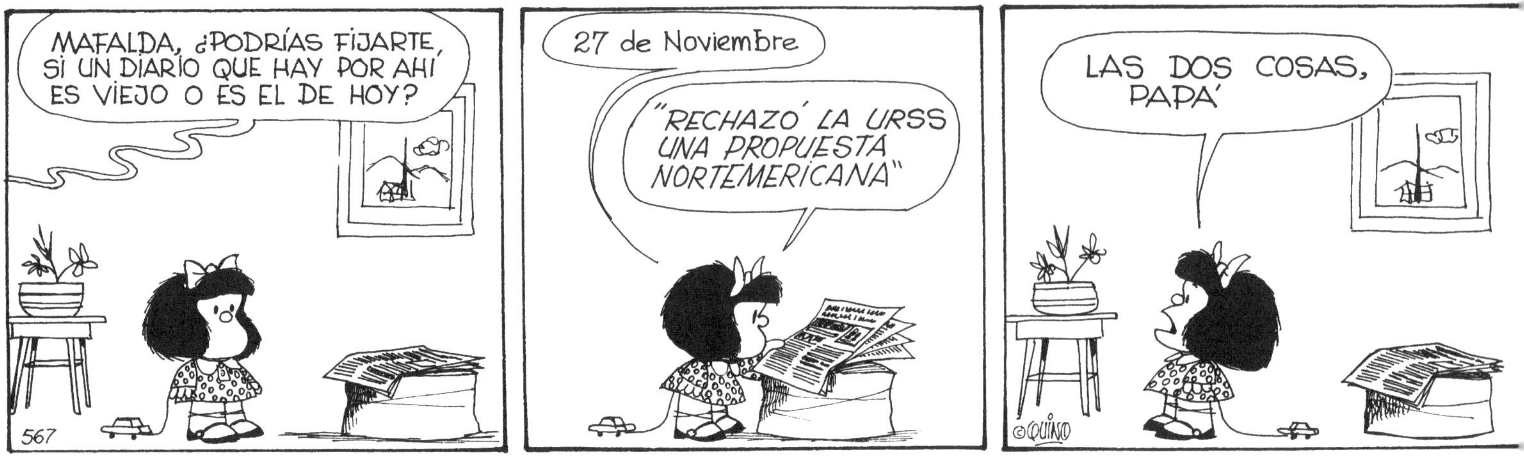
MAFALDA, ¿PODRÍAS FIJARTE, SI UN DIARIO QUE HAY POR AHÍ ES VIEJO O ES EL DE HOY?
567
27 de Noviembre
"RECHAZÓ LA URSS UNA PROPUESTA NORTEMERICANA"
LAS DOS COSAS, PAPÁ
©QUINO

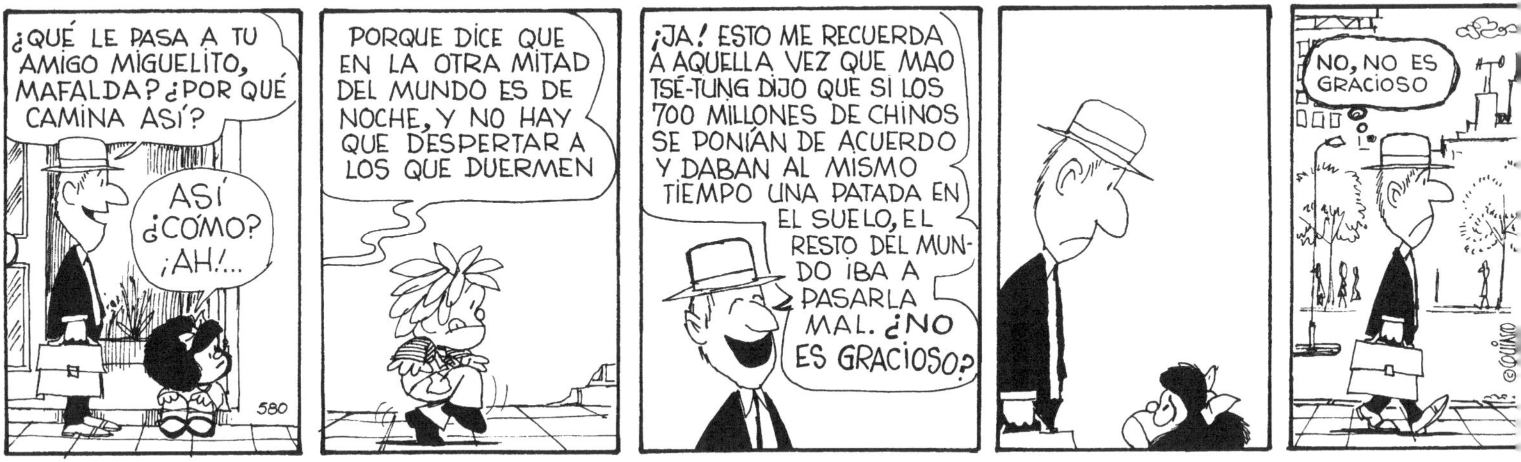
¿QUÉ LE PASA A TU AMIGO MIGUELITO, MAFALDA? ¿POR QUÉ CAMINA ASÍ?
ASÍ ¿CÓMO? ¡AH!...
580
PORQUE DICE QUE EN LA OTRA MITAD DEL MUNDO ES DE NOCHE, Y NO HAY QUE DESPERTAR A LOS QUE DUERMEN
¡JA! ESTO ME RECUERDA A AQUELLA VEZ QUE MAO TSÉ-TUNG DIJO QUE SI LOS 700 MILLONES DE CHINOS SE PONÍAN DE ACUERDO Y DABAN AL MISMO TIEMPO UNA PATADA EN EL SUELO, EL RESTO DEL MUNDO IBA A PASARLA MAL. ¿NO ES GRACIOSO?
NO, NO ES GRACIOSO
©QUINO

Y DIGO YO...

... YA QUE ES TANTO LÍO CAMBIAR LAS ESTRUCTURAS...., ¿NO SE PODRÍA POR LO MENOS DARLES UNA PINTADITA? ¿O NI ESO?

¿LA CULPA DE TODO LA TIENE EL CARISMA DE LAS PAUTAS COYUNTURALES?

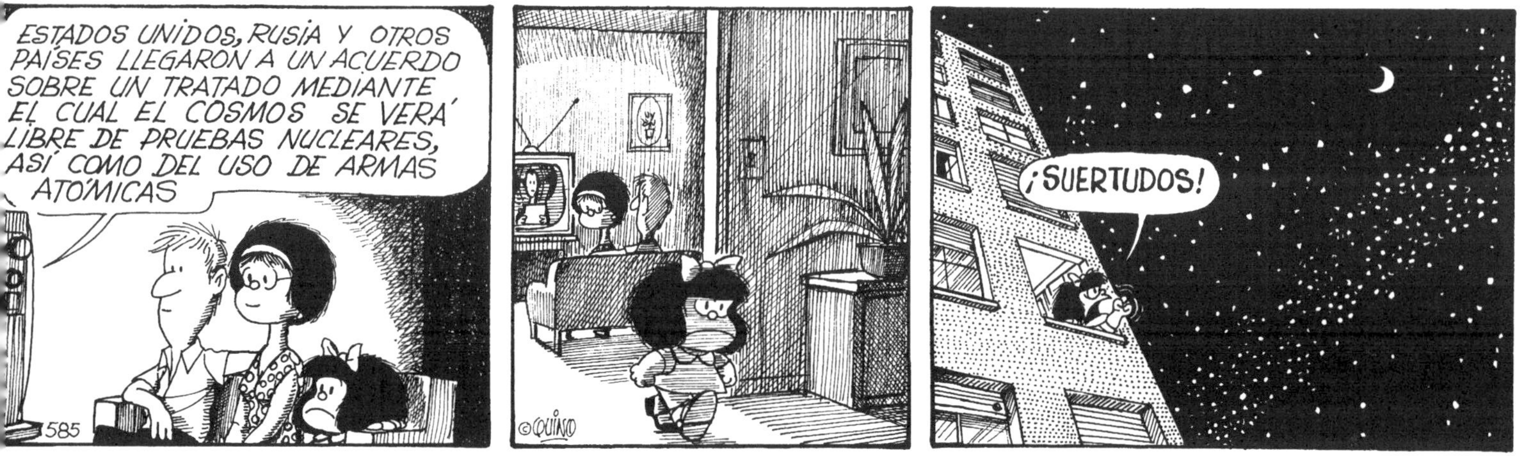
ESTADOS UNIDOS, RUSIA Y OTROS PAÍSES LLEGARON A UN ACUERDO SOBRE UN TRATADO MEDIANTE EL CUAL EL COSMOS SE VERÁ LIBRE DE PRUEBAS NUCLEARES, ASÍ COMO DEL USO DE ARMAS ATÓMICAS
585
©QUINO
¡SUERTUDOS!

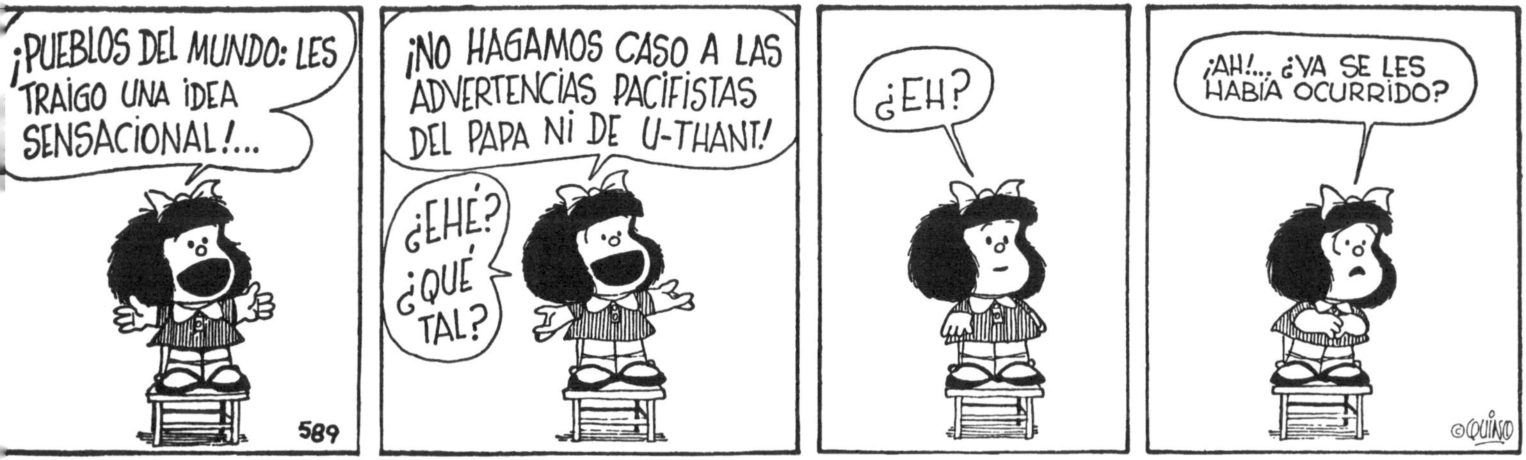
¡PUEBLOS DEL MUNDO: LES TRAIGO UNA IDEA SENSACIONAL!...
589
¡NO HAGAMOS CASO A LAS ADVERTENCIAS PACIFISTAS DEL PAPA NI DE U-THANT!
¿EHÉ? ¿QUÉ TAL?
¿EH?
¡AH!... ¿YA SE LES HABÍA OCURRIDO?
©QUINO

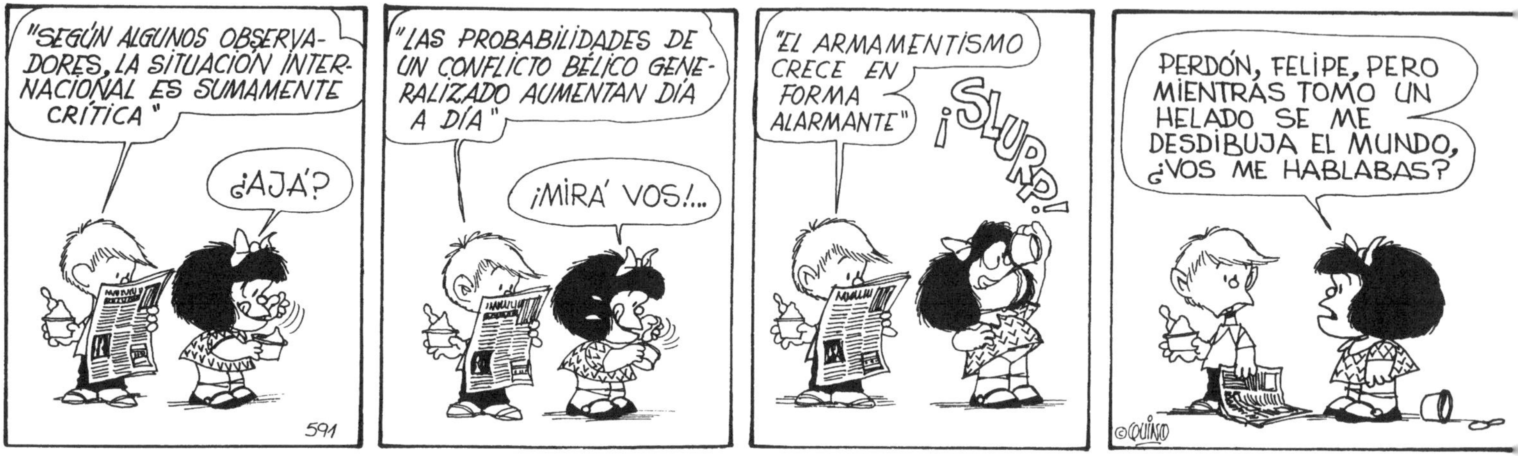
"SEGÚN ALGUNOS OBSERVADORES, LA SITUACIÓN INTERNACIONAL ES SUMAMENTE CRÍTICA"
¿AJÁ?
591
"LAS PROBABILIDADES DE UN CONFLICTO BÉLICO GENERALIZADO AUMENTAN DÍA A DÍA"
¡MIRÁ VOS!...
"EL ARMAMENTISMO CRECE EN FORMA ALARMANTE"
¡SLURP!
PERDÓN, FELIPE, PERO MIENTRAS TOMO UN HELADO SE ME DESDIBUJA EL MUNDO, ¿VOS ME HABLABAS?
©QUINO

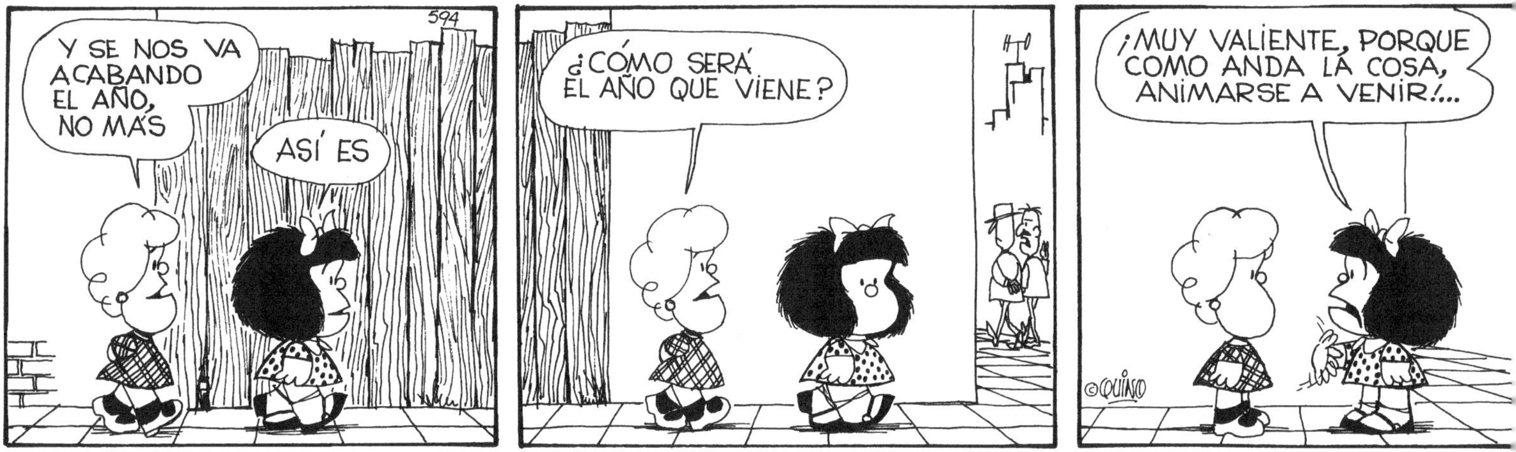
594
Y SE NOS VA ACABANDO EL AÑO, NO MÁS
ASÍ ES
¿CÓMO SERÁ EL AÑO QUE VIENE?
¡MUY VALIENTE, PORQUE COMO ANDA LA COSA, ANIMARSE A VENIR!...
©QUINO

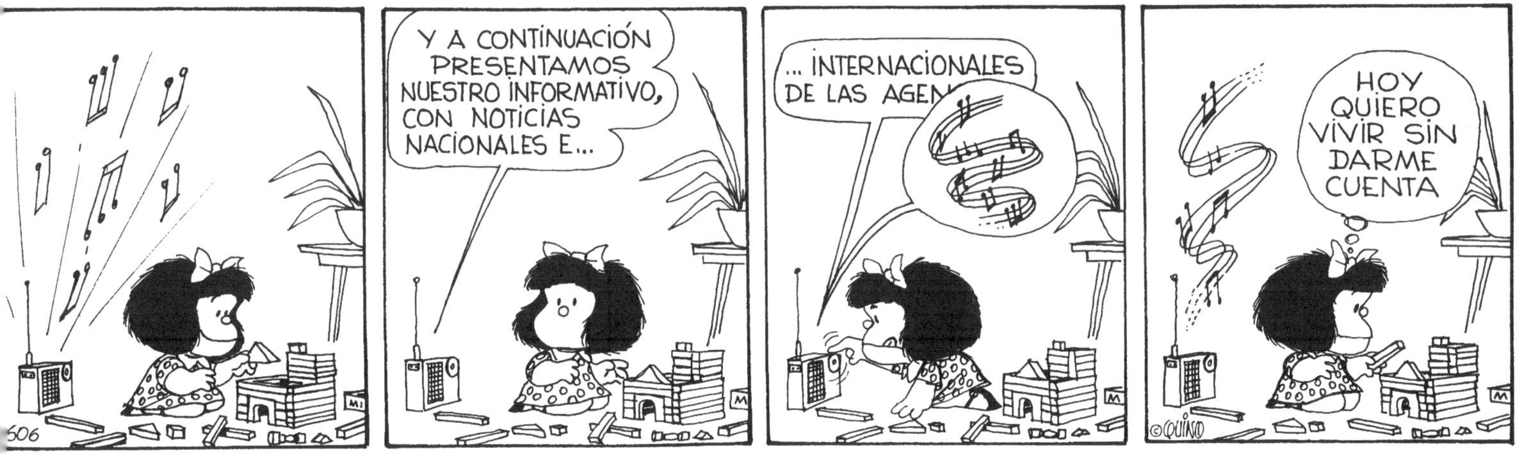
606
Y A CONTINUACIÓN PRESENTAMOS NUESTRO INFORMATIVO, CON NOTICIAS NACIONALES E...
... INTERNACIONALES DE LAS AGEN
HOY QUIERO VIVIR SIN DARME CUENTA
©QUINO

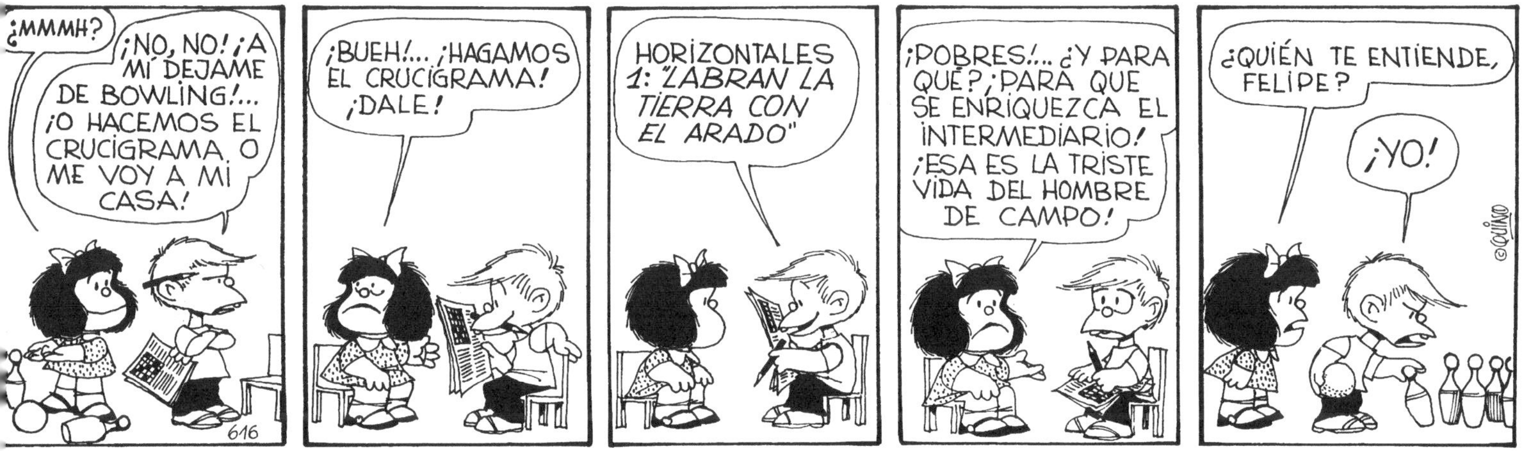
¿MMMH?
¡NO, NO! ¡A MÍ DEJAME DE BOWLING!... ¡O HACEMOS EL CRUCIGRAMA, O ME VOY A MI CASA!
616
¡BUEH!... ¡HAGAMOS EL CRUCIGRAMA! ¡DALE!
HORIZONTALES 1: *"LABRAN LA TIERRA CON EL ARADO"*
¡POBRES!... ¿Y PARA QUÉ? ¡PARA QUE SE ENRIQUEZCA EL INTERMEDIARIO! ¡ESA ES LA TRISTE VIDA DEL HOMBRE DE CAMPO!
¿QUIÉN TE ENTIENDE, FELIPE?
¡YO!
©QUINO

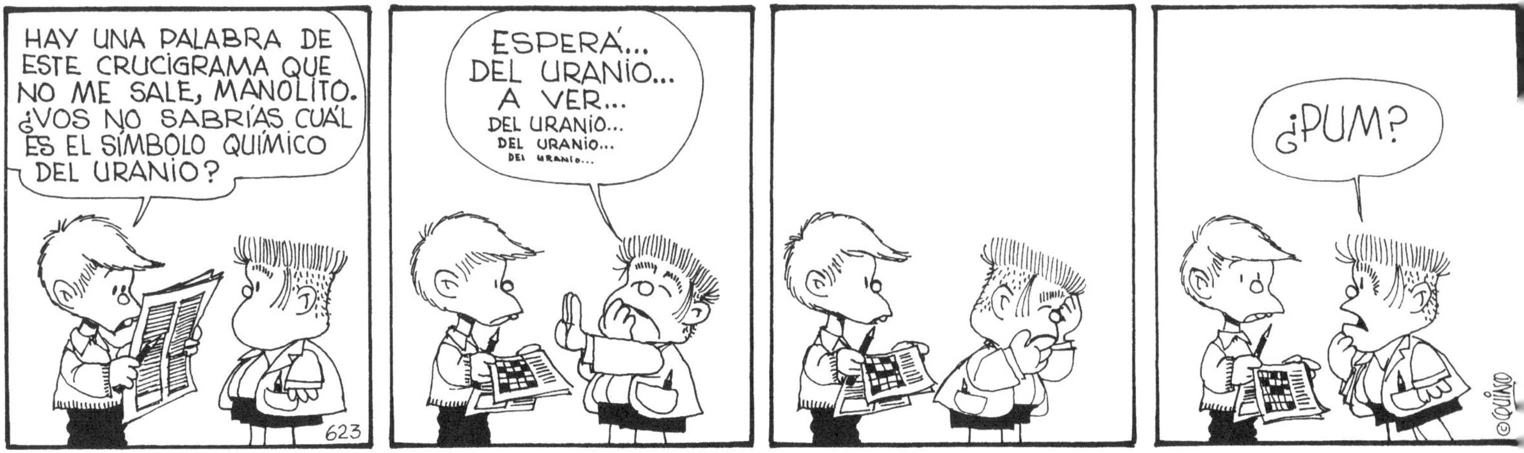
HAY UNA PALABRA DE ESTE CRUCIGRAMA QUE NO ME SALE, MANOLITO. ¿VOS NO SABRÍAS CUÁL ES EL SÍMBOLO QUÍMICO DEL URANIO?
623
ESPERÁ... DEL URANIO... A VER... DEL URANIO... DEL URANIO... DEL URANIO...
¿PUM?
©QUINO

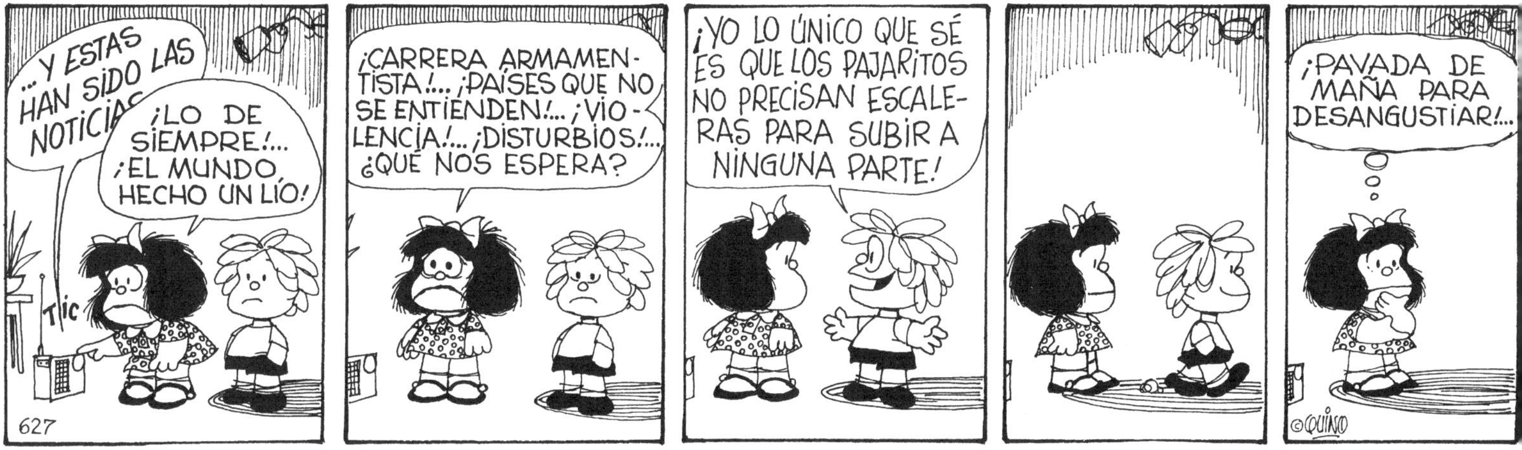
...Y ESTAS HAN SIDO LAS NOTICIA
¡LO DE SIEMPRE!... ¡EL MUNDO HECHO UN LÍO!
TIC
627
¡CARRERA ARMAMENTISTA!... ¡PAÍSES QUE NO SE ENTIENDEN!... ¡VIOLENCIA!... ¡DISTURBIOS!... ¿QUÉ NOS ESPERA?
¡YO LO ÚNICO QUE SÉ ES QUE LOS PAJARITOS NO PRECISAN ESCALERAS PARA SUBIR A NINGUNA PARTE!
¡PAVADA DE MAÑA PARA DESANGUSTIAR!...
©QUINO

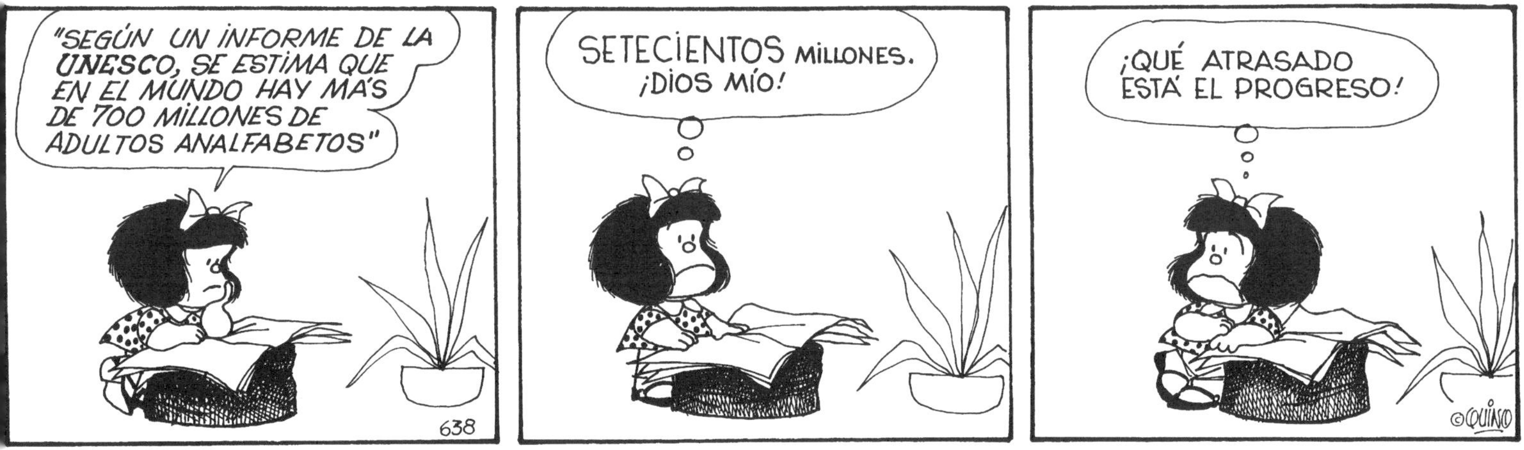
"SEGÚN UN INFORME DE LA UNESCO, SE ESTIMA QUE EN EL MUNDO HAY MÁS DE 700 MILLONES DE ADULTOS ANALFABETOS"
638
SETECIENTOS MILLONES. ¡DIOS MÍO!
¡QUÉ ATRASADO ESTÁ EL PROGRESO!
©QUINO

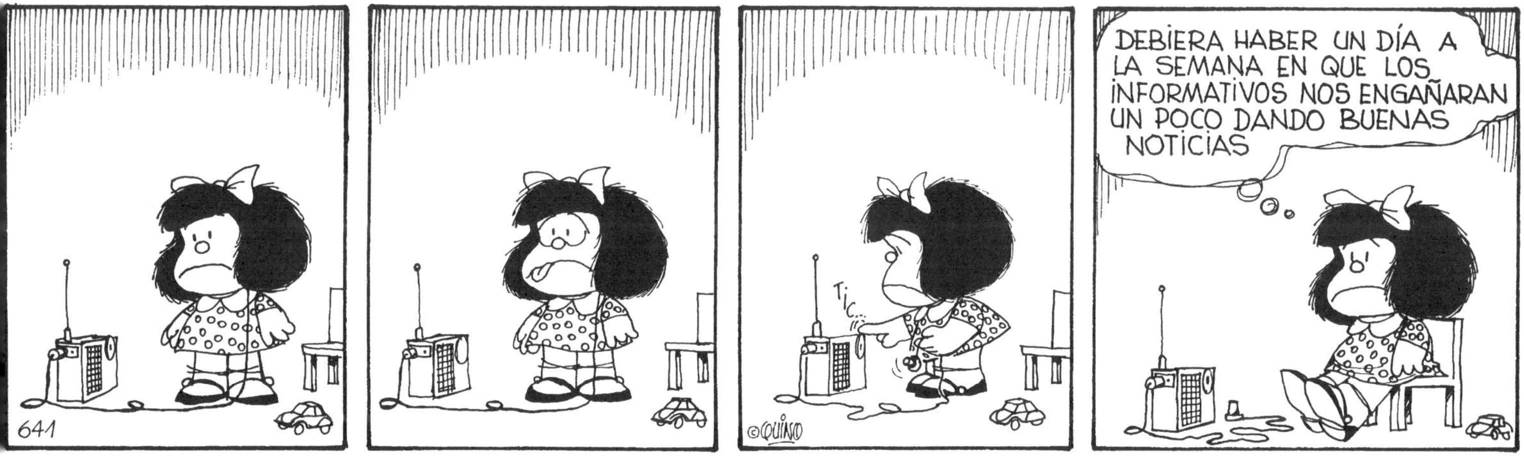
641
TIC...
©QUINO
DEBIERA HABER UN DÍA A LA SEMANA EN QUE LOS INFORMATIVOS NOS ENGAÑARAN UN POCO DANDO BUENAS NOTICIAS

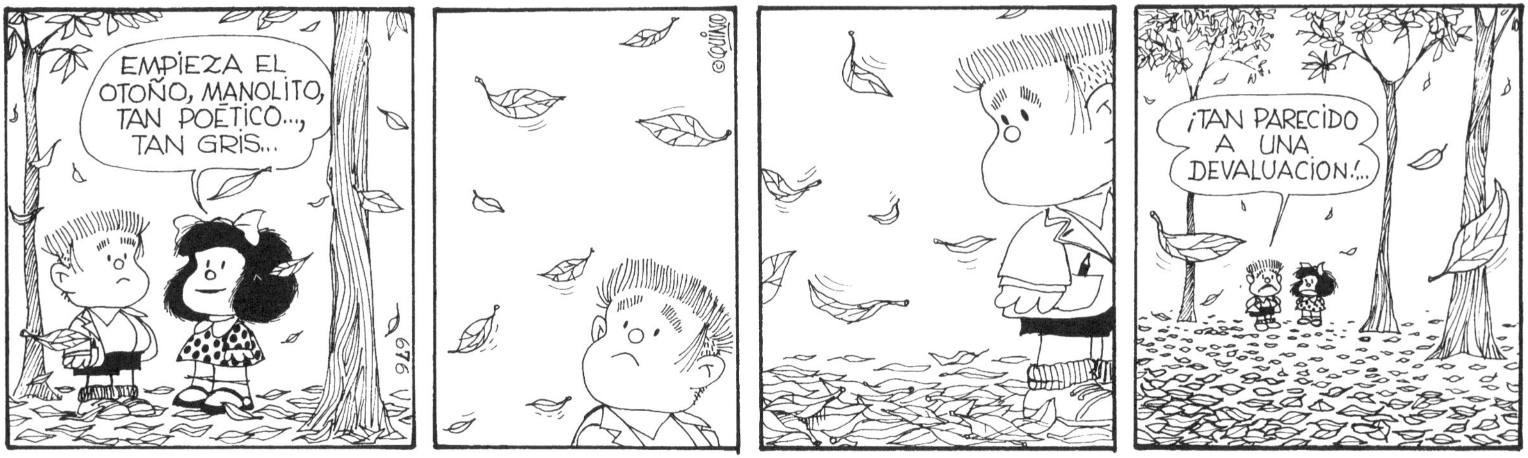
EMPIEZA EL OTOÑO, MANOLITO, TAN POÉTICO..., TAN GRIS...
©QUINO
676
¡TAN PARECIDO A UNA DEVALUACION!...

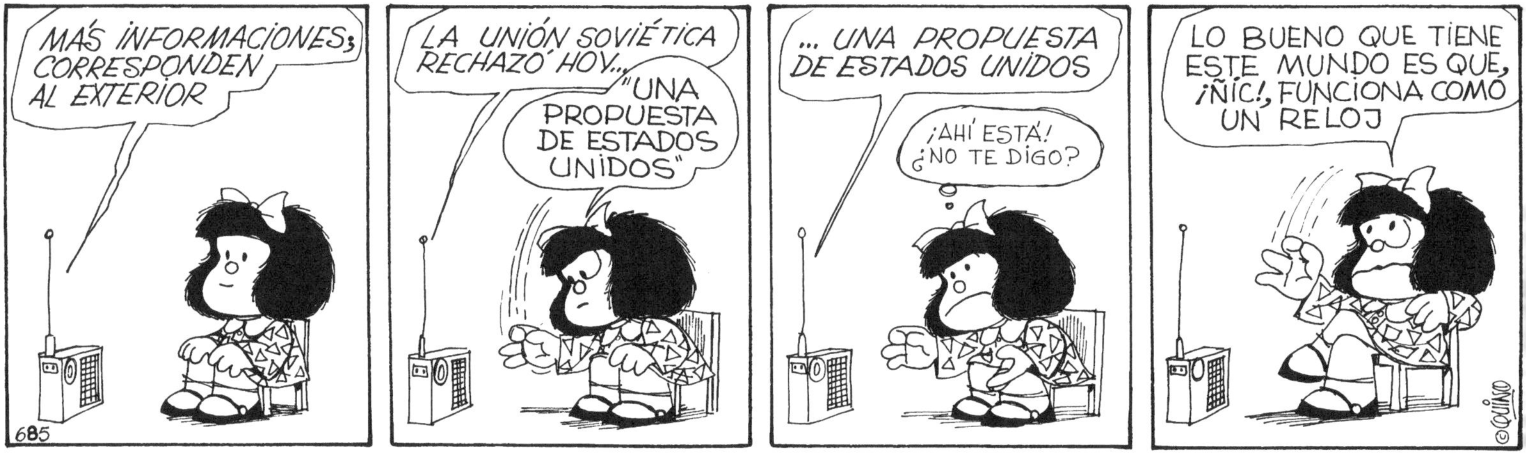
MÁS INFORMACIONES; CORRESPONDEN AL EXTERIOR
685
LA UNIÓN SOVIÉTICA RECHAZÓ HOY...
"UNA PROPUESTA DE ESTADOS UNIDOS"
... UNA PROPUESTA DE ESTADOS UNIDOS
¡AHÍ ESTÁ! ¿NO TE DIGO?
LO BUENO QUE TIENE ESTE MUNDO ES QUE, ¡ÑIC!, FUNCIONA COMO UN RELOJ
©QUINO

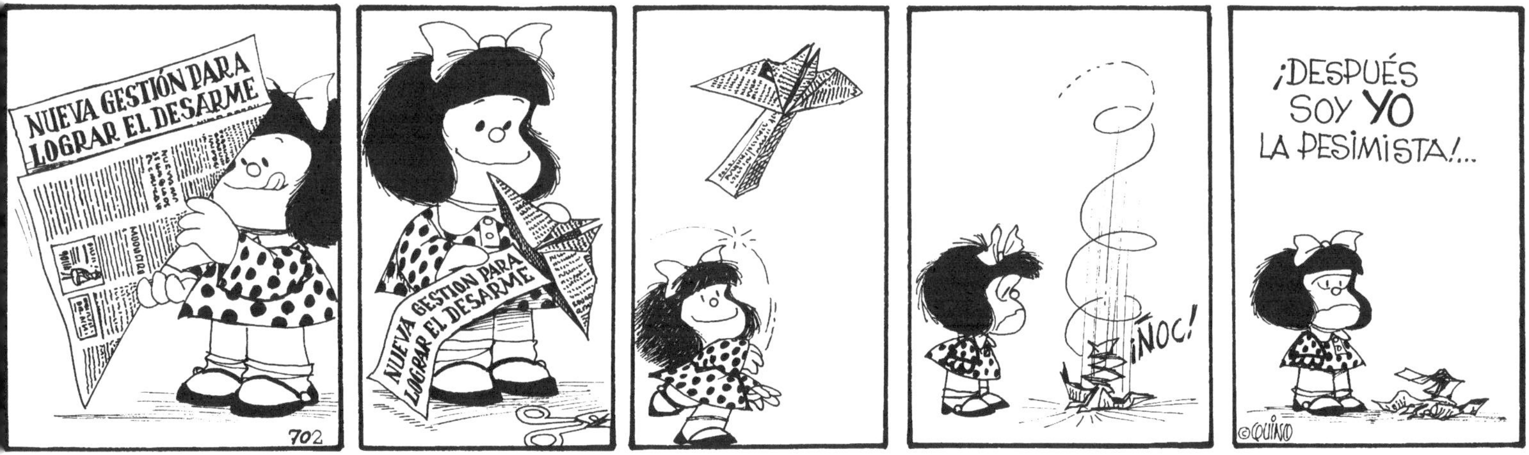
NUEVA GESTIÓN PARA LOGRAR EL DESARME
NUEVA GESTION PARA LOGRAR EL DESARME
¡ÑOC!
¡DESPUÉS SOY YO LA PESIMISTA!...
702
©QUINO

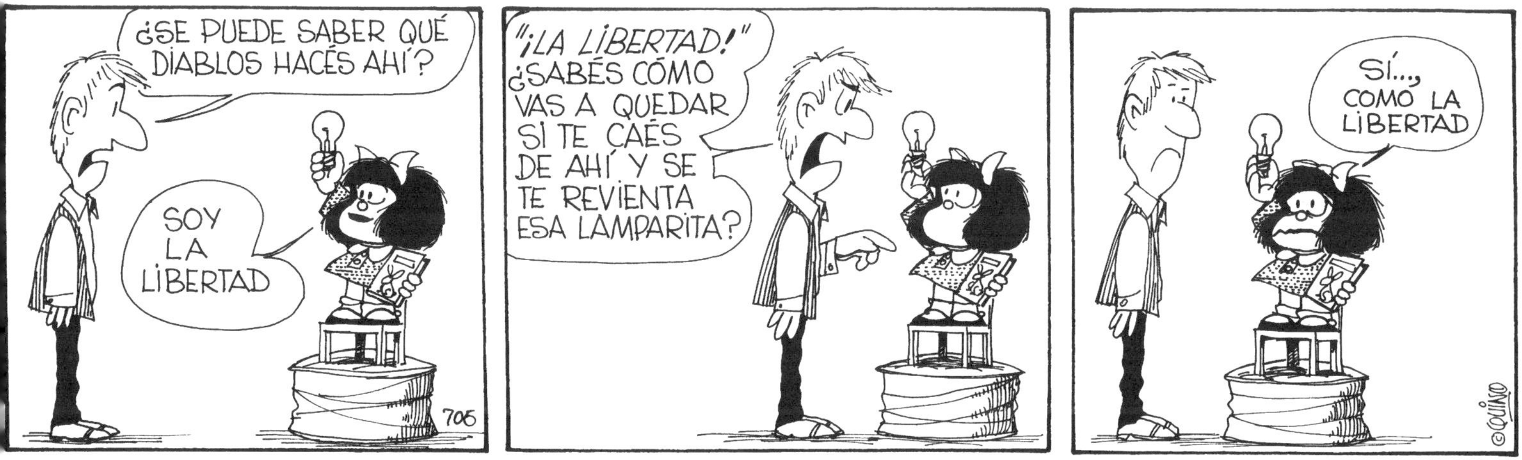
¿SE PUEDE SABER QUÉ DIABLOS HACÉS AHÍ?
SOY LA LIBERTAD
705
"¡LA LIBERTAD!" ¿SABÉS CÓMO VAS A QUEDAR SI TE CAÉS DE AHÍ Y SE TE REVIENTA ESA LAMPARITA?
SÍ..., COMO LA LIBERTAD
©QUINO

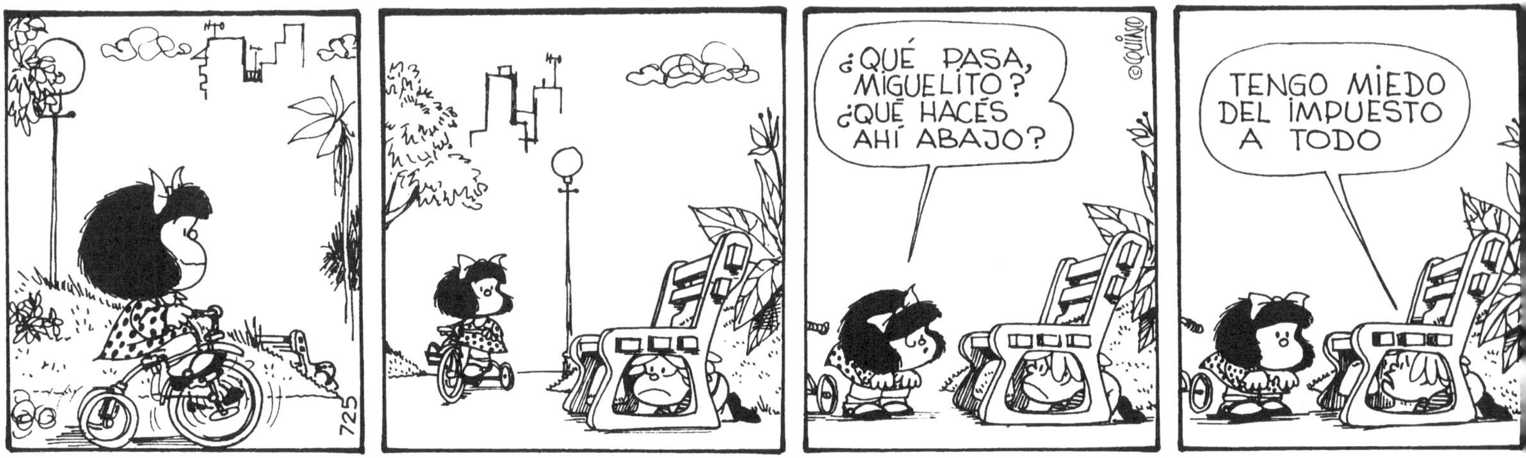
¿QUÉ PASA, MIGUELITO? ¿QUÉ HACÉS AHÍ ABAJO?
TENGO MIEDO DEL IMPUESTO A TODO

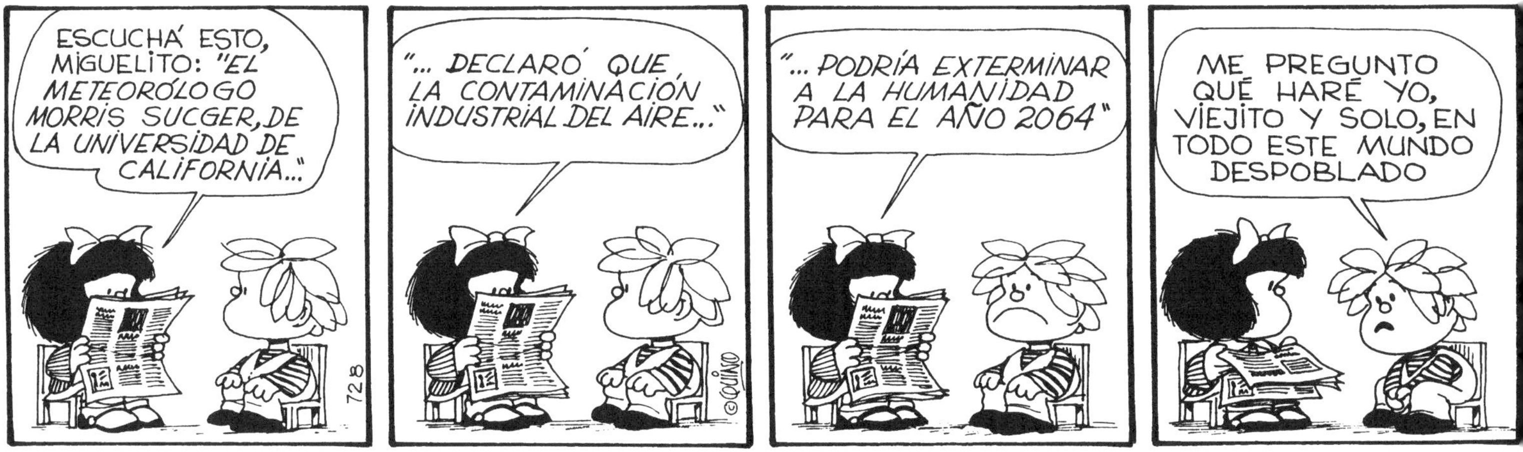
ESCUCHÁ ESTO, MIGUELITO: "EL METEORÓLOGO MORRIS SUCGER, DE LA UNIVERSIDAD DE CALIFORNIA..."
"... DECLARÓ QUE LA CONTAMINACIÓN INDUSTRIAL DEL AIRE..."
"... PODRÍA EXTERMINAR A LA HUMANIDAD PARA EL AÑO 2064"
ME PREGUNTO QUÉ HARÉ YO, VIEJITO Y SOLO, EN TODO ESTE MUNDO DESPOBLADO

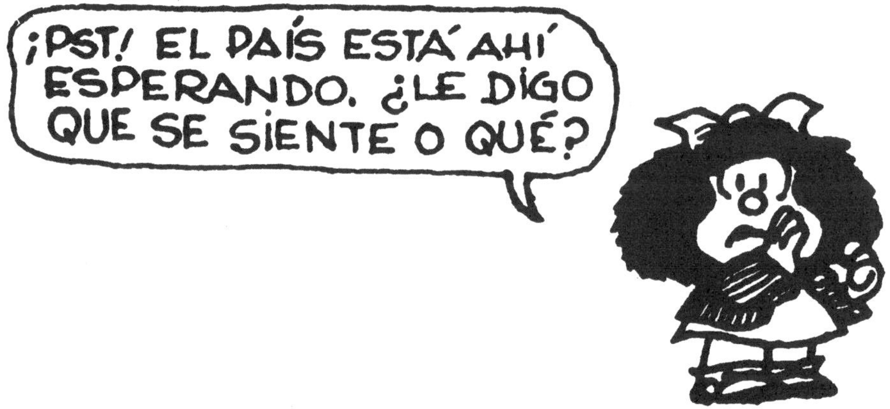
¡PST! EL PAÍS ESTÁ AHÍ ESPERANDO. ¿LE DIGO QUE SE SIENTE O QUÉ?

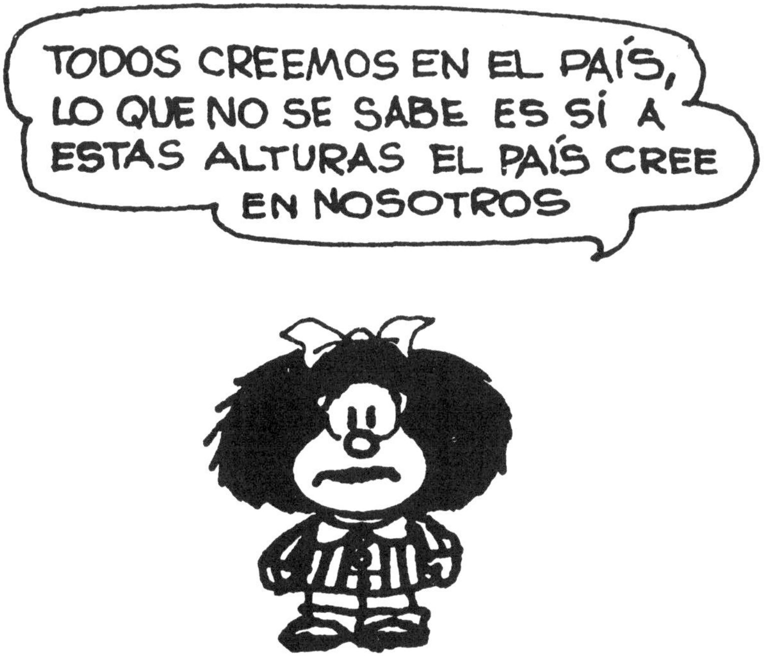
TODOS CREEMOS EN EL PAÍS, LO QUE NO SE SABE ES SÍ A ESTAS ALTURAS EL PAÍS CREE EN NOSOTROS

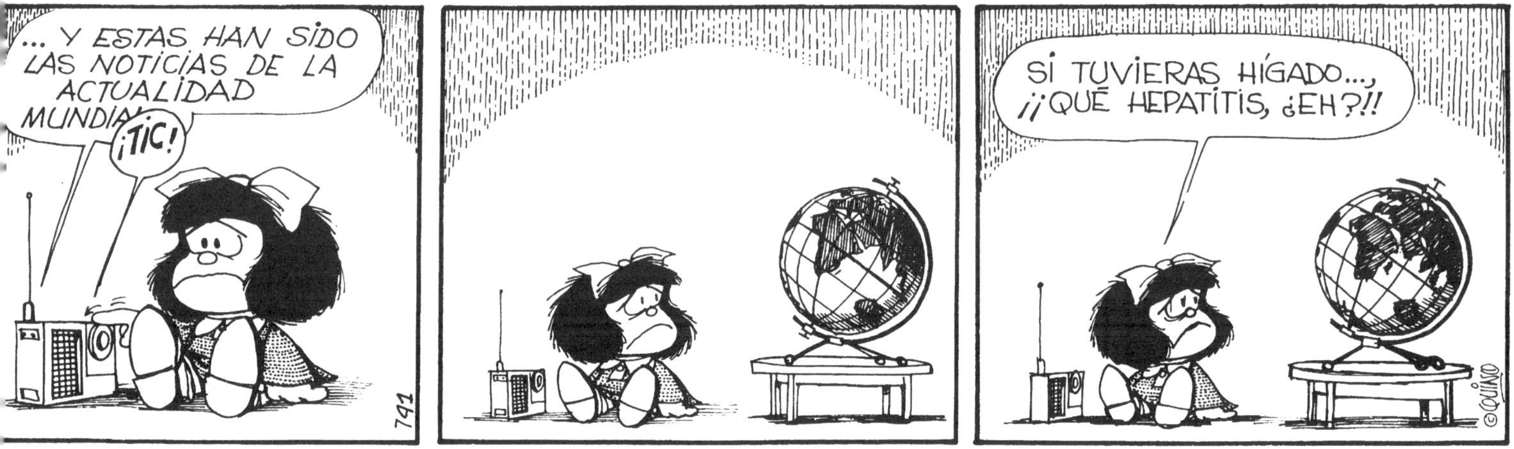
... Y ESTAS HAN SIDO LAS NOTICIAS DE LA ACTUALIDAD MUNDIA
¡TIC!
741
SI TUVIERAS HÍGADO..., ¡¡QUÉ HEPATITIS, ¿EH?!!
©QUINO

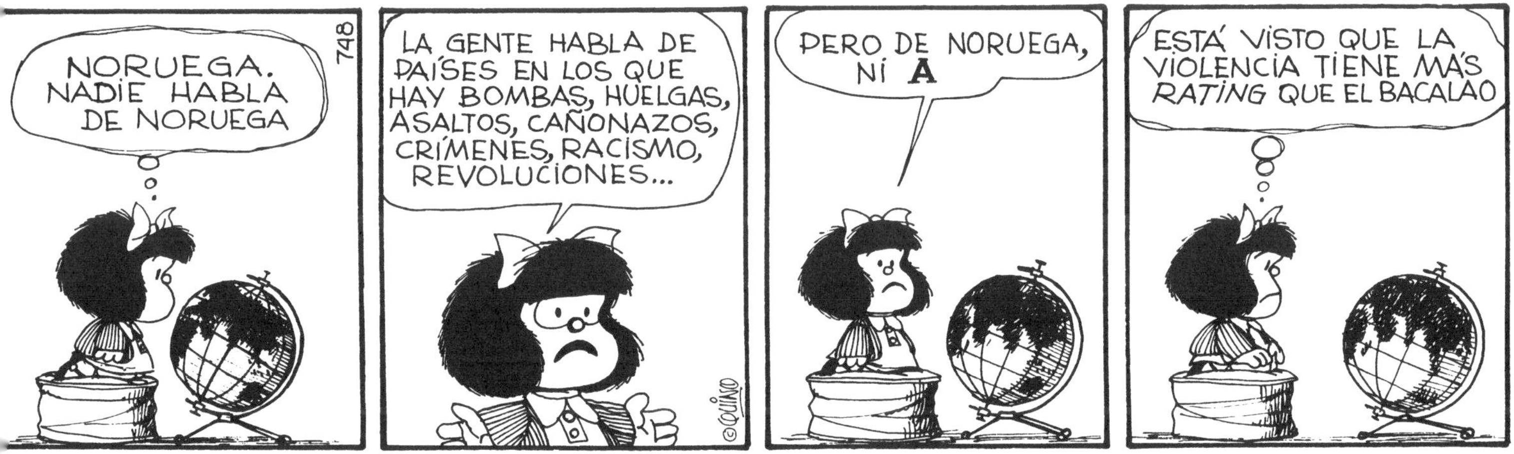
748
NORUEGA. NADIE HABLA DE NORUEGA
LA GENTE HABLA DE PAÍSES EN LOS QUE HAY BOMBAS, HUELGAS, ASALTOS, CAÑONAZOS, CRÍMENES, RACISMO, REVOLUCIONES...
©QUINO
PERO DE NORUEGA, NI A
ESTÁ VISTO QUE LA VIOLENCIA TIENE MÁS *RATING* QUE EL BACALAO

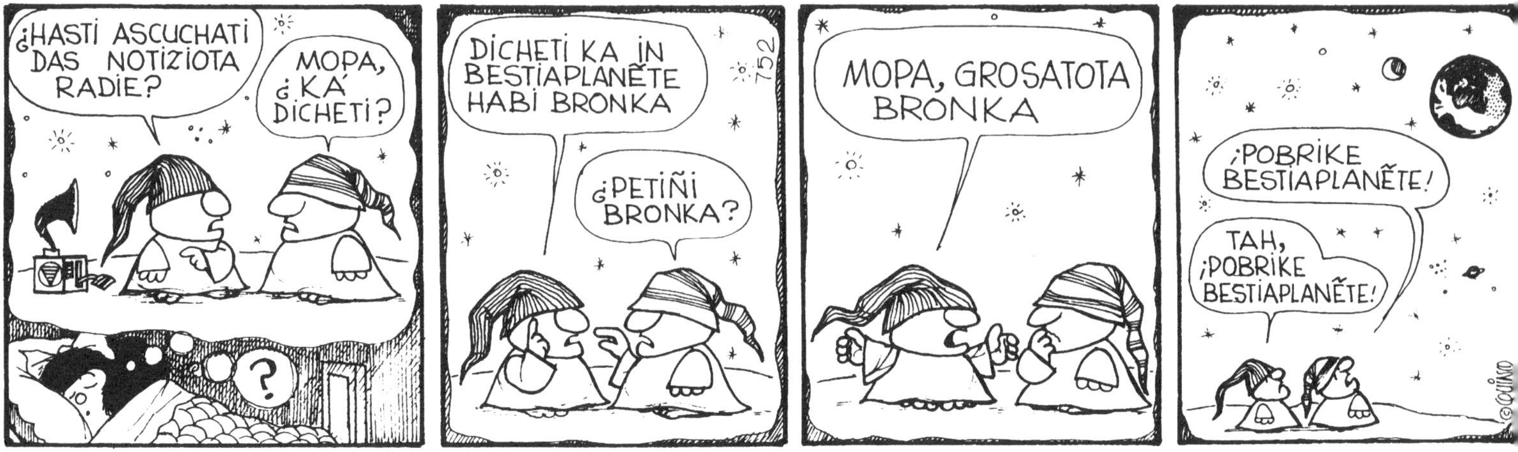
¿HASTI ASCUCHATI DAS NOTIZIOTA RADIE?
MOPA, ¿KÁ DICHETI?
DICHETI KA IN BESTIAPLANẼTE HABI BRONKA
¿PETIÑI BRONKA?
MOPA, GROSATOTA BRONKA
¡POBRIKE BESTIAPLANẼTE!
TAH, ¡POBRIKE BESTIAPLANẼTE!

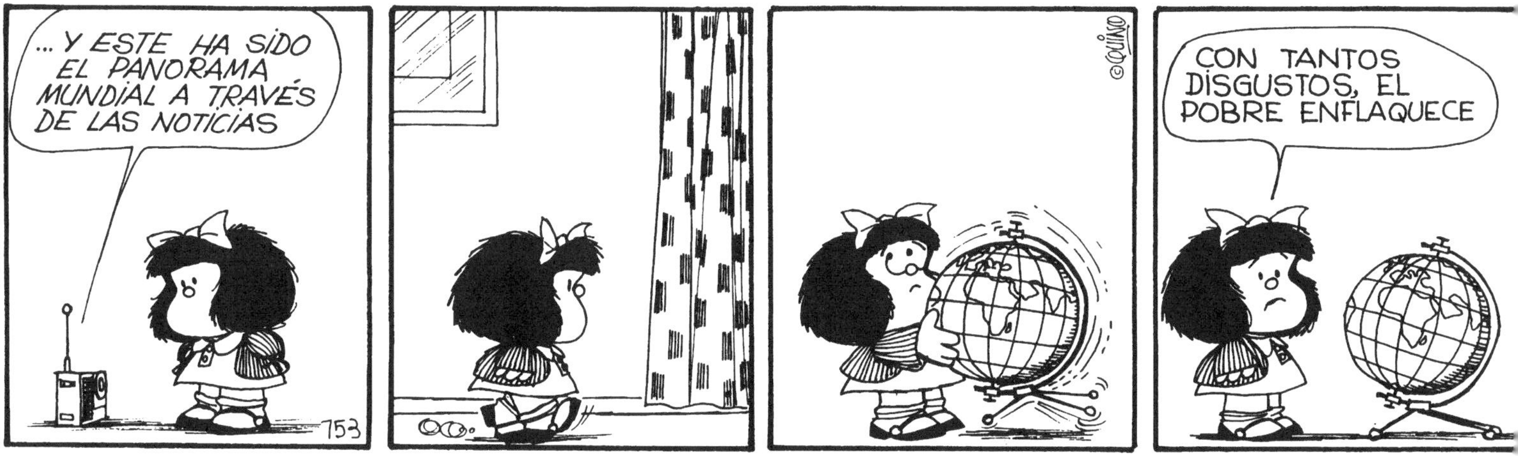
...Y ESTE HA SIDO EL PANORAMA MUNDIAL A TRAVÉS DE LAS NOTICIAS
CON TANTOS DISGUSTOS, EL POBRE ENFLAQUECE

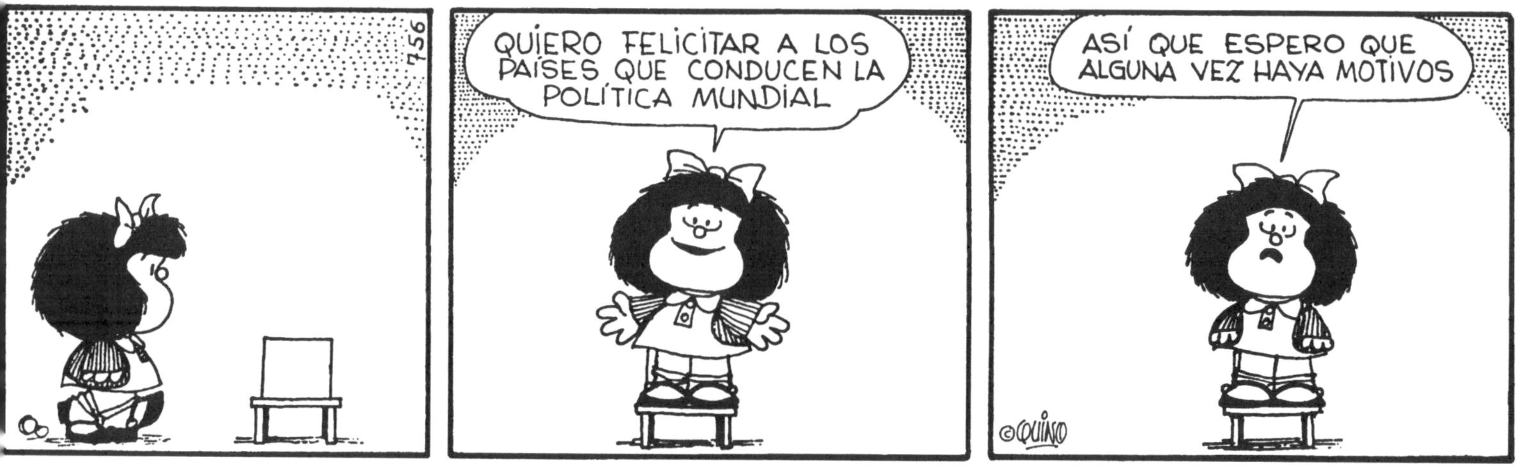
756
QUIERO FELICITAR A LOS PAÍSES QUE CONDUCEN LA POLÍTICA MUNDIAL
ASÍ QUE ESPERO QUE ALGUNA VEZ HAYA MOTIVOS
©QUINO

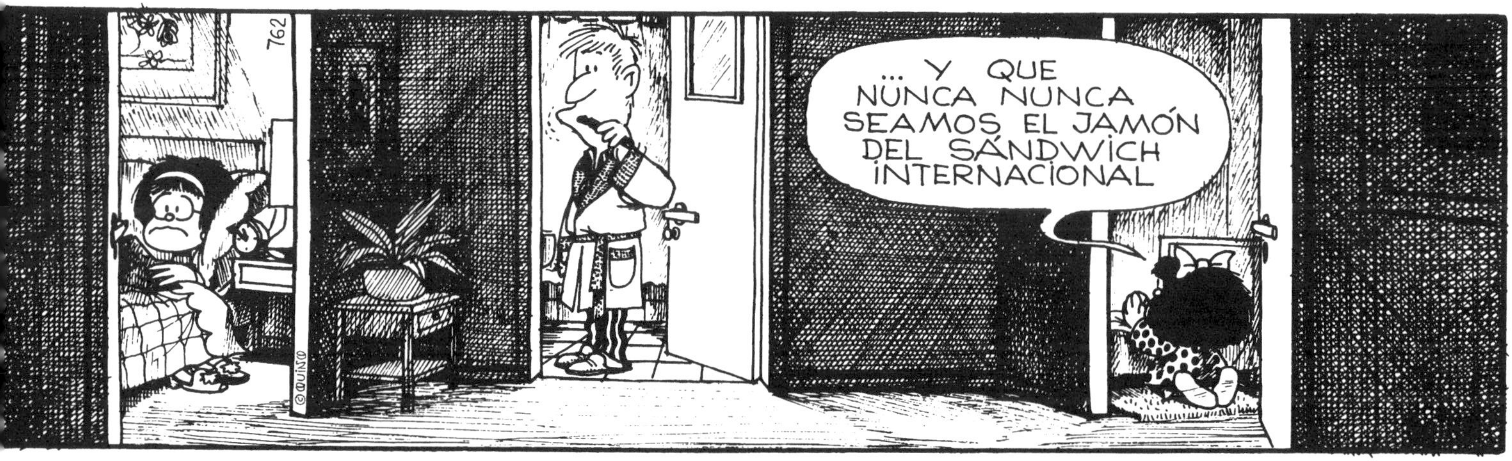
762
©QUINO
... Y QUE NUNCA NUNCA SEAMOS EL JAMÓN DEL SÁNDWICH INTERNACIONAL

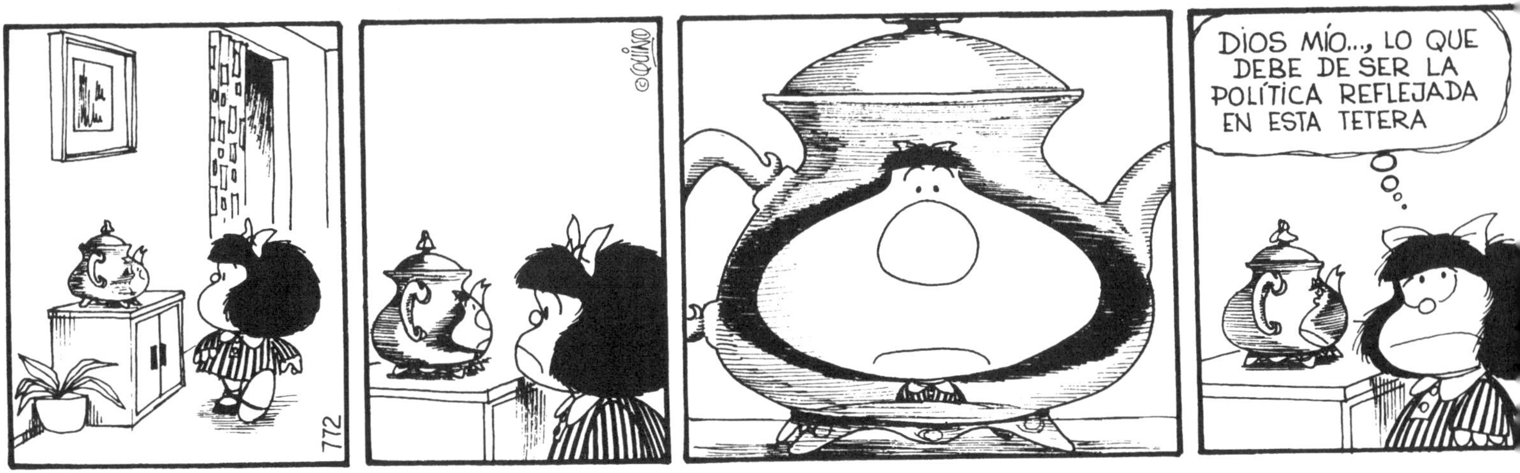
772
©QUINO
DIOS MÍO..., LO QUE DEBE DE SER LA POLÍTICA REFLEJADA EN ESTA TETERA

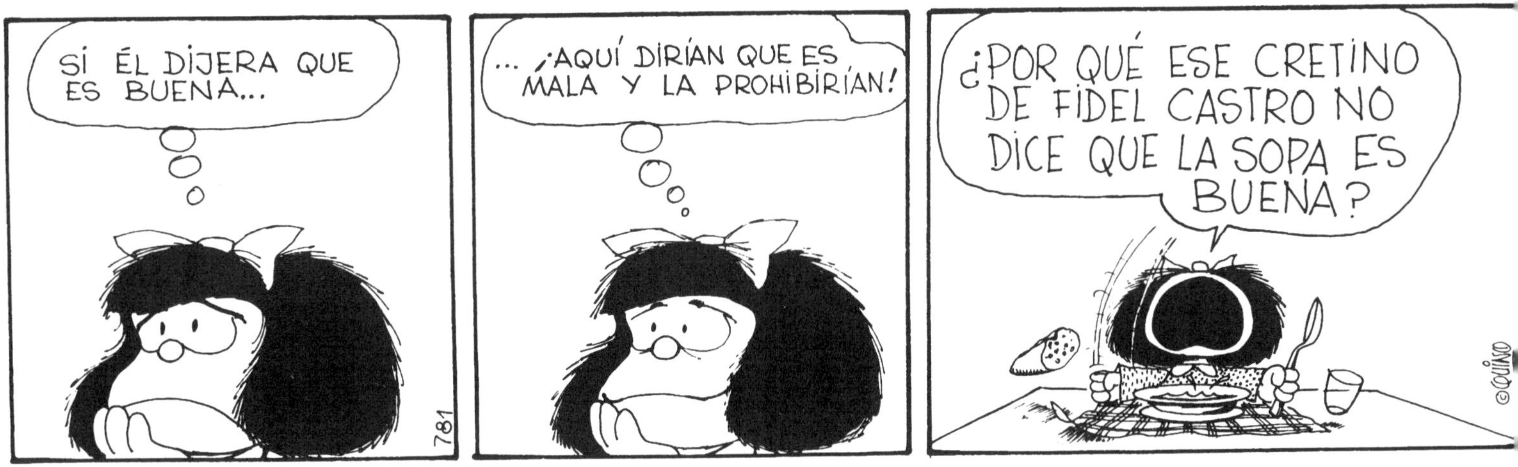
781
SÍ ÉL DIJERA QUE ES BUENA...
... ¡AQUÍ DIRÍAN QUE ES MALA Y LA PROHIBIRÍAN!
¿POR QUÉ ESE CRETINO DE FIDEL CASTRO NO DICE QUE LA SOPA ES BUENA?
©QUINO

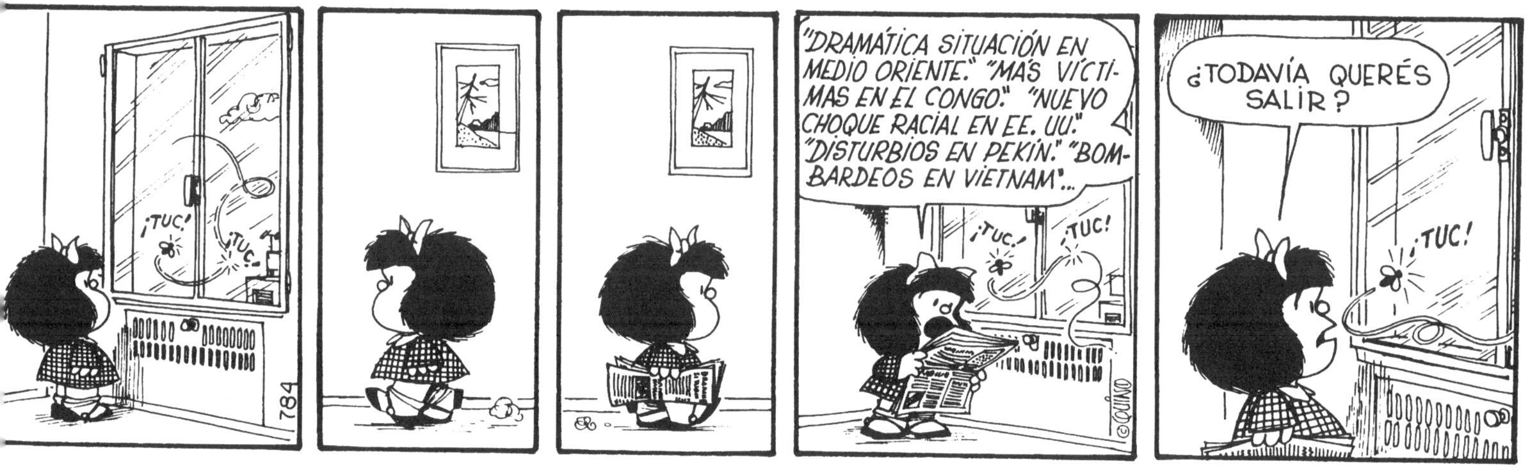
¡TUC!
¡TUC!
784
"DRAMÁTICA SITUACIÓN EN MEDIO ORIENTE." "MÁS VÍCTIMAS EN EL CONGO." "NUEVO CHOQUE RACIAL EN EE. UU." "DISTURBIOS EN PEKÍN." "BOMBARDEOS EN VIETNAM"...
¡TUC!
¡TUC!
©QUINO
¿TODAVÍA QUERÉS SALIR?
¡TUC!

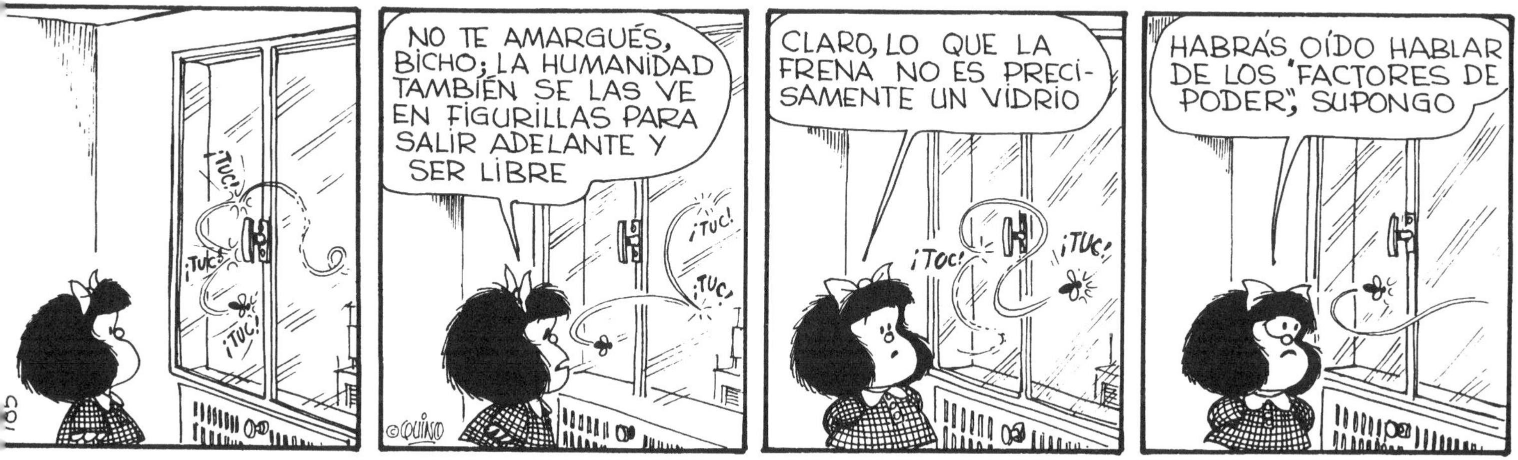
¡TUC!
¡TUC!
¡TUC!
NO TE AMARGUÉS, BICHO; LA HUMANIDAD TAMBIÉN SE LAS VE EN FIGURILLAS PARA SALIR ADELANTE Y SER LIBRE
¡TUC!
¡TUC!
©QUINO
CLARO, LO QUE LA FRENA NO ES PRECISAMENTE UN VIDRIO
¡TOC!
¡TUC!
HABRÁS OÍDO HABLAR DE LOS "FACTORES DE PODER", SUPONGO

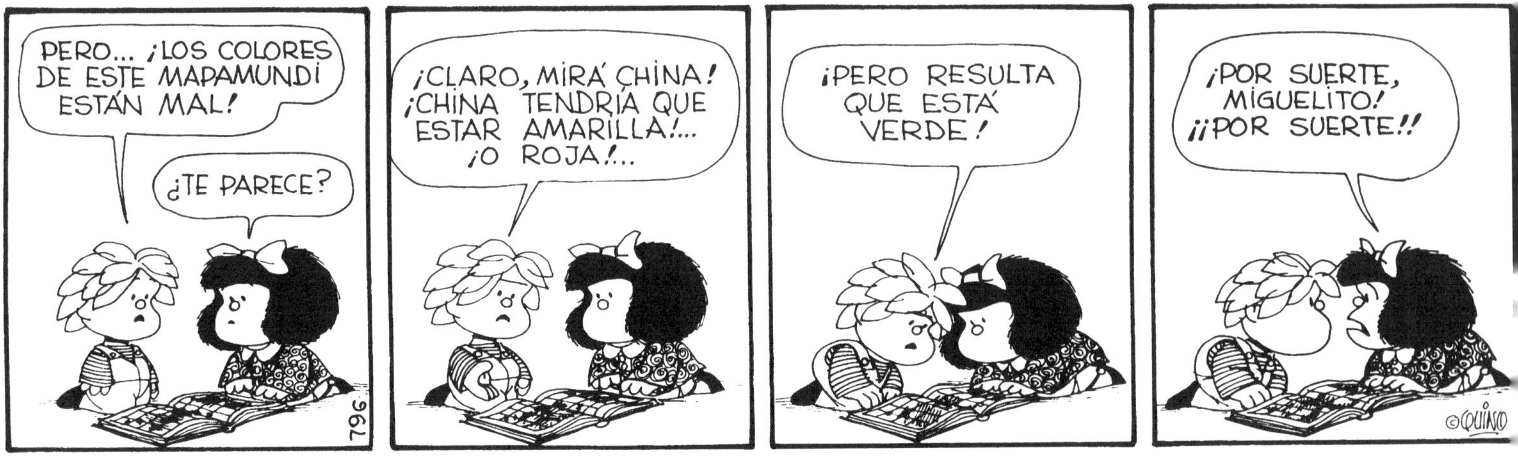

PERO... ¡LOS COLORES DE ESTE MAPAMUNDI ESTÁN MAL!
¿TE PARECE?
796
¡CLARO, MIRÁ CHINA! ¡CHINA TENDRÍA QUE ESTAR AMARILLA!... ¡O ROJA!...
¡PERO RESULTA QUE ESTÁ VERDE!
¡POR SUERTE, MIGUELITO! ¡¡POR SUERTE!!
©QUINO

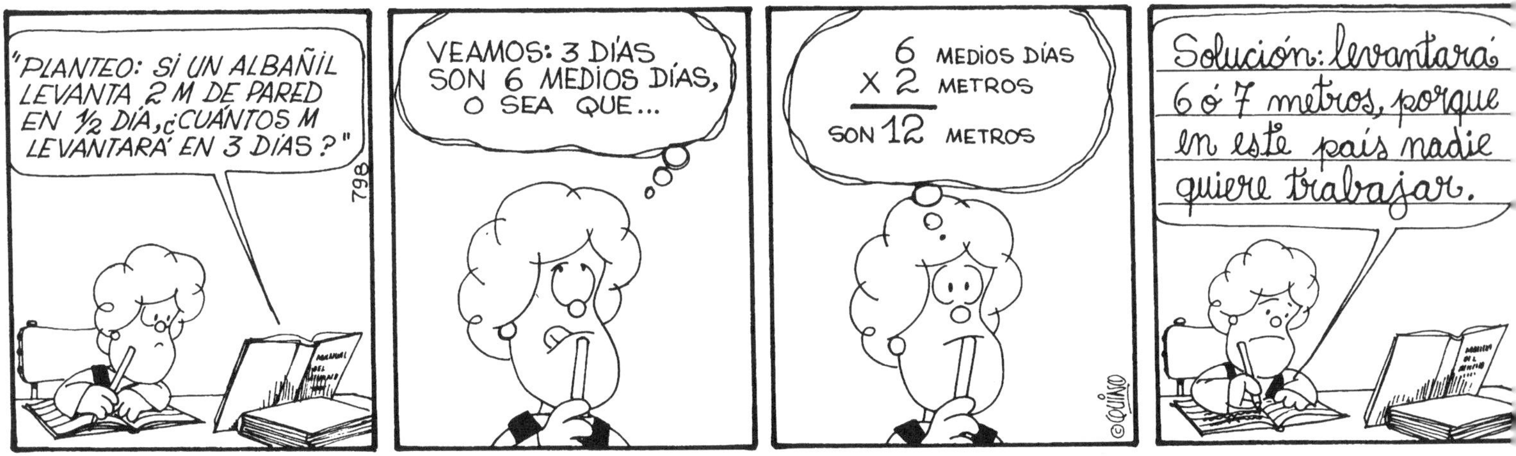

"PLANTEO: SI UN ALBAÑIL LEVANTA 2 M DE PARED EN ½ DÍA, ¿CUÁNTOS M LEVANTARÁ EN 3 DÍAS?"
798
VEAMOS: 3 DÍAS SON 6 MEDIOS DÍAS, O SEA QUE...
6 MEDIOS DÍAS
X 2 METROS
SON 12 METROS
©QUINO
Solución: levantará 6 ó 7 metros, porque en este país nadie quiere trabajar.

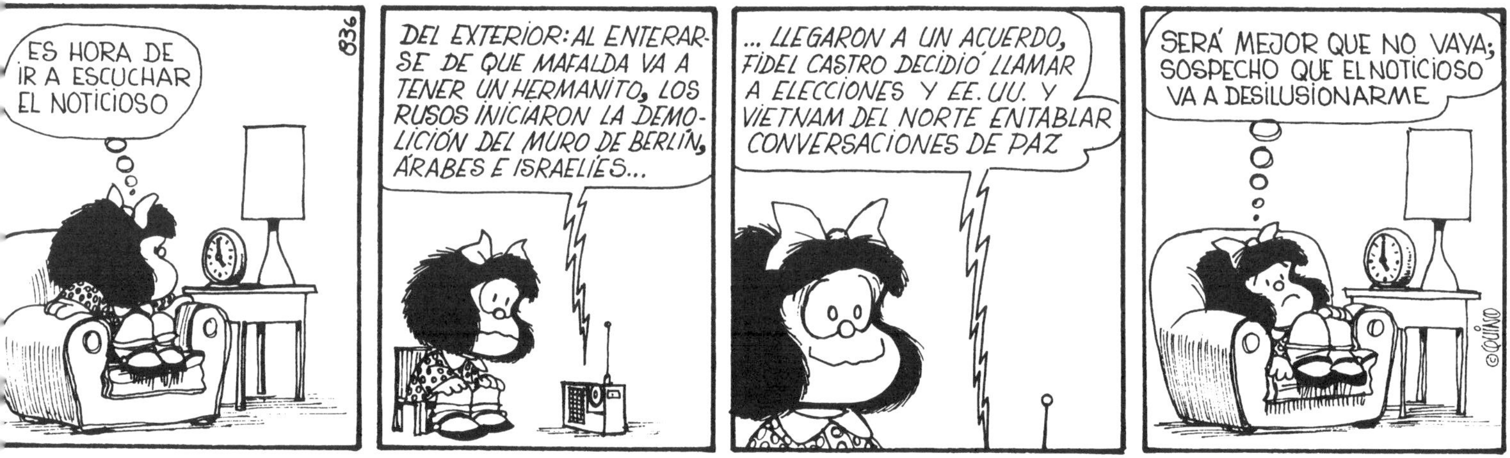
836
ES HORA DE IR A ESCUCHAR EL NOTICIOSO
DEL EXTERIOR: AL ENTERARSE DE QUE MAFALDA VA A TENER UN HERMANITO, LOS RUSOS INICIARON LA DEMOLICIÓN DEL MURO DE BERLÍN, ÁRABES E ISRAELÍES...
... LLEGARON A UN ACUERDO, FIDEL CASTRO DECIDIÓ LLAMAR A ELECCIONES Y EE. UU. Y VIETNAM DEL NORTE ENTABLAR CONVERSACIONES DE PAZ
SERÁ MEJOR QUE NO VAYA; SOSPECHO QUE EL NOTICIOSO VA A DESILUSIONARME
©QUINO

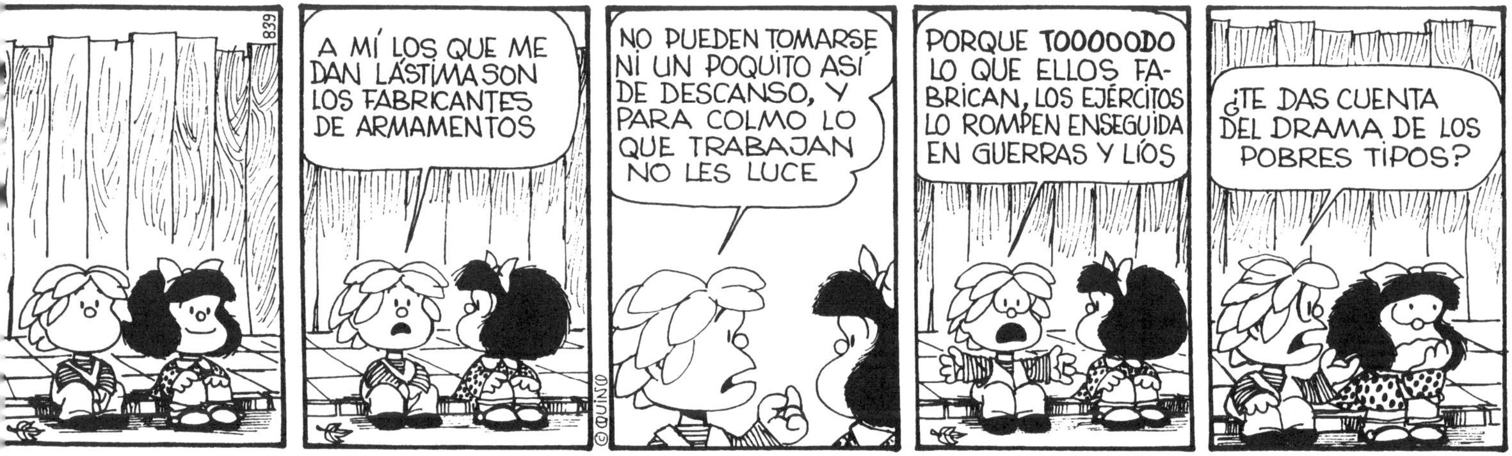
839
A MÍ LOS QUE ME DAN LÁSTIMA SON LOS FABRICANTES DE ARMAMENTOS
NO PUEDEN TOMARSE NI UN POQUITO ASÍ DE DESCANSO, Y PARA COLMO LO QUE TRABAJAN NO LES LUCE
PORQUE TOOOOODO LO QUE ELLOS FABRICAN, LOS EJÉRCITOS LO ROMPEN ENSEGUIDA EN GUERRAS Y LÍOS
¿TE DAS CUENTA DEL DRAMA DE LOS POBRES TIPOS?
©QUINO

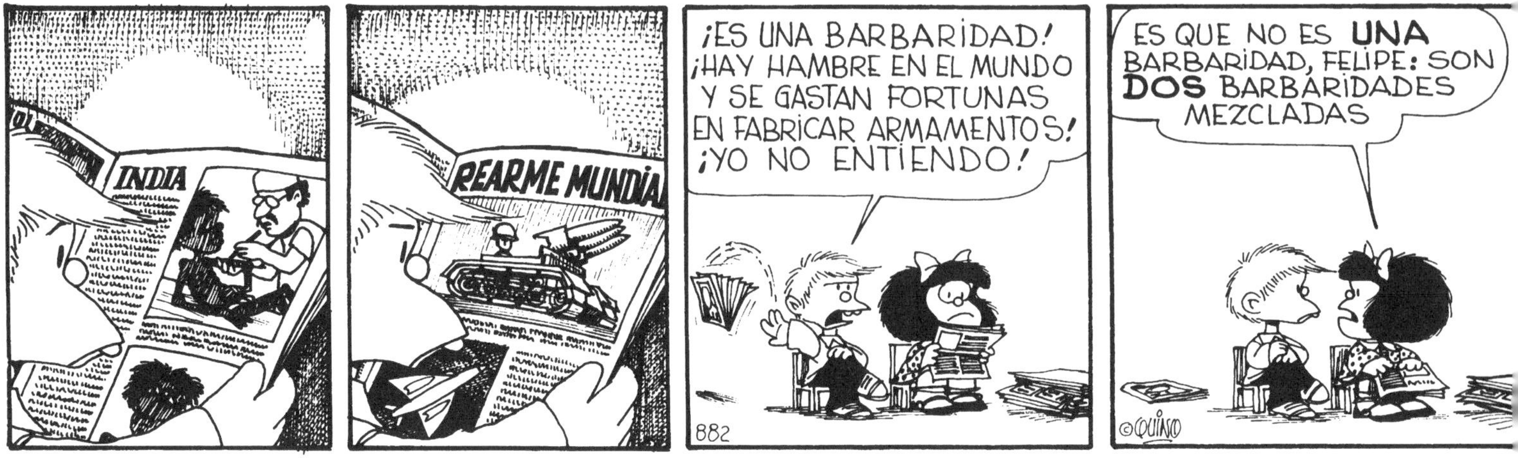
INDIA
REARME MUNDIA
¡ES UNA BARBARIDAD! ¡HAY HAMBRE EN EL MUNDO Y SE GASTAN FORTUNAS EN FABRICAR ARMAMENTOS! ¡YO NO ENTIENDO!
882
ES QUE NO ES **UNA** BARBARIDAD, FELIPE: SON **DOS** BARBARIDADES MEZCLADAS
©QUINO

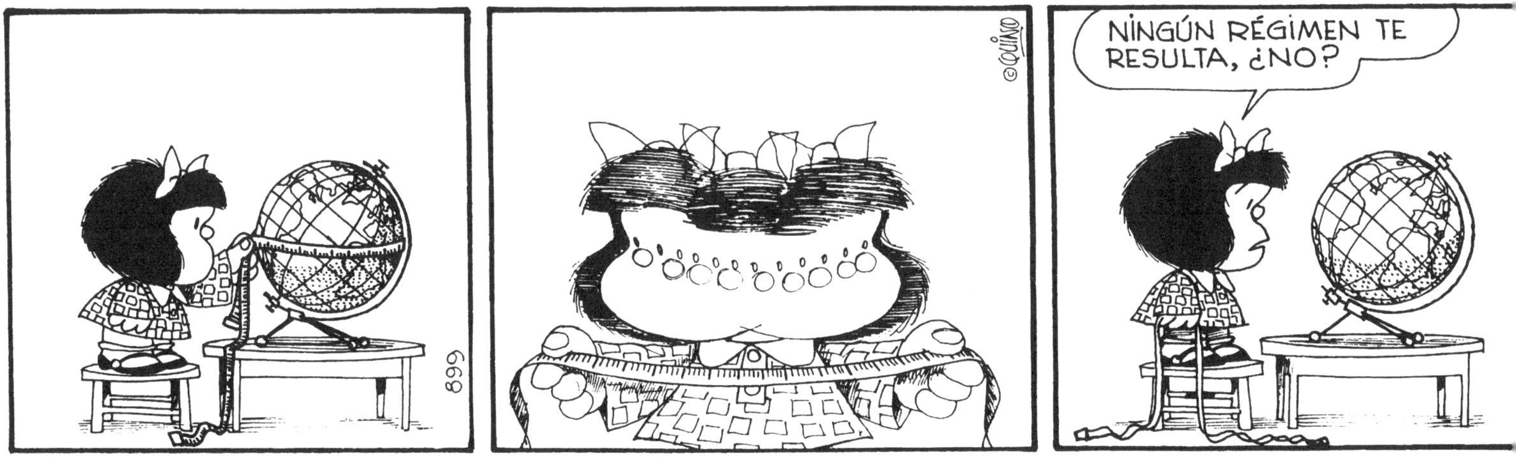
899
©QUINO
NINGÚN RÉGIMEN TE RESULTA, ¿NO?

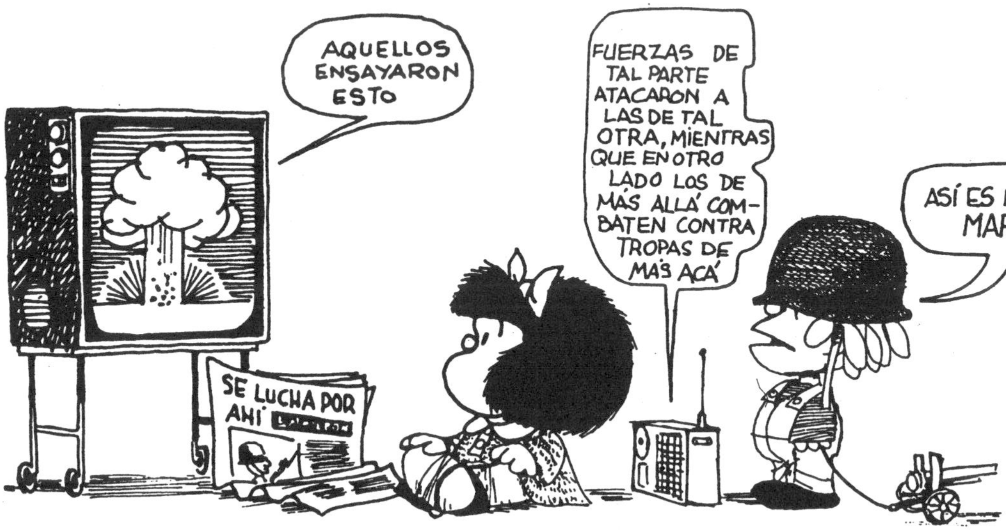
AQUELLOS ENSAYARON ESTO
SE LUCHA POR AHÍ
FUERZAS DE TAL PARTE ATACARON A LAS DE TAL OTRA, MIENTRAS QUE EN OTRO LADO LOS DE MÁS ALLÁ COMBATEN CONTRA TROPAS DE MÁS ACÁ
ASÍ ES LA COSA, MAFALDA

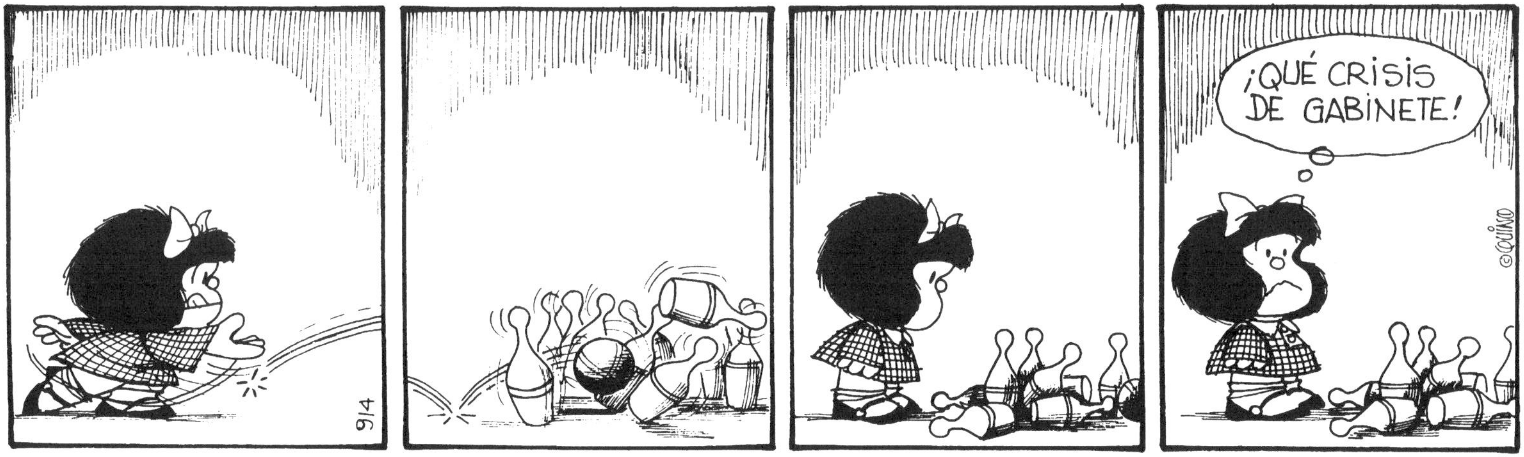
914
¡QUÉ CRISIS DE GABINETE!
©QUINO

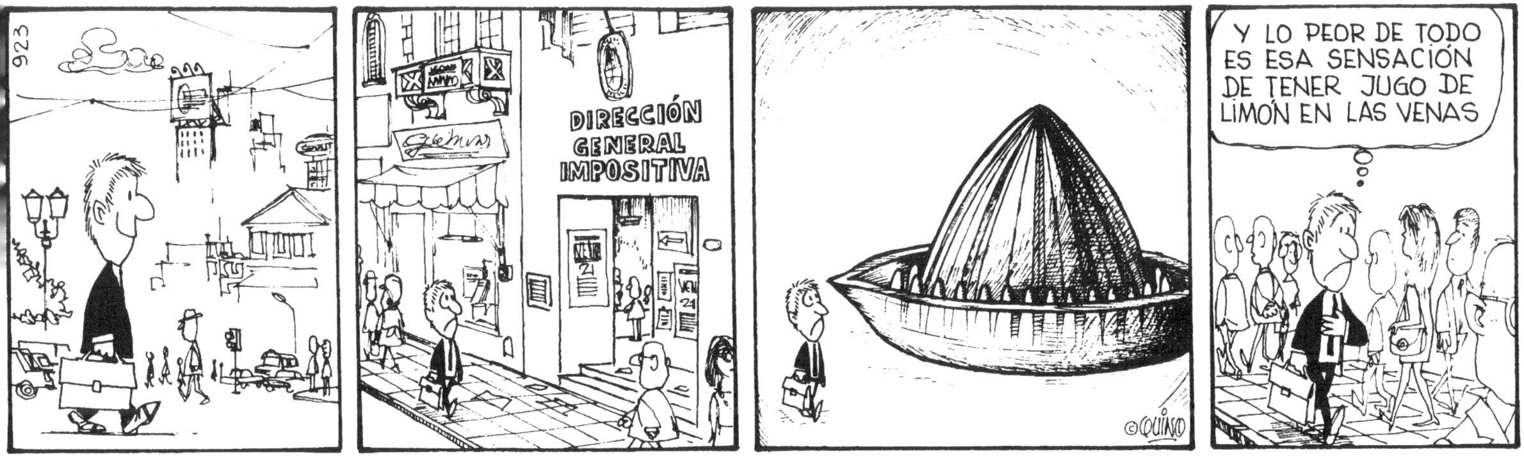
923
DIRECCIÓN GENERAL IMPOSITIVA
©QUINO
Y LO PEOR DE TODO ES ESA SENSACIÓN DE TENER JUGO DE LIMÓN EN LAS VENAS

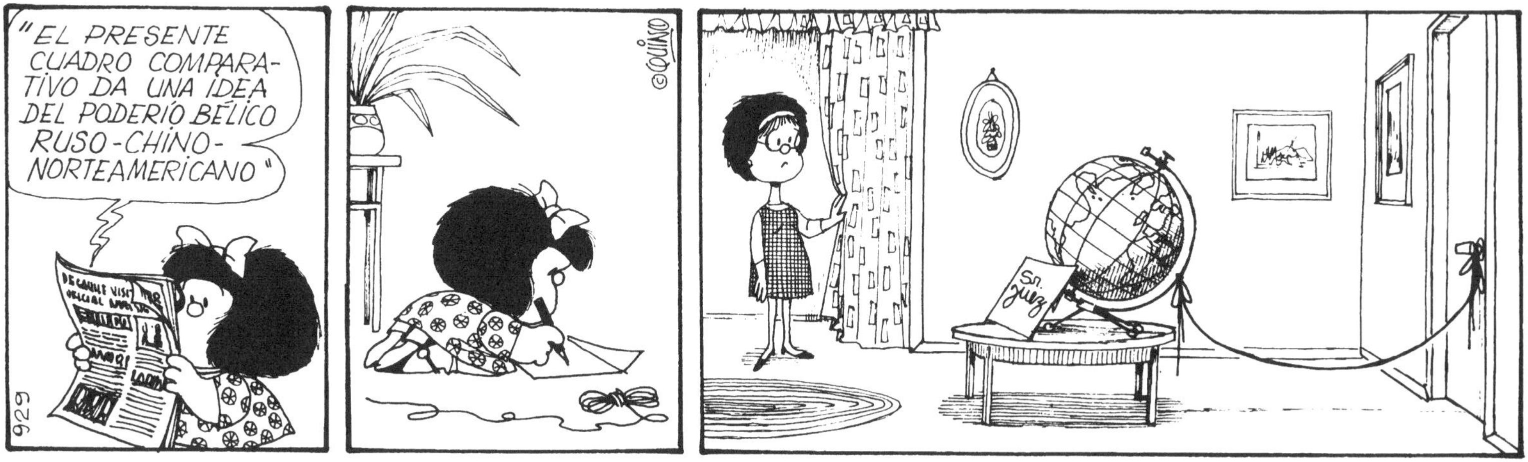
"EL PRESENTE CUADRO COMPARATIVO DA UNA IDEA DEL PODERÍO BÉLICO RUSO-CHINO-NORTEAMERICANO"
929
©QUINO
Sn. Juez

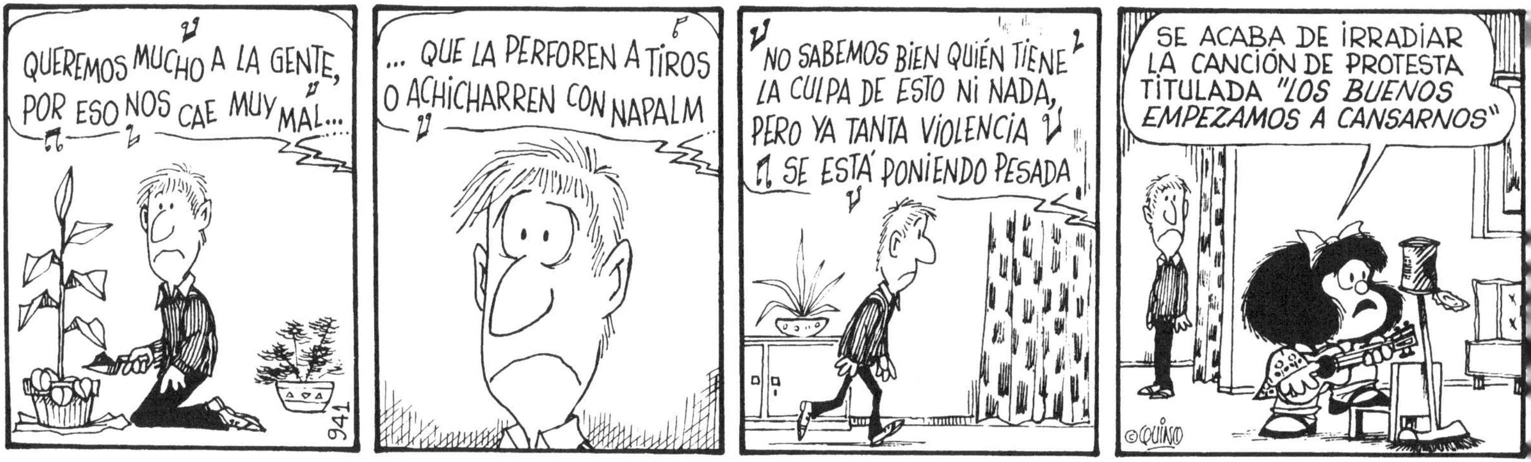
QUEREMOS MUCHO A LA GENTE, POR ESO NOS CAE MUY MAL...
941
... QUE LA PERFOREN A TIROS O ACHICHARREN CON NAPALM
NO SABEMOS BIEN QUIÉN TIENE LA CULPA DE ESTO NI NADA, PERO YA TANTA VIOLENCIA SE ESTÁ PONIENDO PESADA
SE ACABA DE IRRADIAR LA CANCIÓN DE PROTESTA TITULADA "LOS BUENOS EMPEZAMOS A CANSARNOS"
©QUINO

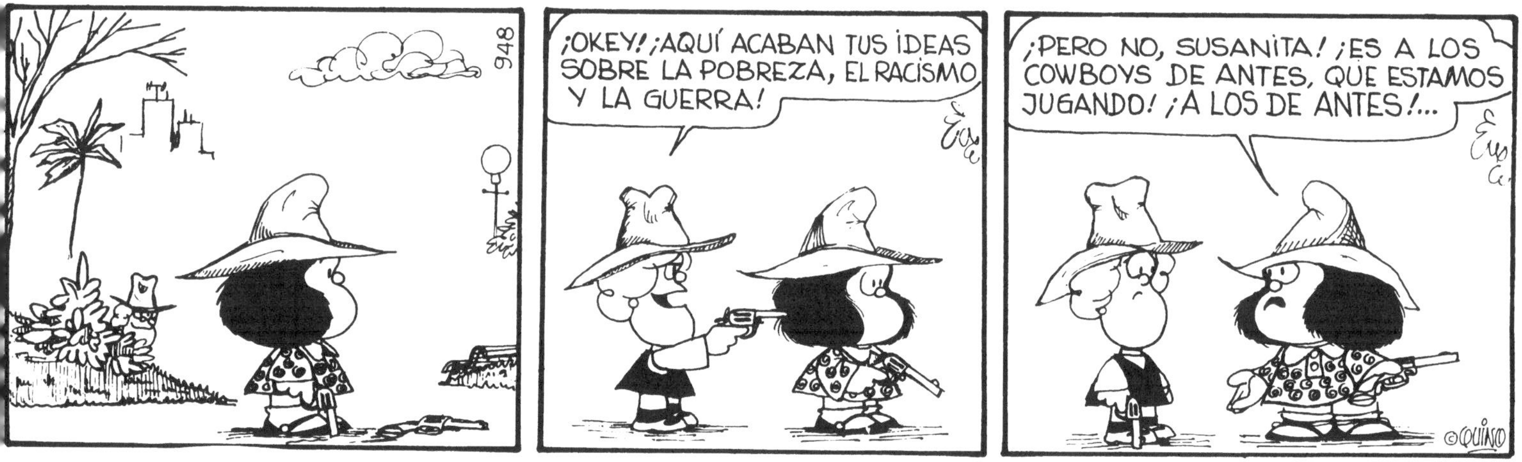
948
¡OKEY! ¡AQUÍ ACABAN TUS IDEAS SOBRE LA POBREZA, EL RACISMO Y LA GUERRA!
¡PERO NO, SUSANITA! ¡ES A LOS COWBOYS DE ANTES, QUE ESTAMOS JUGANDO! ¡A LOS DE ANTES!...
©QUINO

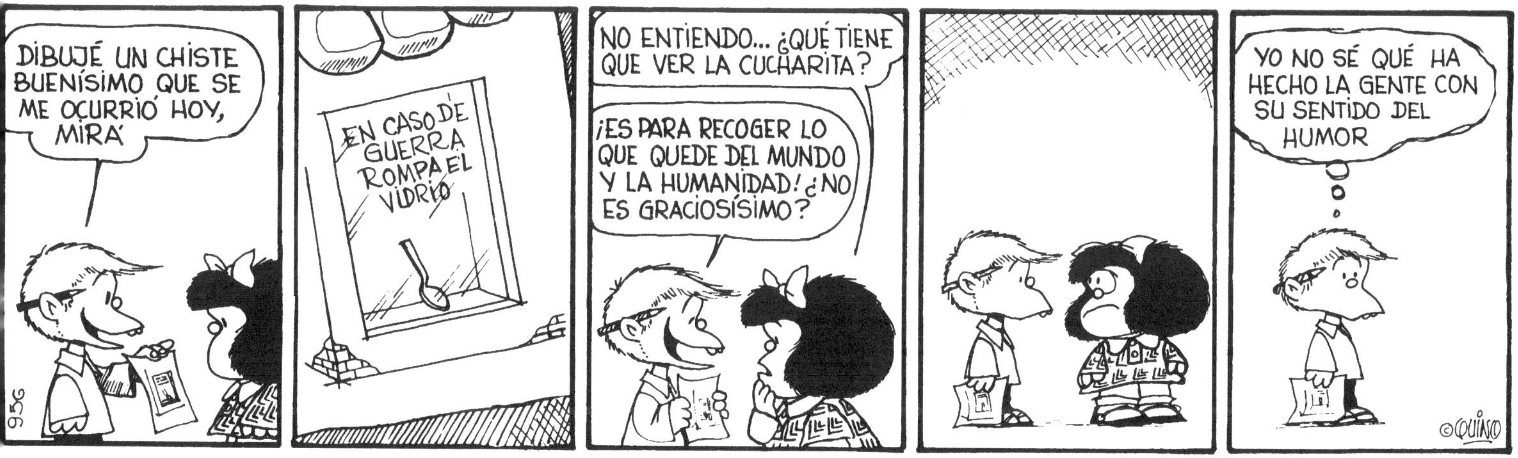
956
DIBUJÉ UN CHISTE BUENÍSIMO QUE SE ME OCURRIÓ HOY, MIRÁ
EN CASO DE GUERRA ROMPA EL VIDRIO
NO ENTIENDO... ¿QUÉ TIENE QUE VER LA CUCHARITA?
¡ES PARA RECOGER LO QUE QUEDE DEL MUNDO Y LA HUMANIDAD! ¿NO ES GRACIOSÍSIMO?
YO NO SÉ QUÉ HA HECHO LA GENTE CON SU SENTIDO DEL HUMOR
©QUINO

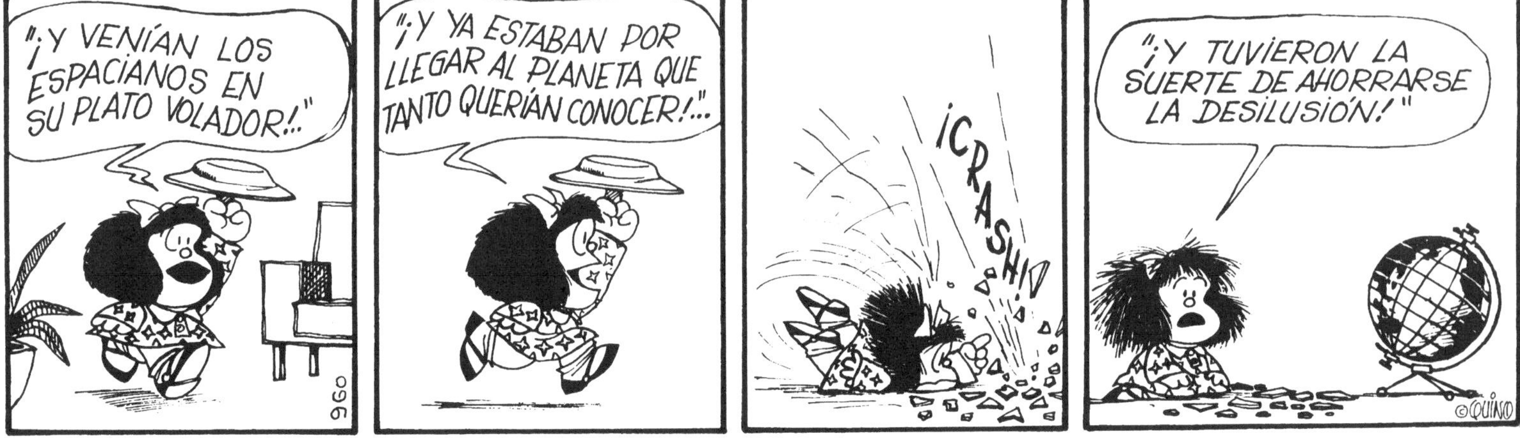
"¡Y VENÍAN LOS ESPACIANOS EN SU PLATO VOLADOR!.."
960
"¡Y YA ESTABAN POR LLEGAR AL PLANETA QUE TANTO QUERÍAN CONOCER!.."...
¡CRASH!
"¡Y TUVIERON LA SUERTE DE AHORRARSE LA DESILUSIÓN!"
©QUINO

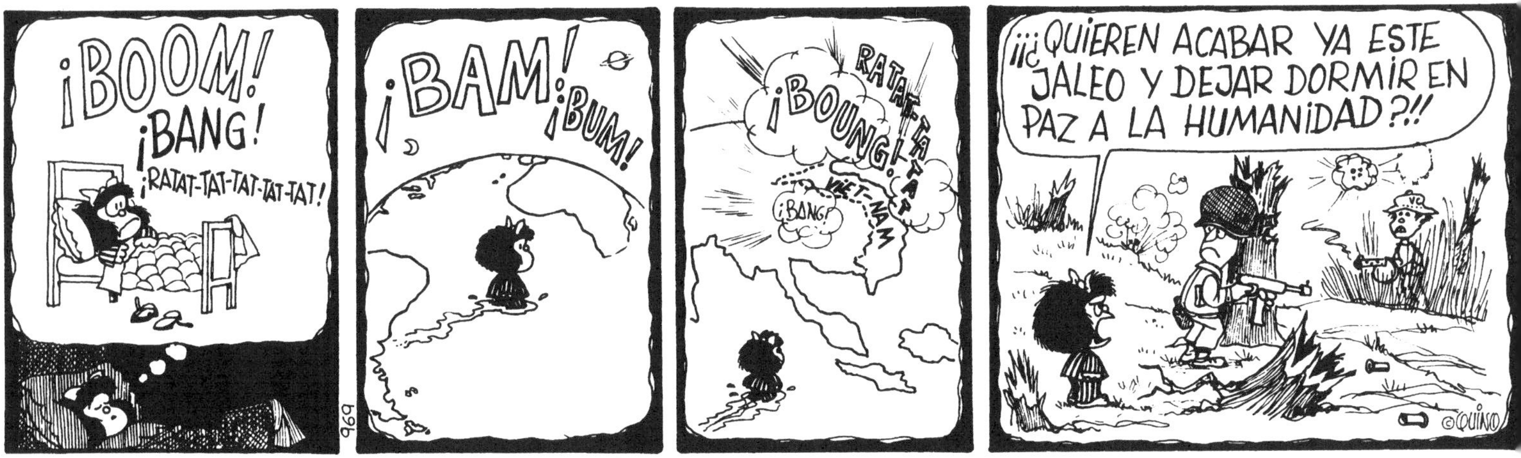
¡BOOM!
¡BANG!
¡RATAT-TAT-TAT-TAT-TAT!
969
¡BAM!
¡BUM!
¡BOUNG!
RATAT-TA-TAT
¡BANG!
VIET-NAM
¡¡¿QUIEREN ACABAR YA ESTE JALEO Y DEJAR DORMIR EN PAZ A LA HUMANIDAD?!!
VC
©QUINO

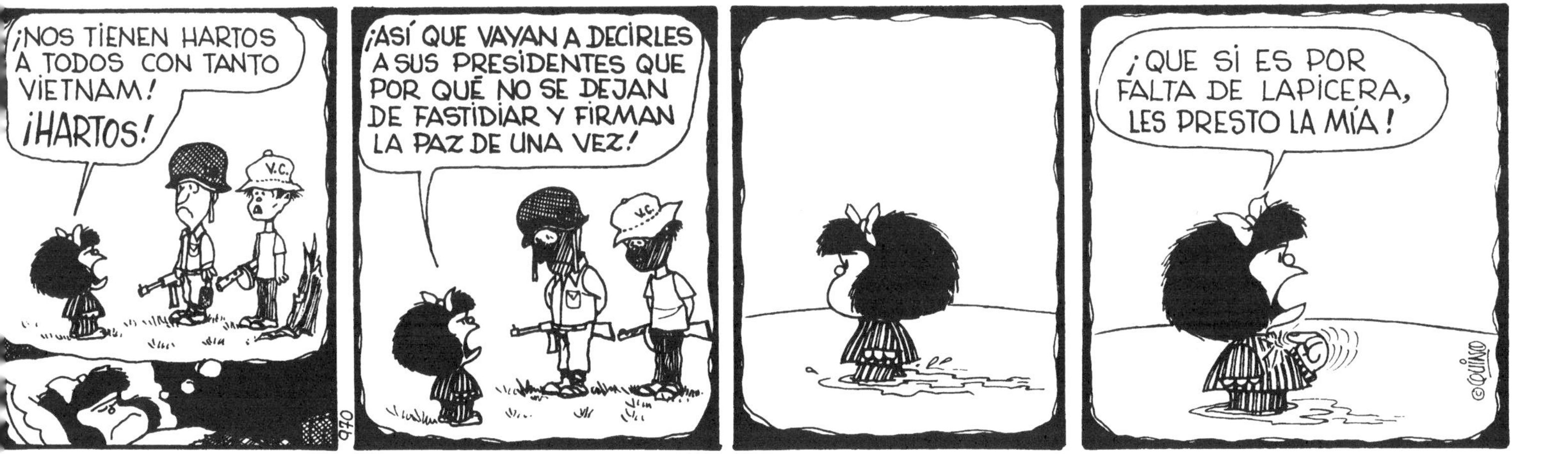
¡NOS TIENEN HARTOS A TODOS CON TANTO VIETNAM! ¡HARTOS!
V.C.
970
¡ASÍ QUE VAYAN A DECIRLES A SUS PRESIDENTES QUE POR QUÉ NO SE DEJAN DE FASTIDIAR Y FIRMAN LA PAZ DE UNA VEZ!
V.C.
¡QUE SI ES POR FALTA DE LAPICERA, LES PRESTO LA MÍA!
© QUINO

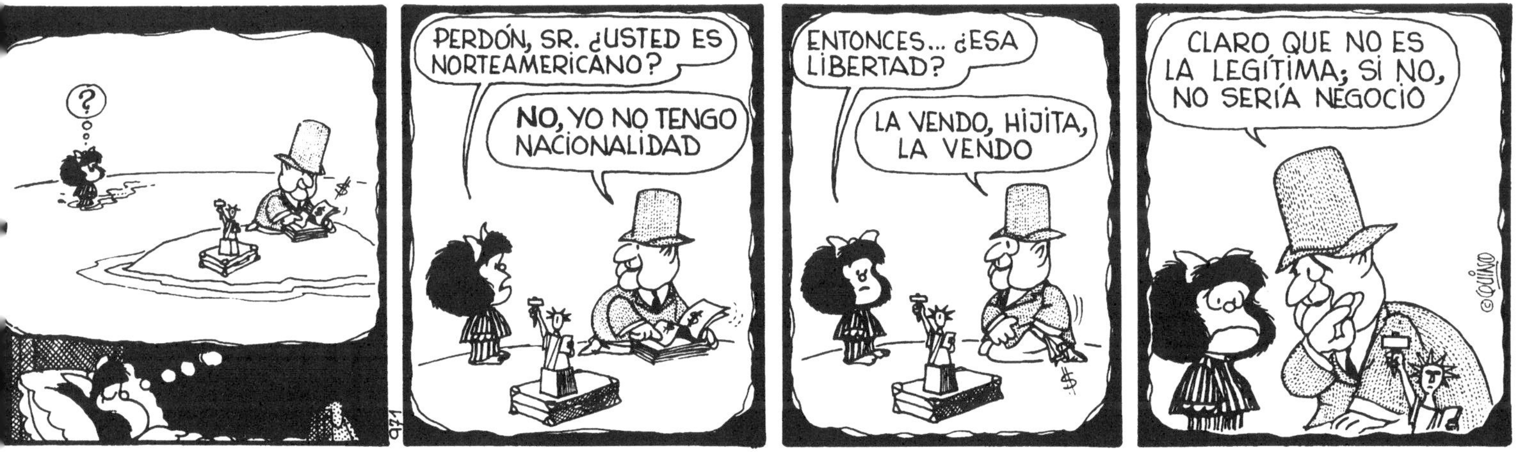
?
971
PERDÓN, SR. ¿USTED ES NORTEAMERICANO?
NO, YO NO TENGO NACIONALIDAD
ENTONCES... ¿ESA LIBERTAD?
LA VENDO, HIJITA, LA VENDO
CLARO QUE NO ES LA LEGÍTIMA; SI NO, NO SERÍA NEGOCIO
© QUINO

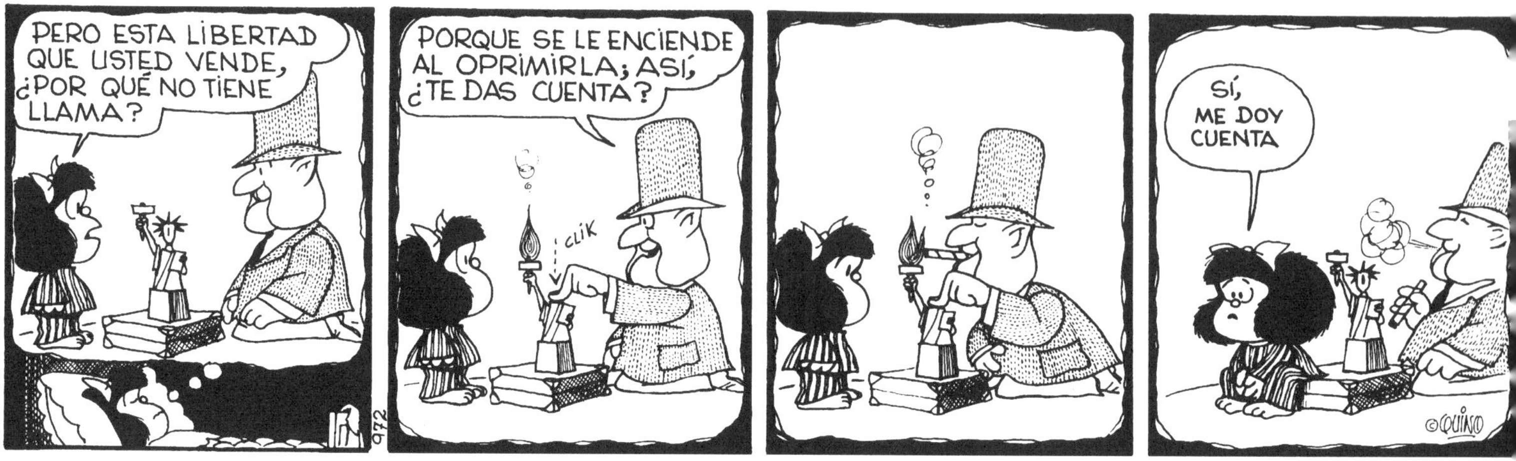
PERO ESTA LIBERTAD QUE USTED VENDE, ¿POR QUÉ NO TIENE LLAMA?
972
PORQUE SE LE ENCIENDE AL OPRIMIRLA; ASÍ, ¿TE DAS CUENTA?
CLIK
SÍ, ME DOY CUENTA
©QUINO

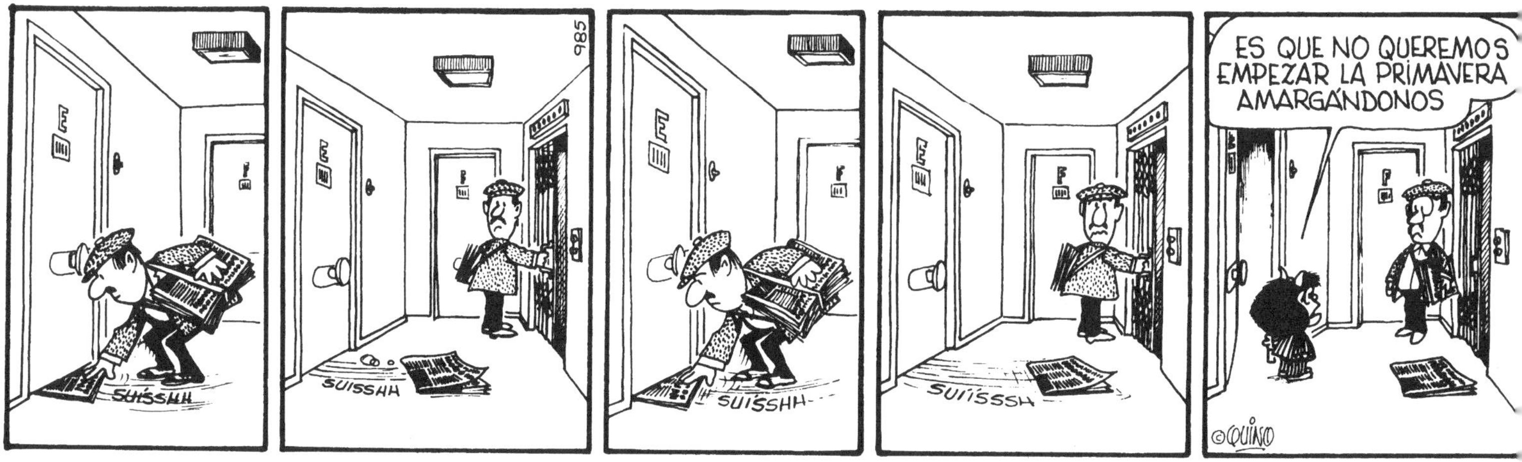
SUISSHH
985
SUISSHH
SUISSHH
SUIISSSH
ES QUE NO QUEREMOS EMPEZAR LA PRIMAVERA AMARGÁNDONOS
©QUINO

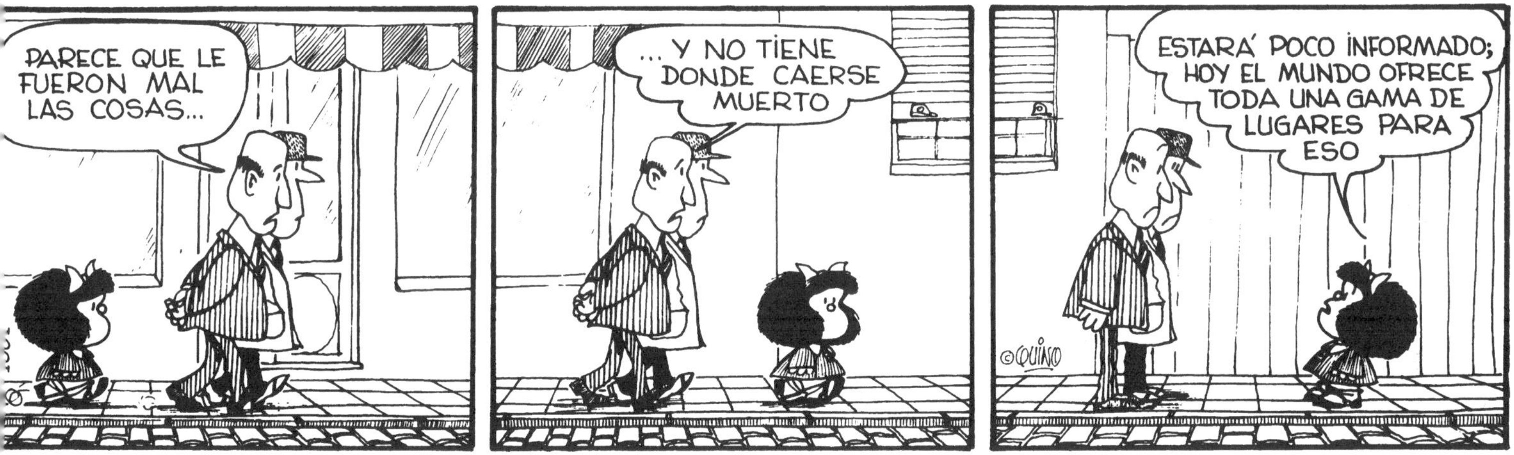
PARECE QUE LE FUERON MAL LAS COSAS...
...Y NO TIENE DONDE CAERSE MUERTO
ESTARÁ POCO INFORMADO; HOY EL MUNDO OFRECE TODA UNA GAMA DE LUGARES PARA ESO
©QUINO

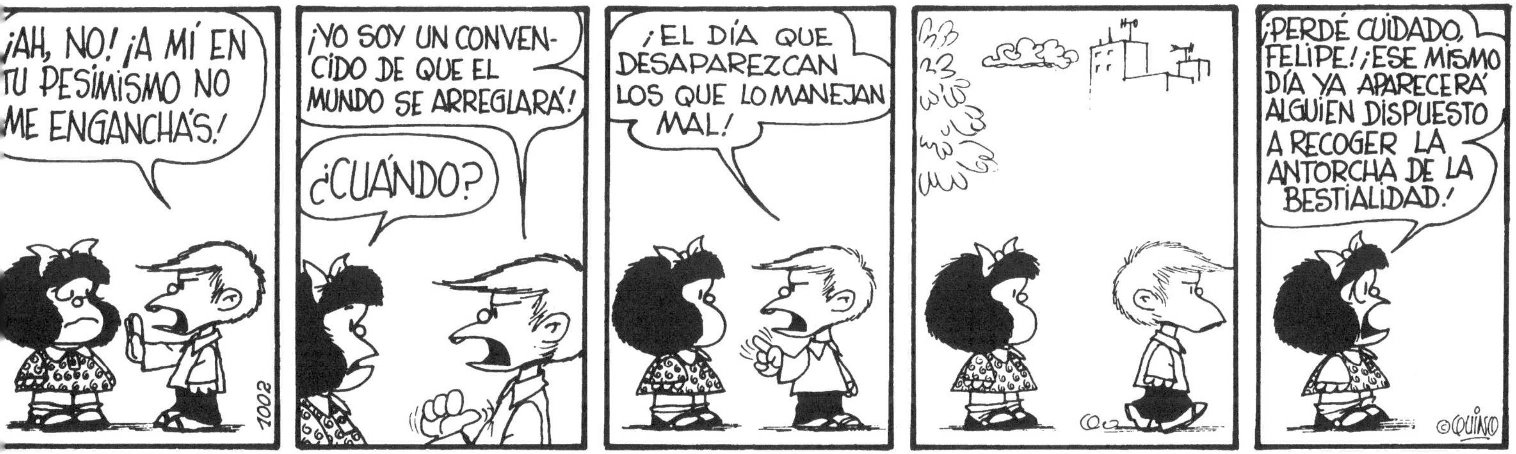
¡AH, NO! ¡A MÍ EN TU PESIMISMO NO ME ENGANCHÁS!
1002
¡YO SOY UN CONVENCIDO DE QUE EL MUNDO SE ARREGLARÁ!
¿CUÁNDO?
¡EL DÍA QUE DESAPAREZCAN LOS QUE LO MANEJAN MAL!
¡PERDÉ CUIDADO, FELIPE! ¡ESE MISMO DÍA YA APARECERÁ ALGUIEN DISPUESTO A RECOGER LA ANTORCHA DE LA BESTIALIDAD!
©QUINO

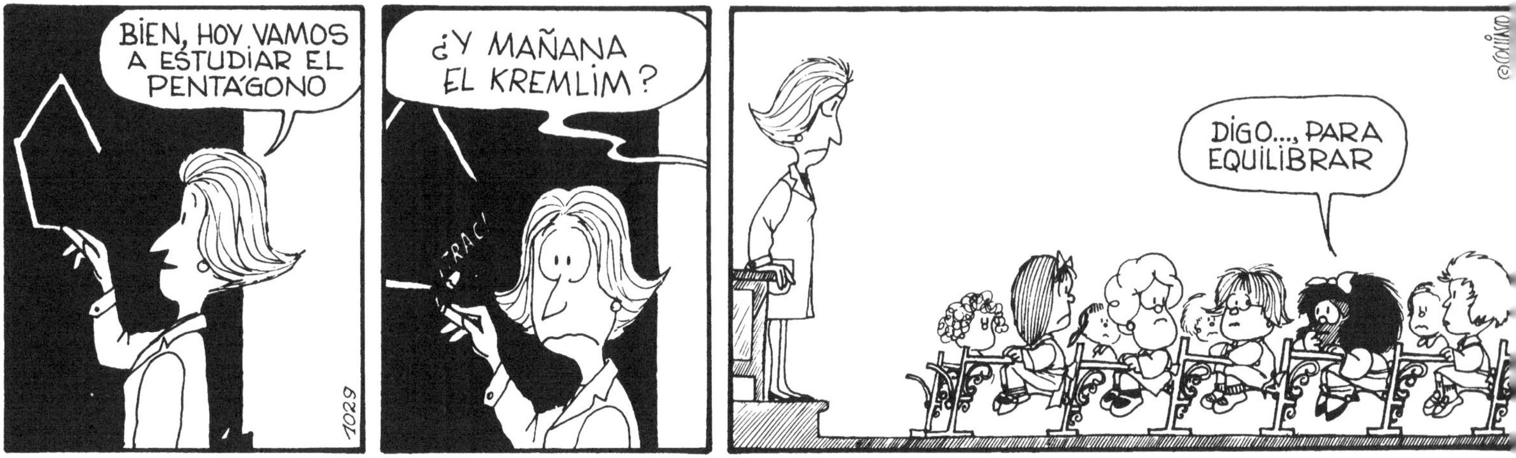
BIEN, HOY VAMOS A ESTUDIAR EL PENTÁGONO
¿Y MAÑANA EL KREMLIM?
1029
DIGO..., PARA EQUILIBRAR
©QUINO

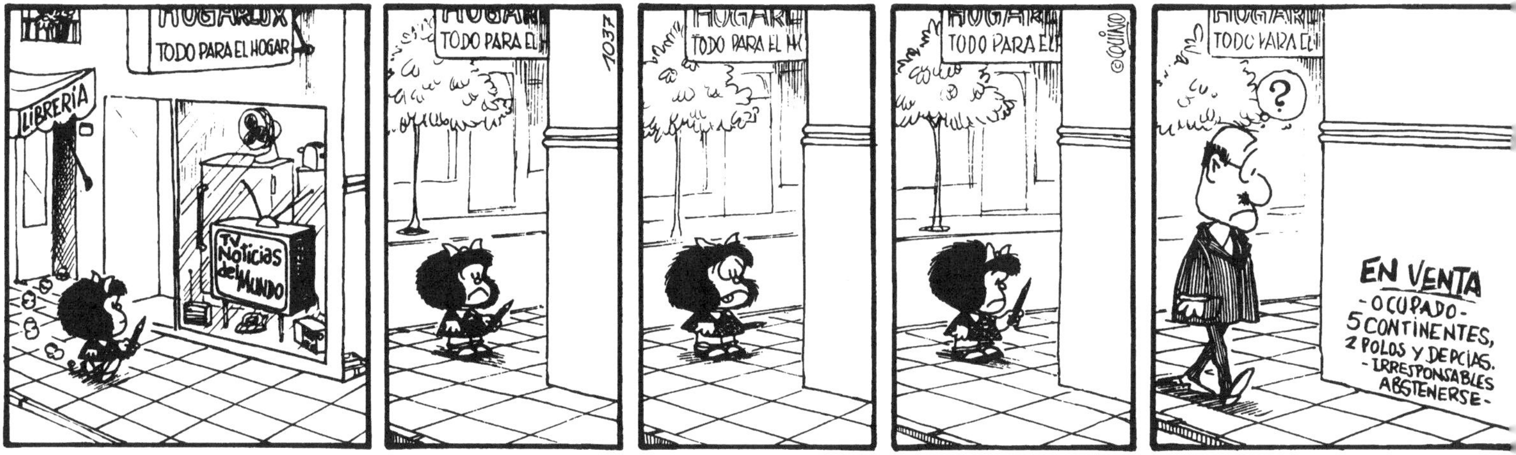
HOGARLUX
TODO PARA EL HOGAR
LIBRERIA
TV Noticias del MUNDO
1037
©QUINO
?
EN VENTA
-OCUPADO-
5 CONTINENTES,
2 POLOS Y DEPCIAS.
-IRRESPONSABLES ABSTENERSE-

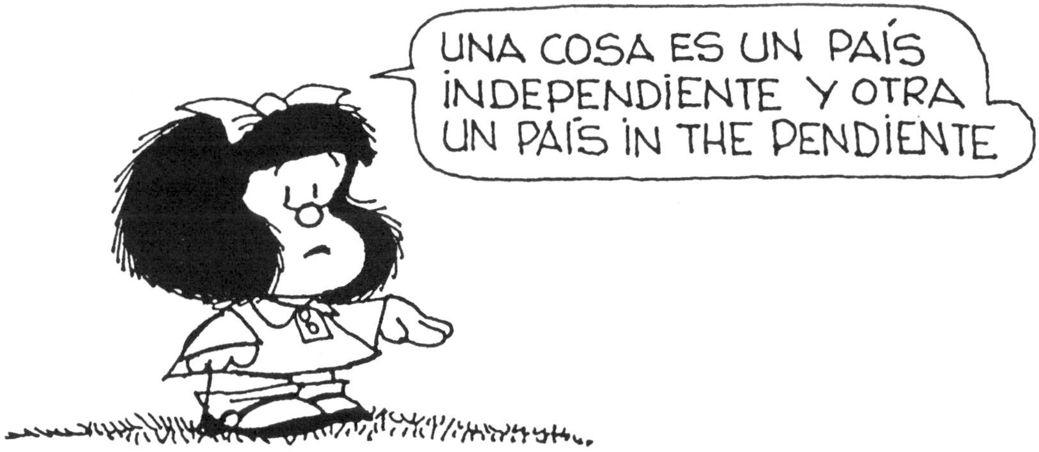
UNA COSA ES UN PAÍS INDEPENDIENTE Y OTRA UN PAÍS IN THE PENDIENTE

¿OYERON HABLAR ALGUNA VEZ DE LA INSEGURICRACIA?

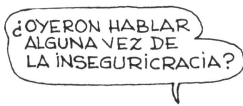

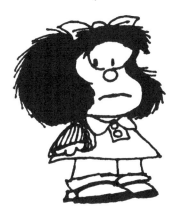

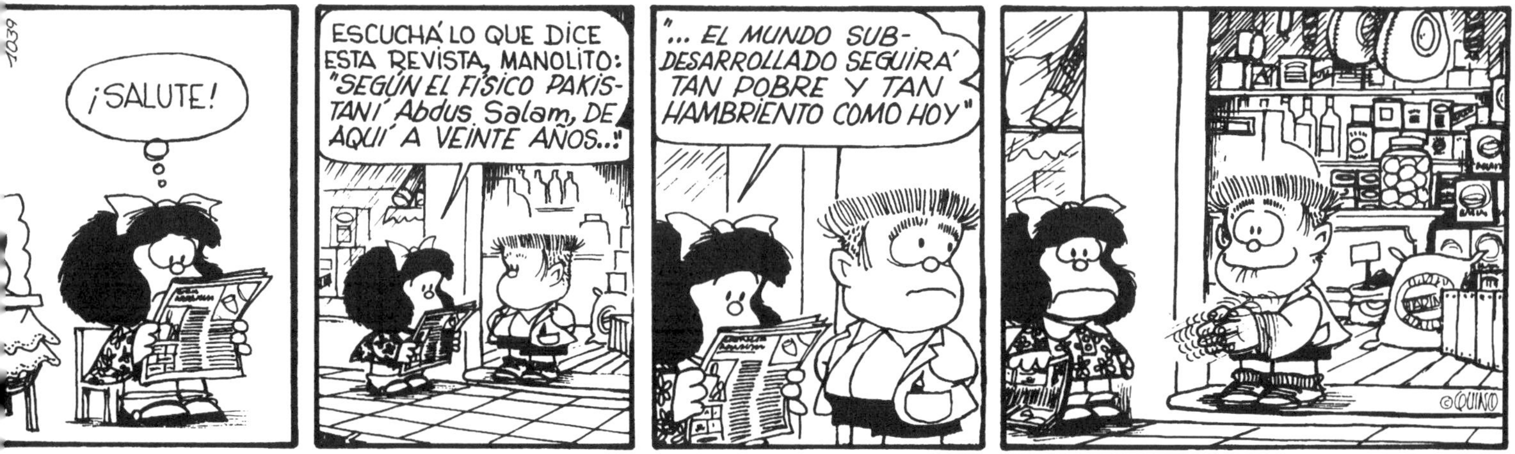
1039
¡SALUTE!
ESCUCHÁ LO QUE DICE ESTA REVISTA, MANOLITO: "SEGÚN EL FÍSICO PAKISTANÍ Abdus Salam, DE AQUÍ A VEINTE AÑOS..."
"... EL MUNDO SUBDESARROLLADO SEGUIRÁ TAN POBRE Y TAN HAMBRIENTO COMO HOY"
©QUINO

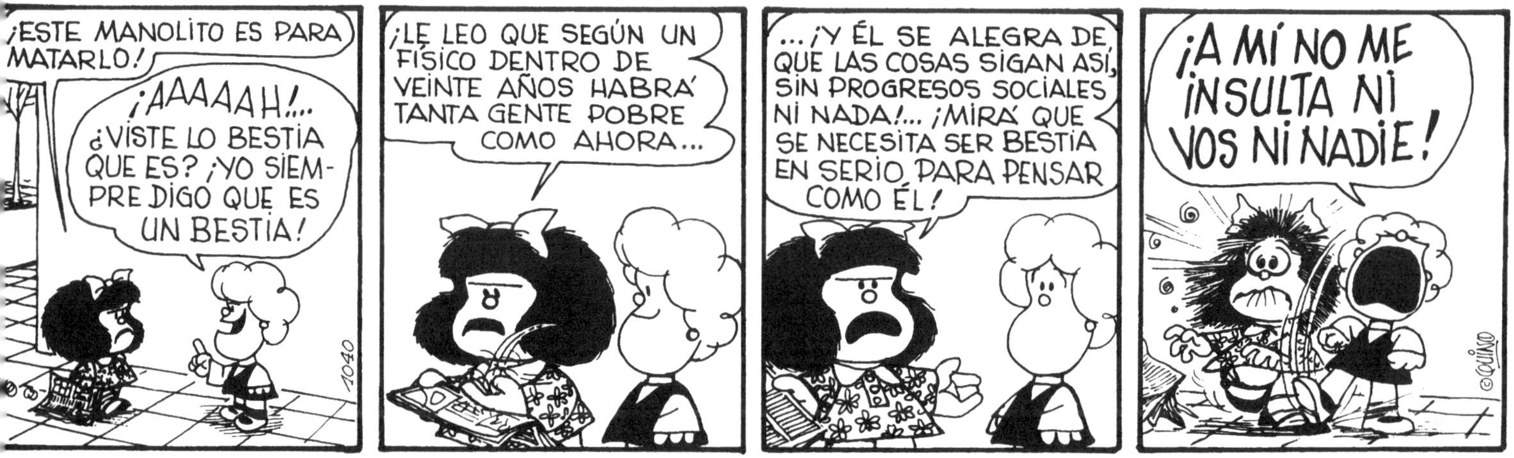
¡ESTE MANOLITO ES PARA MATARLO!
¡AAAAAH!... ¿VISTE LO BESTIA QUE ES? ¡YO SIEMPRE DIGO QUE ES UN BESTIA!
1040
¡LE LEO QUE SEGÚN UN FÍSICO DENTRO DE VEINTE AÑOS HABRÁ TANTA GENTE POBRE COMO AHORA...
...¡Y ÉL SE ALEGRA DE QUE LAS COSAS SIGAN ASÍ, SIN PROGRESOS SOCIALES NI NADA!... ¡MIRÁ QUE SE NECESITA SER BESTIA EN SERIO PARA PENSAR COMO ÉL!
¡A MÍ NO ME INSULTA NI VOS NI NADIE!
©QUINO

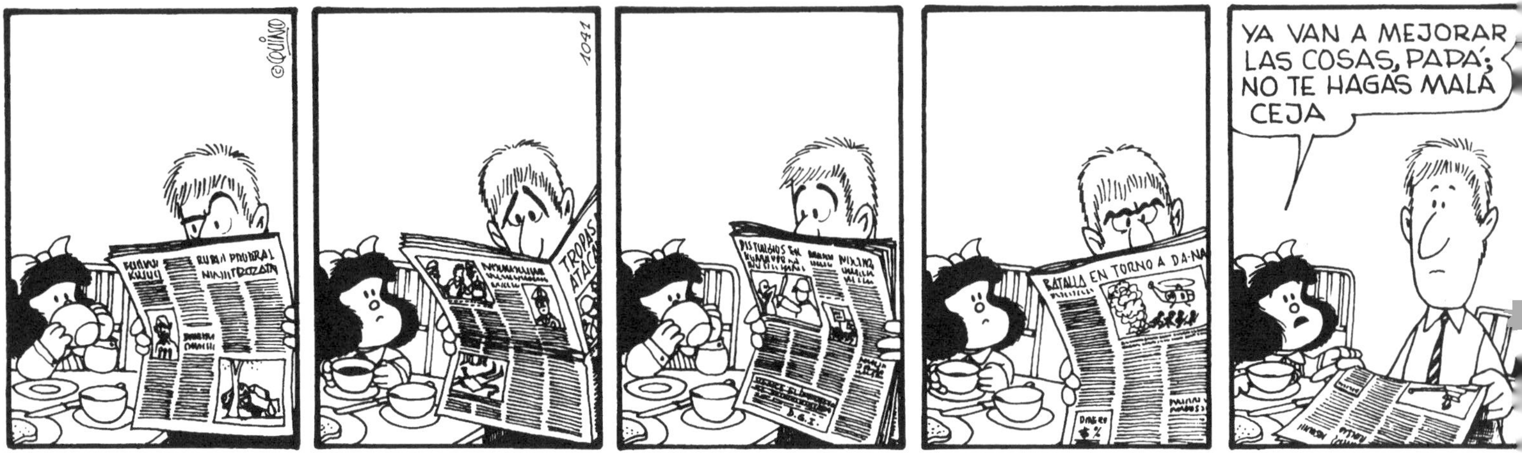
1041
BATALLA EN TORNO A DA-NA
YA VAN A MEJORAR LAS COSAS, PAPÁ; NO TE HAGAS MALA CEJA

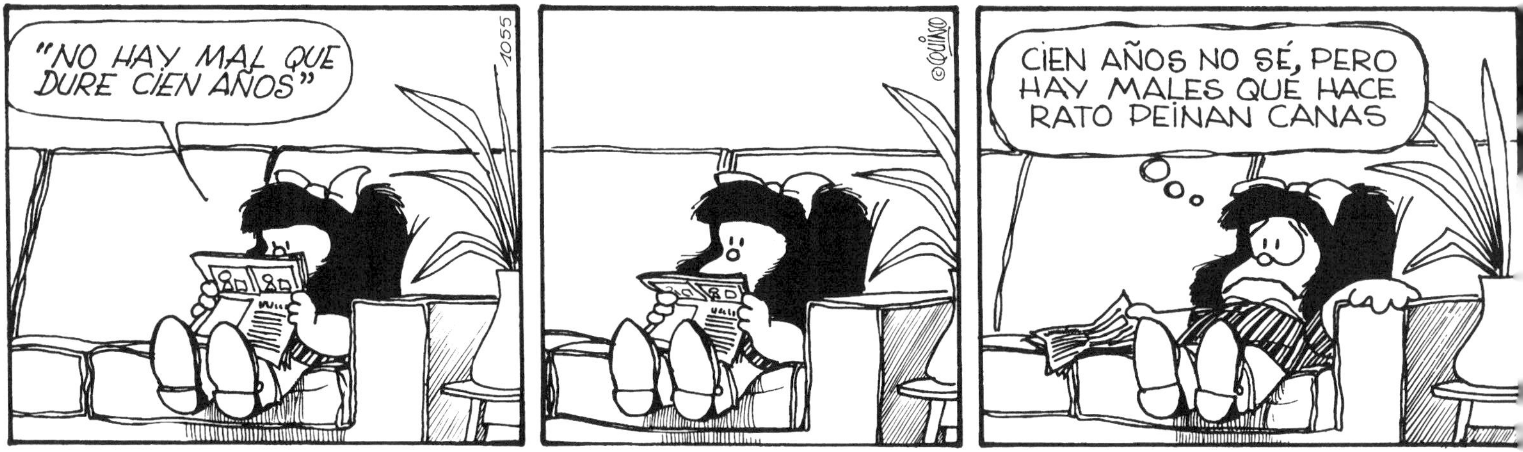
1055
"NO HAY MAL QUE DURE CIEN AÑOS"
CIEN AÑOS NO SÉ, PERO HAY MALES QUE HACE RATO PEINAN CANAS

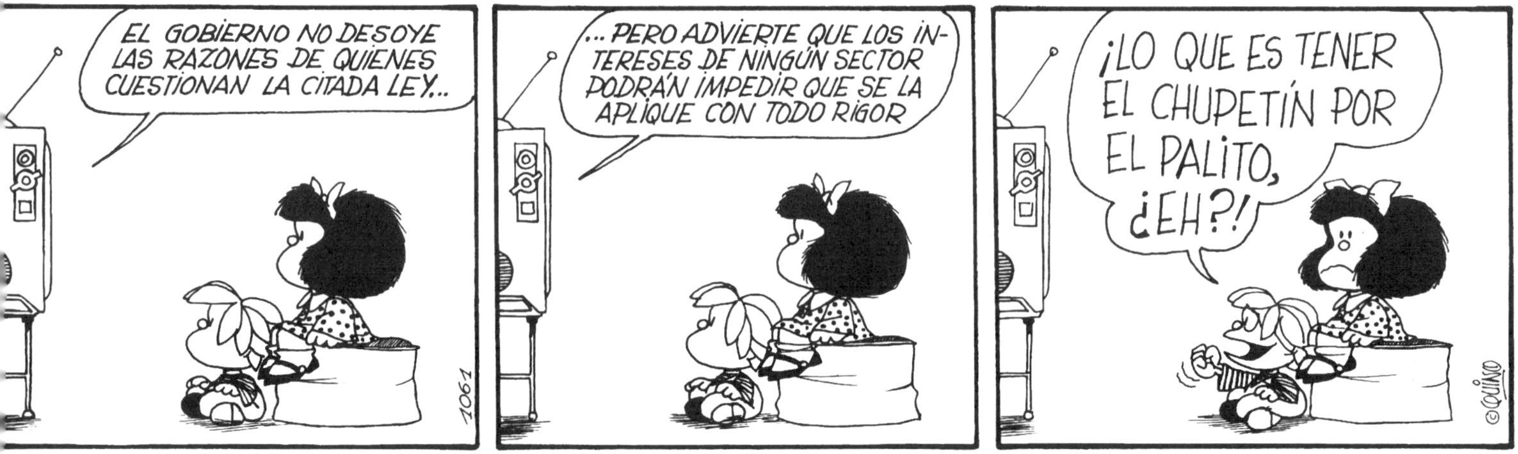
EL GOBIERNO NO DESOYE LAS RAZONES DE QUIENES CUESTIONAN LA CITADA LEY...
...PERO ADVIERTE QUE LOS INTERESES DE NINGÚN SECTOR PODRÁN IMPEDIR QUE SE LA APLIQUE CON TODO RIGOR
¡LO QUE ES TENER EL CHUPETÍN POR EL PALITO, ¿EH?!
1061
©QUINO

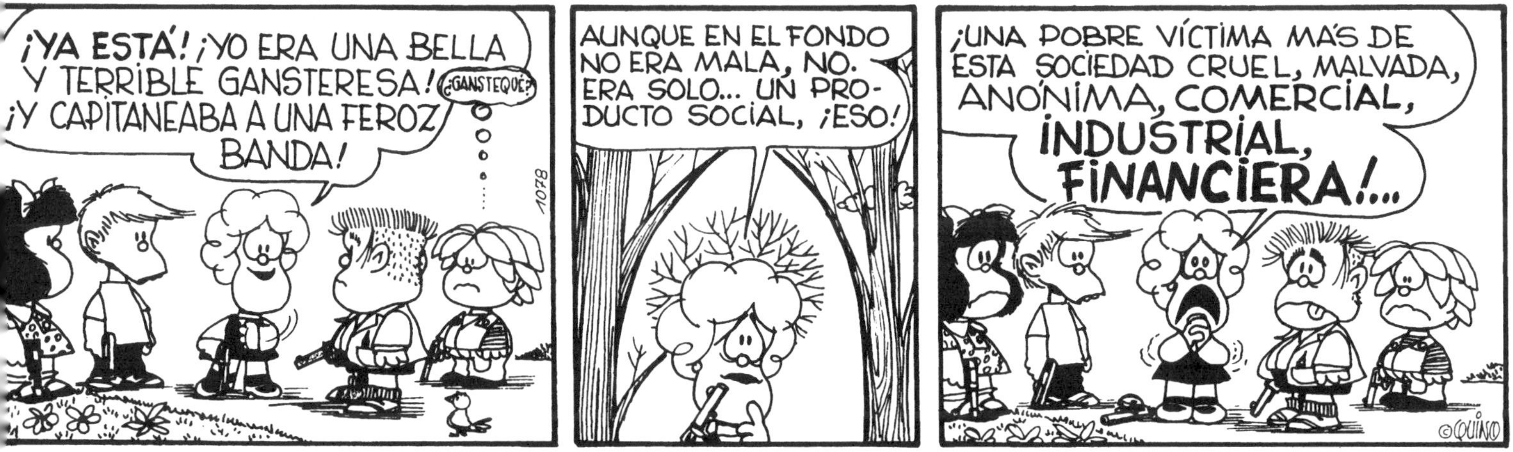
¡YA ESTÁ! ¡YO ERA UNA BELLA Y TERRIBLE GANSTERESA! ¡Y CAPITANEABA A UNA FEROZ BANDA!
¿GANSTEQUÉ?
1078
AUNQUE EN EL FONDO NO ERA MALA, NO. ERA SOLO... UN PRODUCTO SOCIAL, ¡ESO!
¡UNA POBRE VÍCTIMA MÁS DE ESTA SOCIEDAD CRUEL, MALVADA, ANÓNIMA, COMERCIAL, INDUSTRIAL, FINANCIERA!...
©QUINO

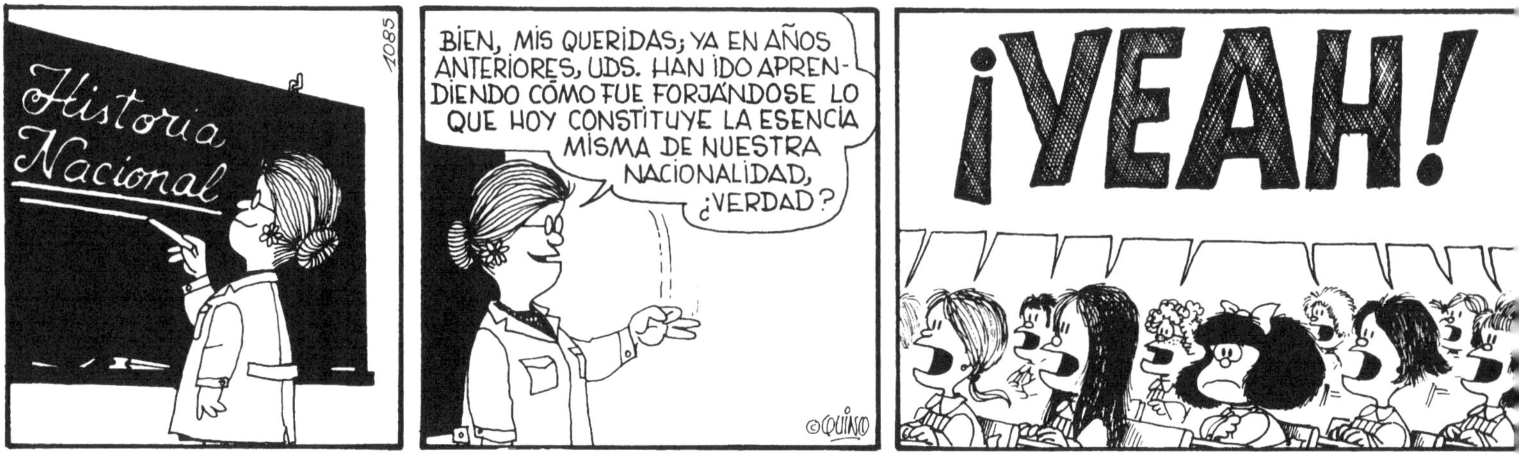
Historia Nacional
1085
BIEN, MIS QUERIDAS; YA EN AÑOS ANTERIORES, UDS. HAN IDO APRENDIENDO CÓMO FUE FORJÁNDOSE LO QUE HOY CONSTITUYE LA ESENCIA MISMA DE NUESTRA NACIONALIDAD, ¿VERDAD?
©QUINO
¡YEAH!

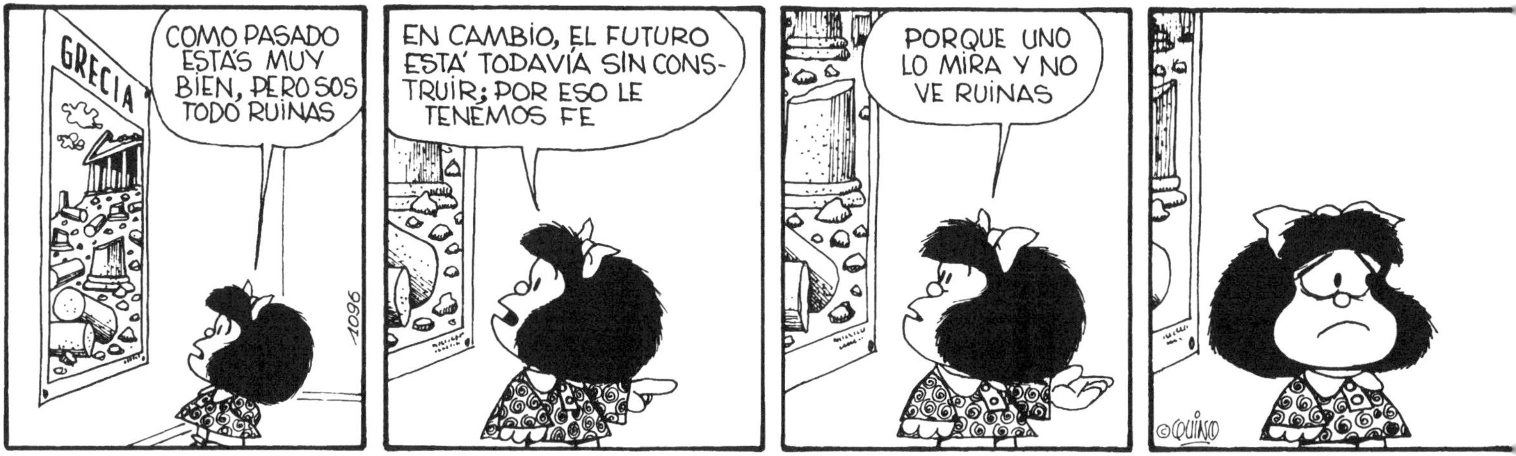
GRECIA
COMO PASADO ESTÁS MUY BIEN, PERO SOS TODO RUINAS
1096
EN CAMBIO, EL FUTURO ESTÁ TODAVÍA SIN CONSTRUIR; POR ESO LE TENEMOS FE
PORQUE UNO LO MIRA Y NO VE RUINAS
©QUINO

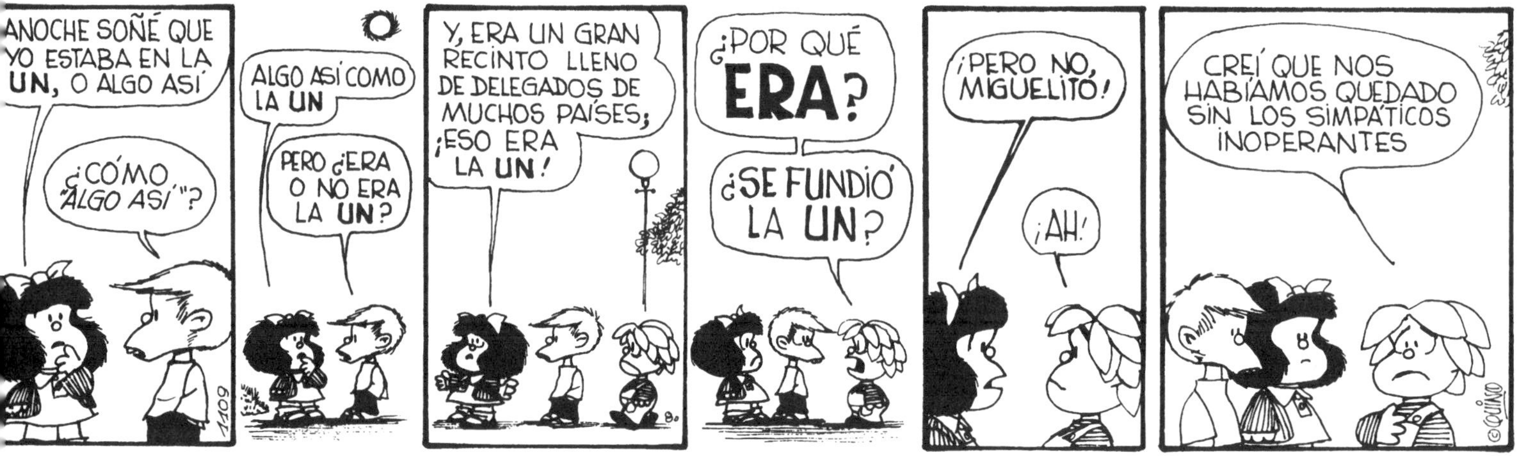
ANOCHE SOÑÉ QUE YO ESTABA EN LA **UN**, O ALGO ASÍ
¿CÓMO "ALGO ASÍ"?
1109
ALGO ASÍ COMO LA **UN**
PERO ¿ERA O NO ERA LA **UN**?
Y, ERA UN GRAN RECINTO LLENO DE DELEGADOS DE MUCHOS PAÍSES; ¡ESO ERA LA **UN**!
¿POR QUÉ **ERA**?
¿SE FUNDIÓ LA **UN**?
¡PERO NO, MIGUELITO!
¡AH!
CREÍ QUE NOS HABÍAMOS QUEDADO SIN LOS SIMPÁTICOS INOPERANTES
© QUINO

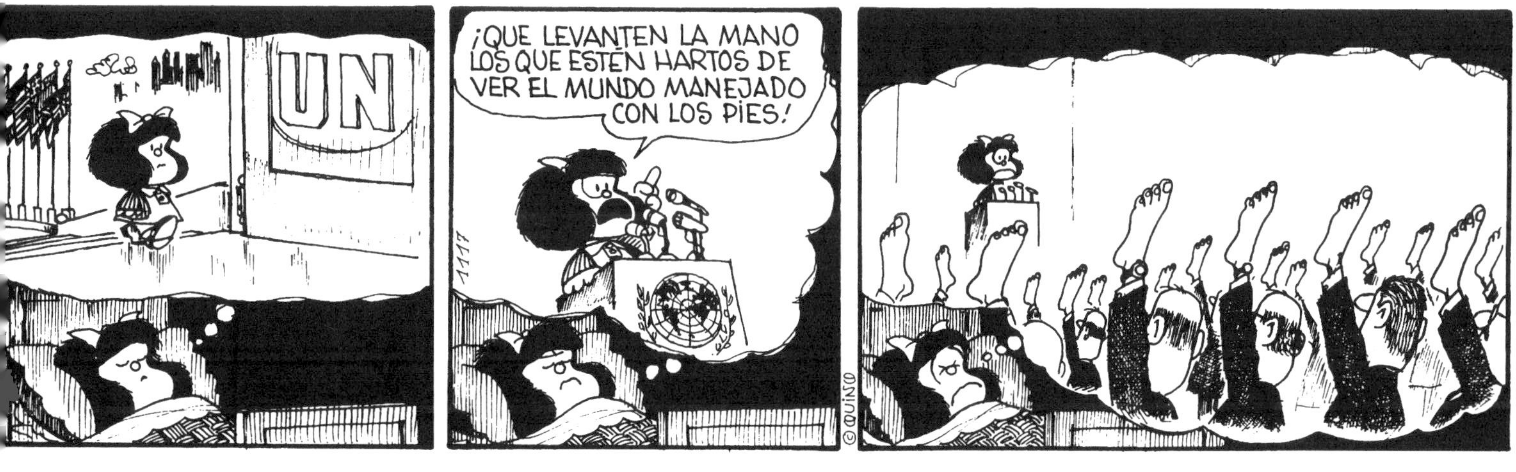
UN
1117
¡QUE LEVANTEN LA MANO LOS QUE ESTÉN HARTOS DE VER EL MUNDO MANEJADO CON LOS PIES!
© QUINO

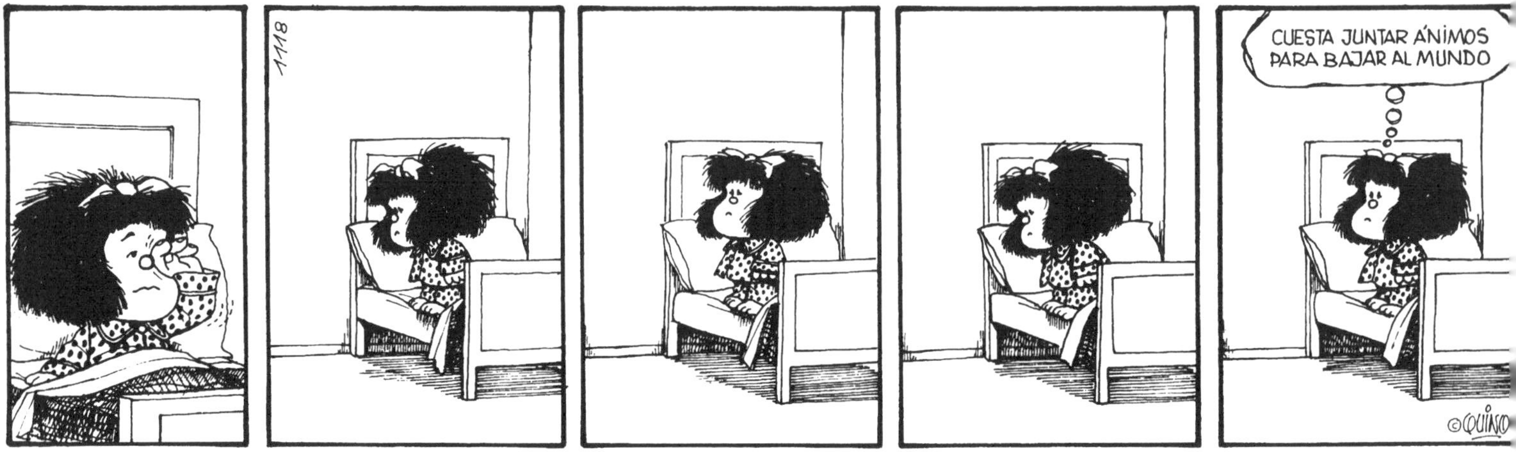
1118
CUESTA JUNTAR ÁNIMOS PARA BAJAR AL MUNDO
©QUINO

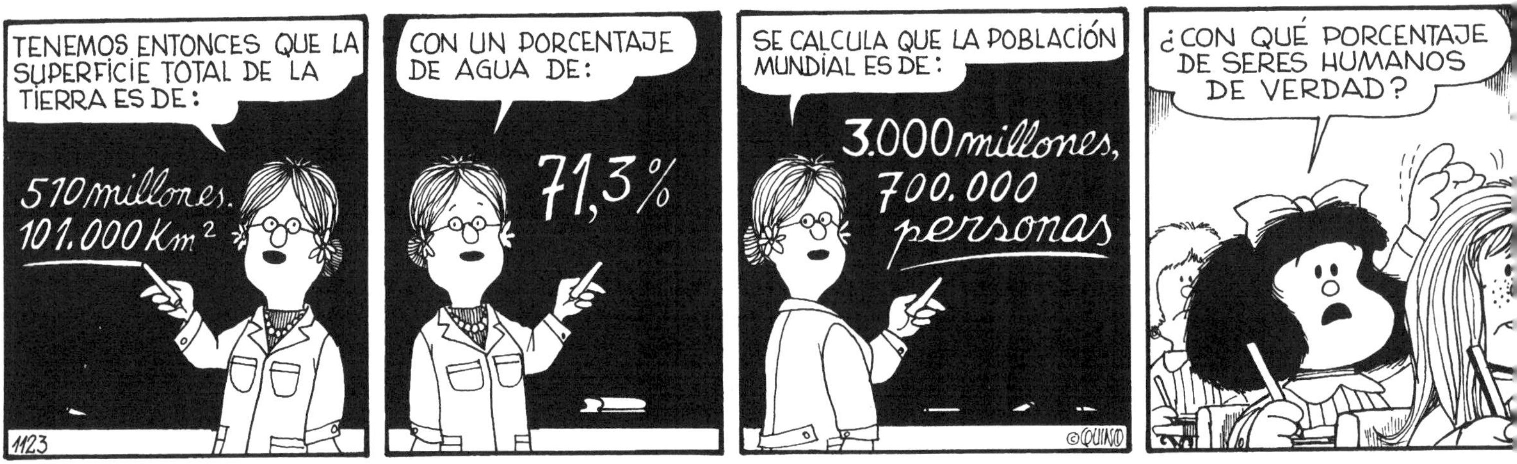
TENEMOS ENTONCES QUE LA SUPERFICIE TOTAL DE LA TIERRA ES DE:
510 millones. 101.000 Km²
1123
CON UN PORCENTAJE DE AGUA DE:
71,3%
SE CALCULA QUE LA POBLACIÓN MUNDIAL ES DE:
3.000 millones, 700.000 personas
©QUINO
¿CON QUÉ PORCENTAJE DE SERES HUMANOS DE VERDAD?

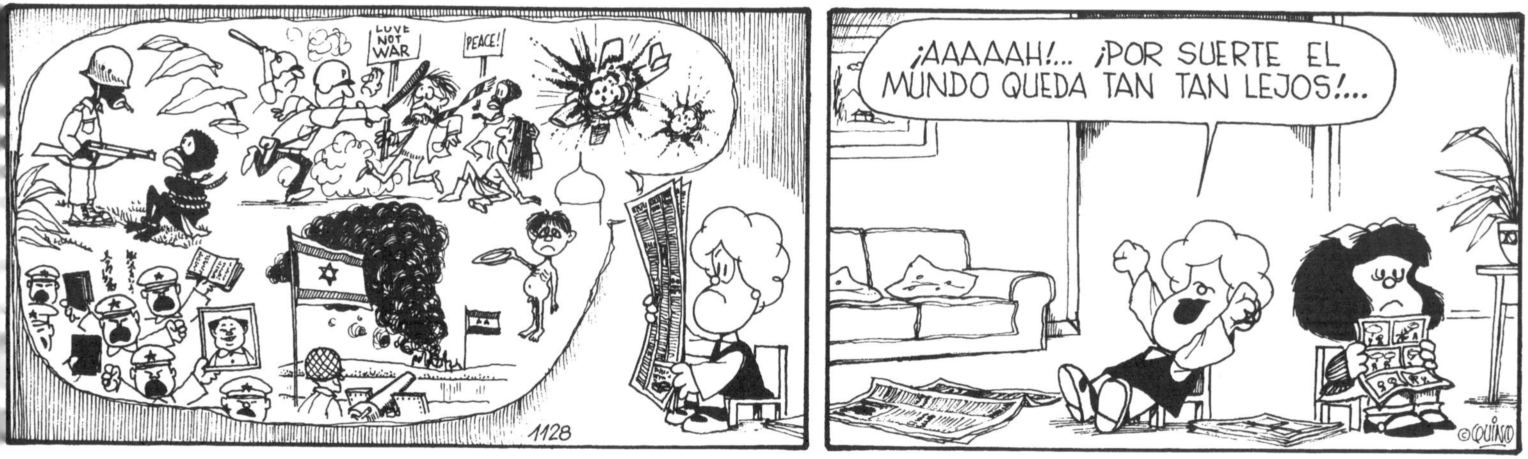
LOVE NOT WAR
PEACE!
1128
¡AAAAAH!... ¡POR SUERTE EL MUNDO QUEDA TAN TAN LEJOS!...
©QUINO

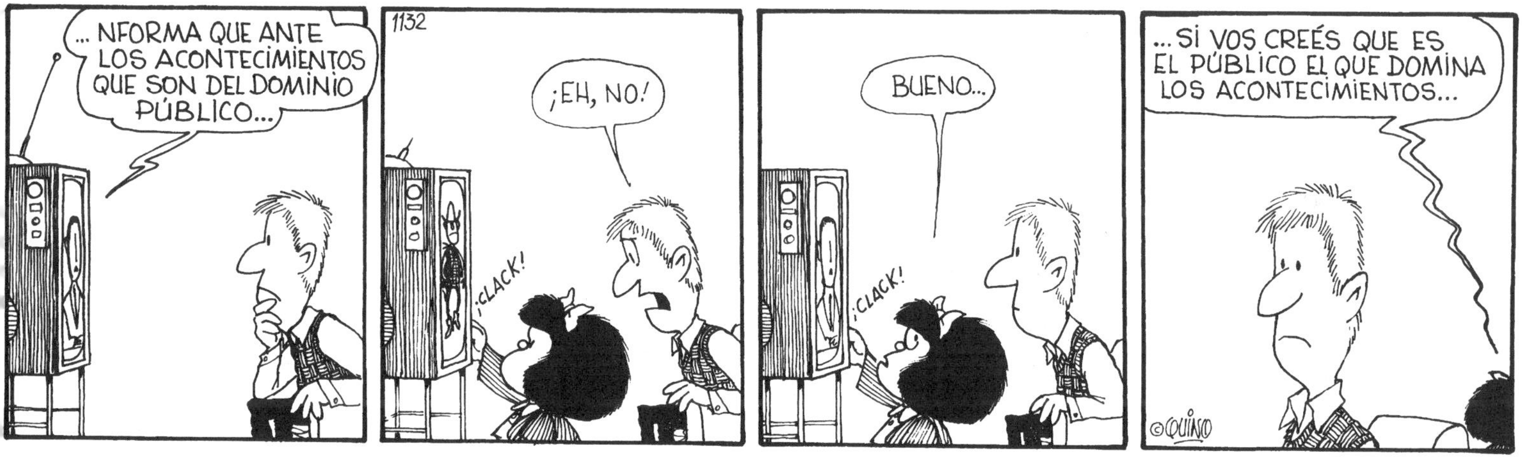
... NFORMA QUE ANTE LOS ACONTECIMIENTOS QUE SON DEL DOMINIO PÚBLICO...
1132
¡EH, NO!
¡CLACK!
BUENO...
¡CLACK!
... SI VOS CREÉS QUE ES EL PÚBLICO EL QUE DOMINA LOS ACONTECIMIENTOS...
©QUINO

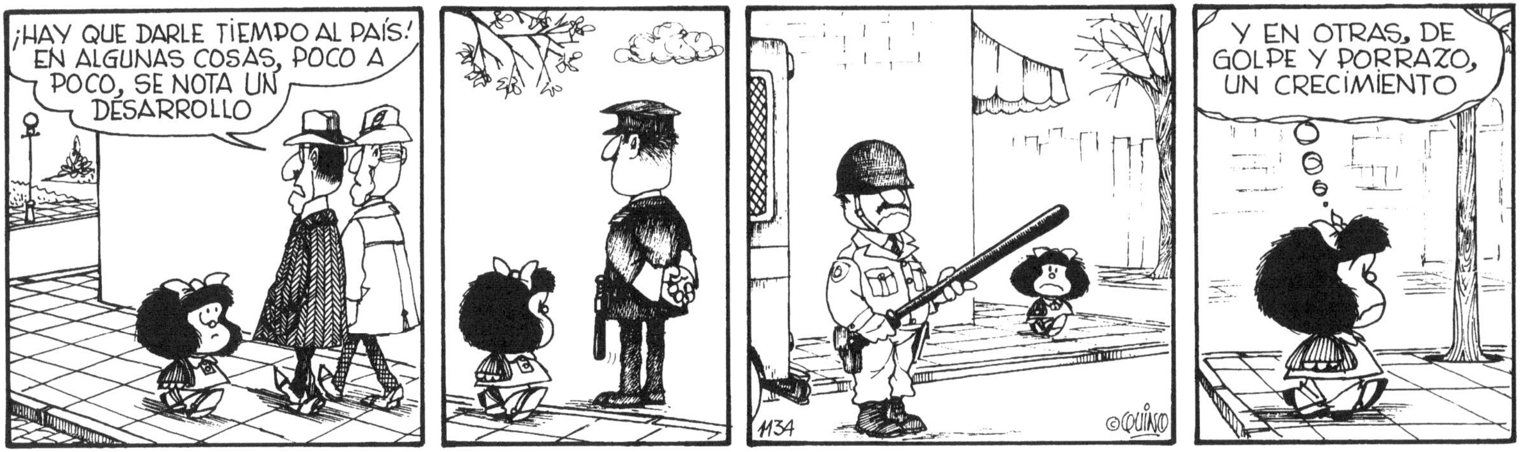
¡HAY QUE DARLE TIEMPO AL PAÍS! EN ALGUNAS COSAS, POCO A POCO, SE NOTA UN DESARROLLO
Y EN OTRAS, DE GOLPE Y PORRAZO, UN CRECIMIENTO
1134
©QUINO

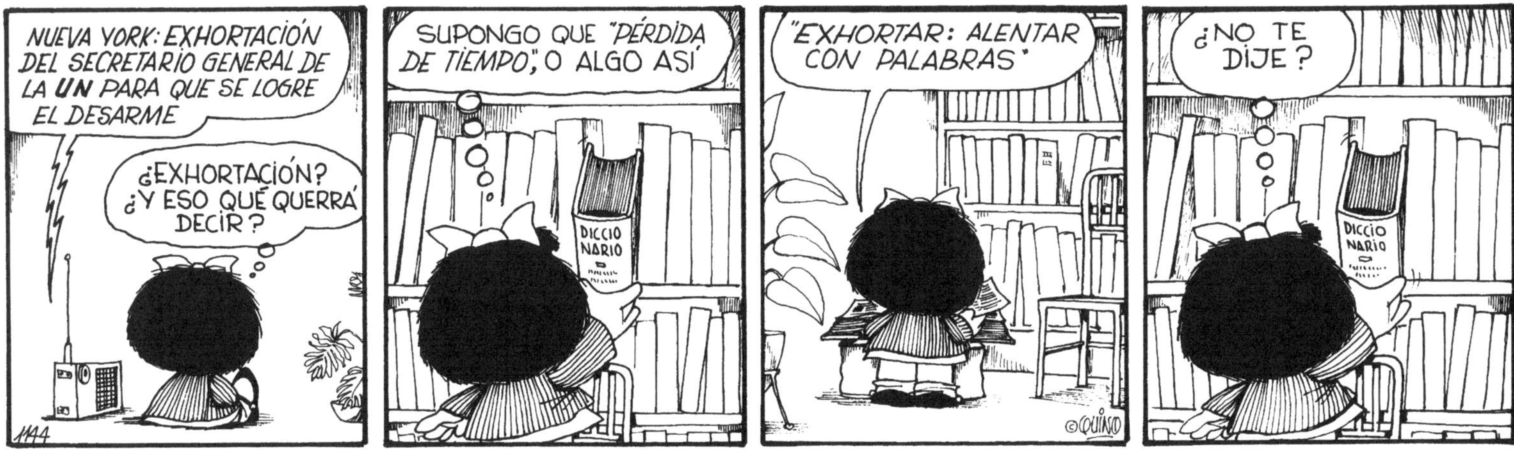
NUEVA YORK: EXHORTACIÓN DEL SECRETARIO GENERAL DE LA UN PARA QUE SE LOGRE EL DESARME
¿EXHORTACIÓN? ¿Y ESO QUÉ QUERRÁ DECIR?
1144
SUPONGO QUE "PÉRDIDA DE TIEMPO", O ALGO ASÍ
DICCIO NARIO
"EXHORTAR: ALENTAR CON PALABRAS"
©QUINO
¿NO TE DIJE?
DICCIO NARIO

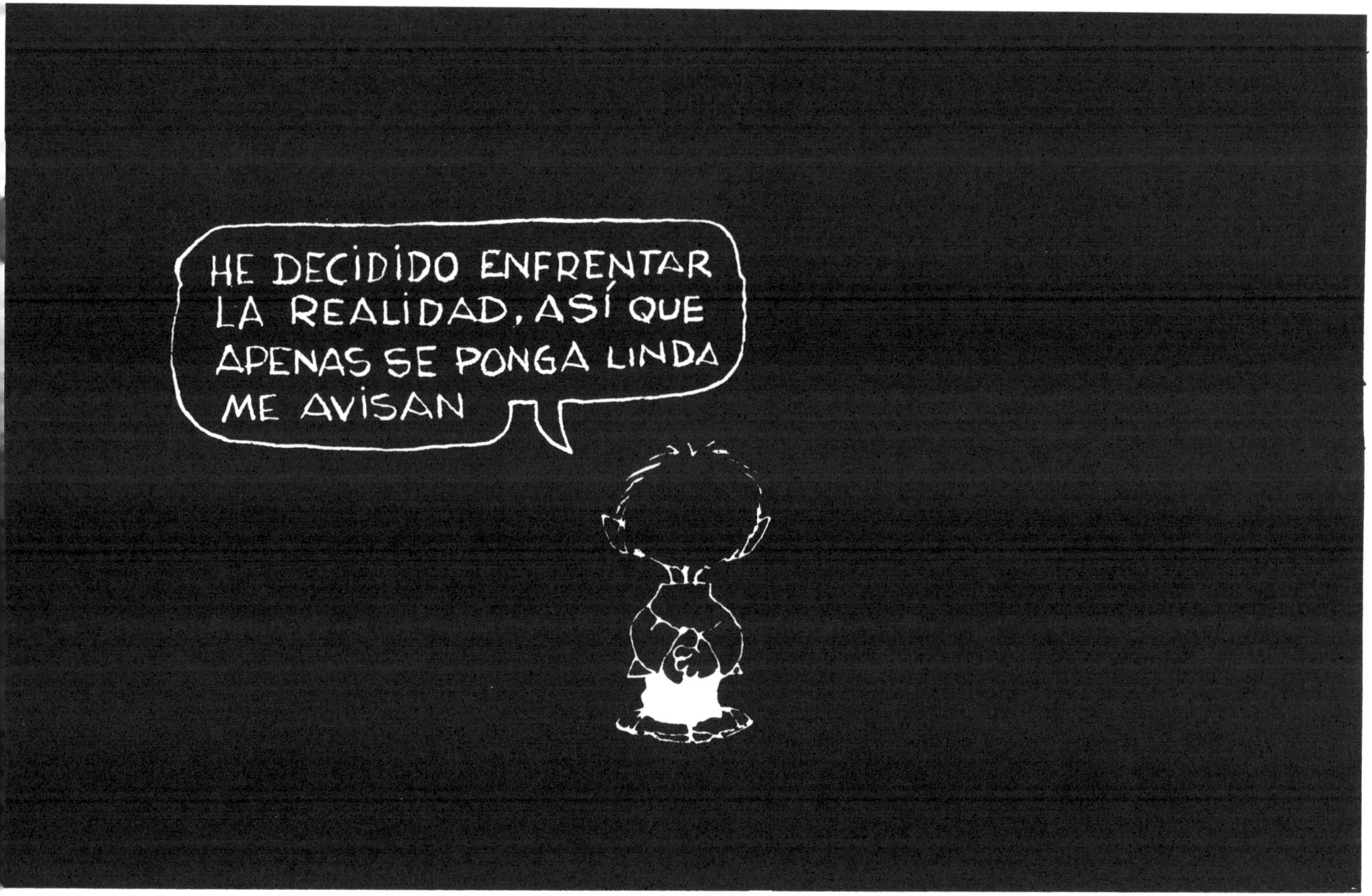
HE DECIDIDO ENFRENTAR LA REALIDAD, ASÍ QUE APENAS SE PONGA LINDA ME AVISAN

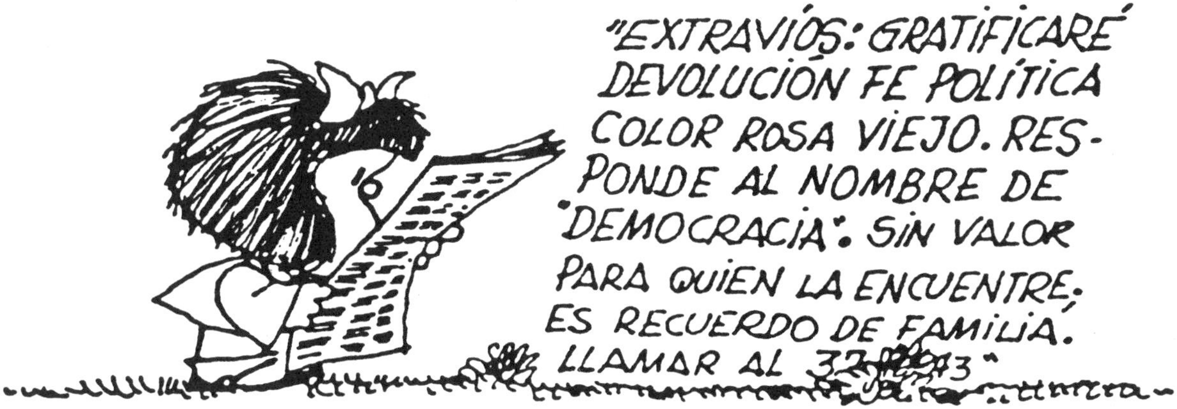
"EXTRAVÍOS: GRATIFICARÉ DEVOLUCIÓN FE POLÍTICA COLOR ROSA VIEJO. RESPONDE AL NOMBRE DE "DEMOCRACIA". SIN VALOR PARA QUIEN LA ENCUENTRE; ES RECUERDO DE FAMILIA. LLAMAR AL 32…3"

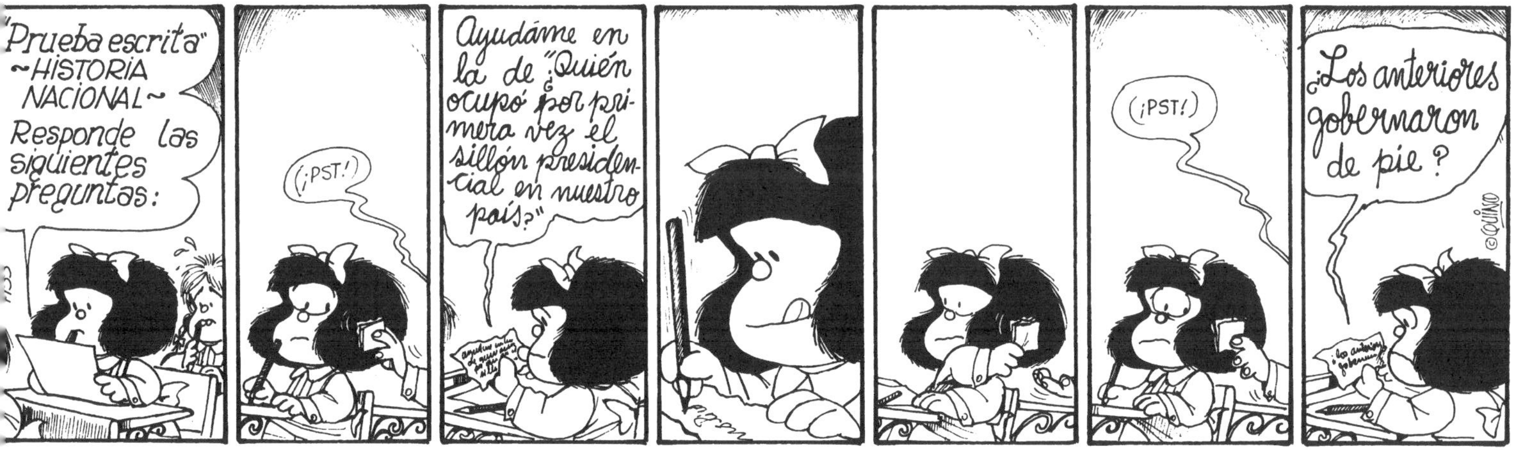
"Prueba escrita" ~HISTORIA NACIONAL~ Responde las siguientes preguntas:
(¡PST!)
Ayudáme en la de "¿Quién ocupó por primera vez el sillón presidencial en nuestro país?"
(¡PST!)
¿Los anteriores gobernaron de pie?
©QUINO

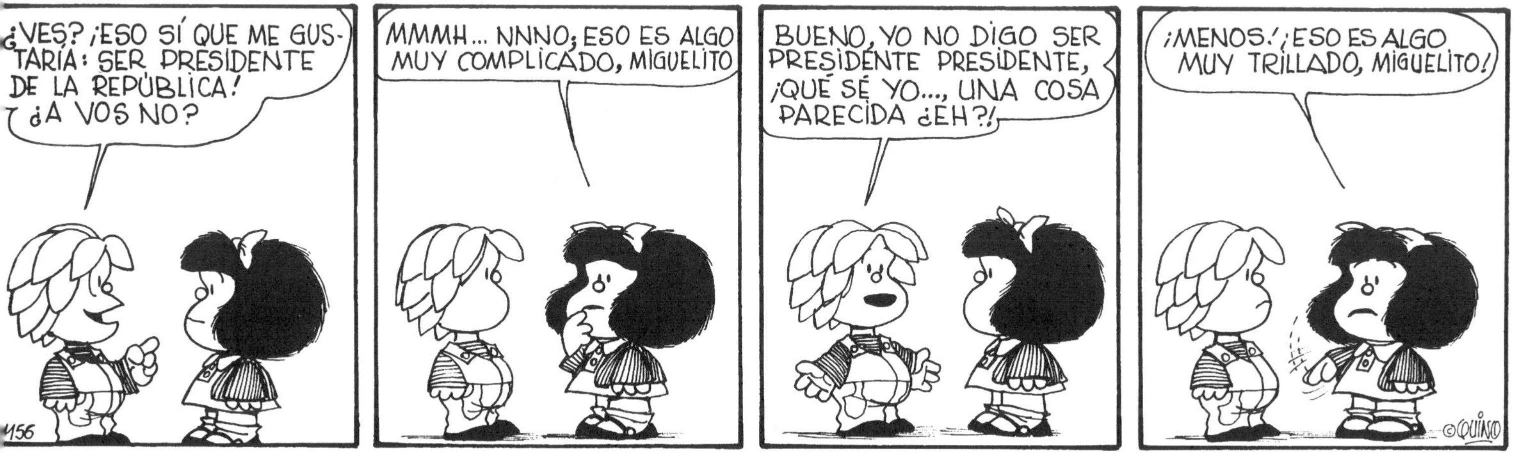
¿VES? ¡ESO SÍ QUE ME GUSTARÍA: SER PRESIDENTE DE LA REPÚBLICA! ¿A VOS NO?
MMMH... NNNO; ESO ES ALGO MUY COMPLICADO, MIGUELITO
BUENO, YO NO DIGO SER PRESIDENTE PRESIDENTE, ¡QUÉ SÉ YO..., UNA COSA PARECIDA ¿EH?!
¡MENOS! ¡ESO ES ALGO MUY TRILLADO, MIGUELITO!
1156
©QUINO

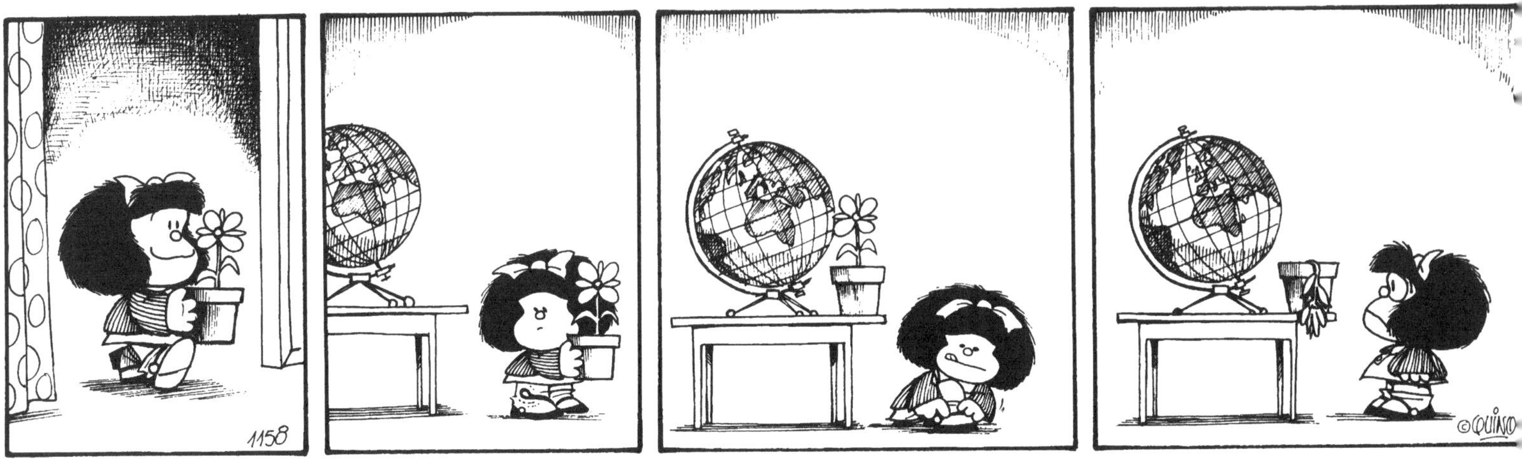
1158
©QUINO

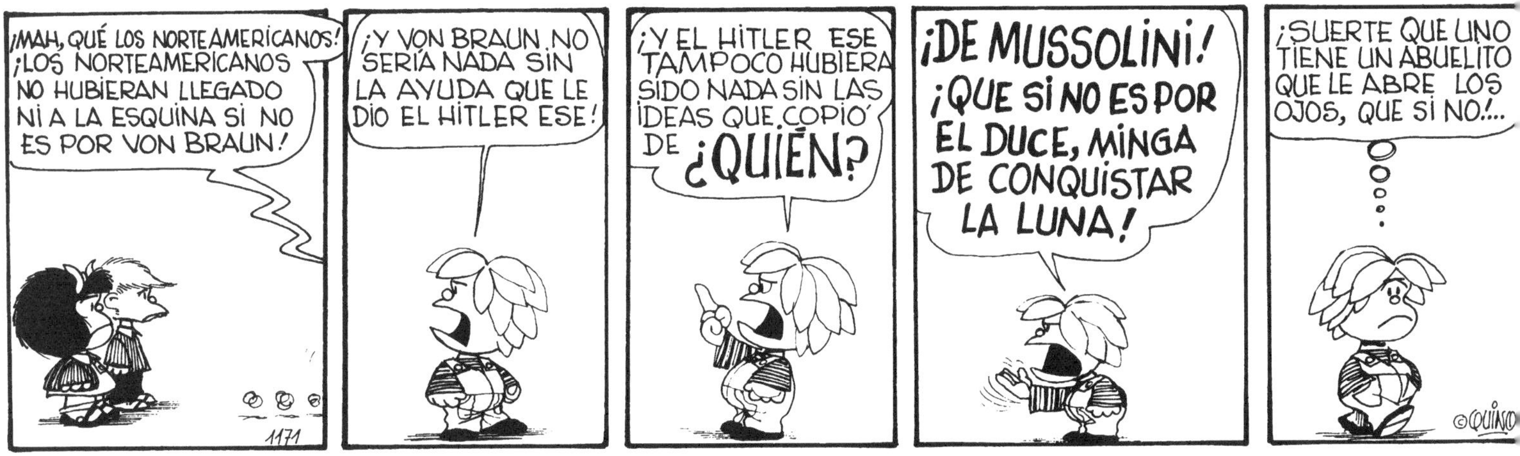
¡MAH, QUÉ LOS NORTEAMERICANOS! ¡LOS NORTEAMERICANOS NO HUBIERAN LLEGADO NI A LA ESQUINA SI NO ES POR VON BRAUN!
1171
¡Y VON BRAUN NO SERÍA NADA SIN LA AYUDA QUE LE DIO EL HITLER ESE!
¡Y EL HITLER ESE TAMPOCO HUBIERA SIDO NADA SIN LAS IDEAS QUE COPIÓ DE ¿QUIÉN?
¡DE MUSSOLINI! ¡QUE SI NO ES POR EL DUCE, MINGA DE CONQUISTAR LA LUNA!
¡SUERTE QUE UNO TIENE UN ABUELITO QUE LE ABRE LOS OJOS, QUE SI NO!...
©QUINO

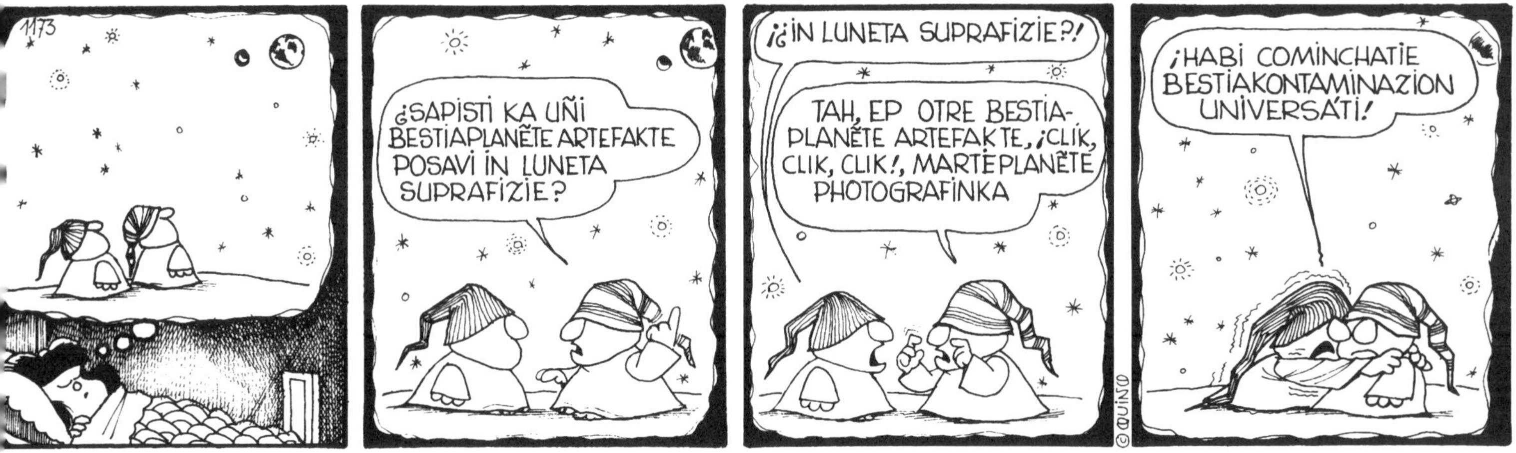
1173
¿SAPISTI KA UÑI BESTIAPLANĒTE ARTEFAKTE POSAVI IN LUNETA SUPRAFIZIE?
¡¿IN LUNETA SUPRAFIZIE?!
TAH, EP OTRE BESTIAPLANĒTE ARTEFAKTE, ¡CLIK, CLIK, CLIK!, MARTEPLANĒTE PHOTOGRAFINKA
¡HABI COMINCHATIE BESTIAKONTAMINAZION UNIVERSÁTI!
© QUINO

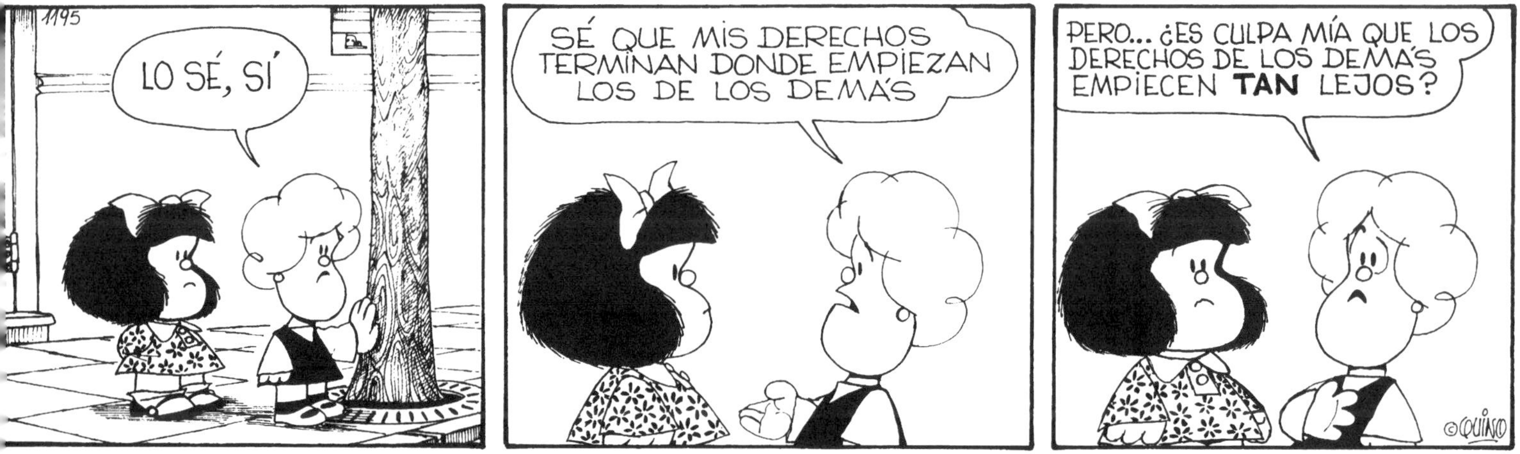
1195
LO SÉ, SÍ
SÉ QUE MIS DERECHOS TERMINAN DONDE EMPIEZAN LOS DE LOS DEMÁS
PERO... ¿ES CULPA MÍA QUE LOS DERECHOS DE LOS DEMÁS EMPIECEN **TAN** LEJOS?
© QUINO

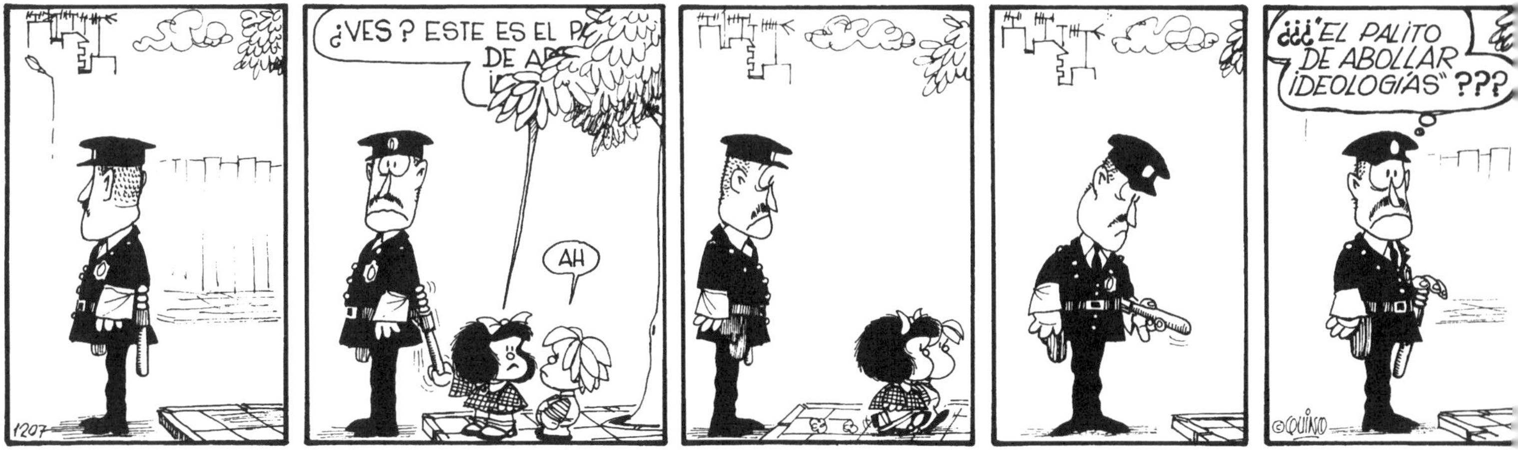
¿VES? ESTE ES EL
AH
¿¿¿"EL PALITO DE ABOLLAR IDEOLOGÍAS"???
1207
©QUINO

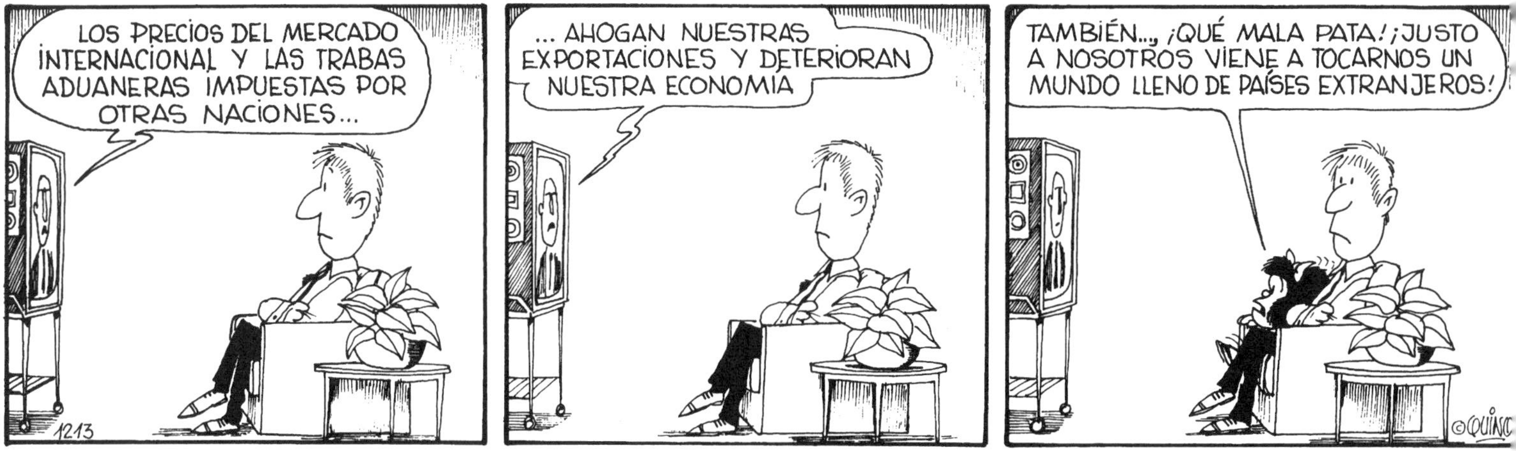
LOS PRECIOS DEL MERCADO INTERNACIONAL Y LAS TRABAS ADUANERAS IMPUESTAS POR OTRAS NACIONES...
... AHOGAN NUESTRAS EXPORTACIONES Y DETERIORAN NUESTRA ECONOMIA
TAMBIÉN..., ¡QUÉ MALA PATA! ¡JUSTO A NOSOTROS VIENE A TOCARNOS UN MUNDO LLENO DE PAÍSES EXTRANJEROS!
1213
©QUINO

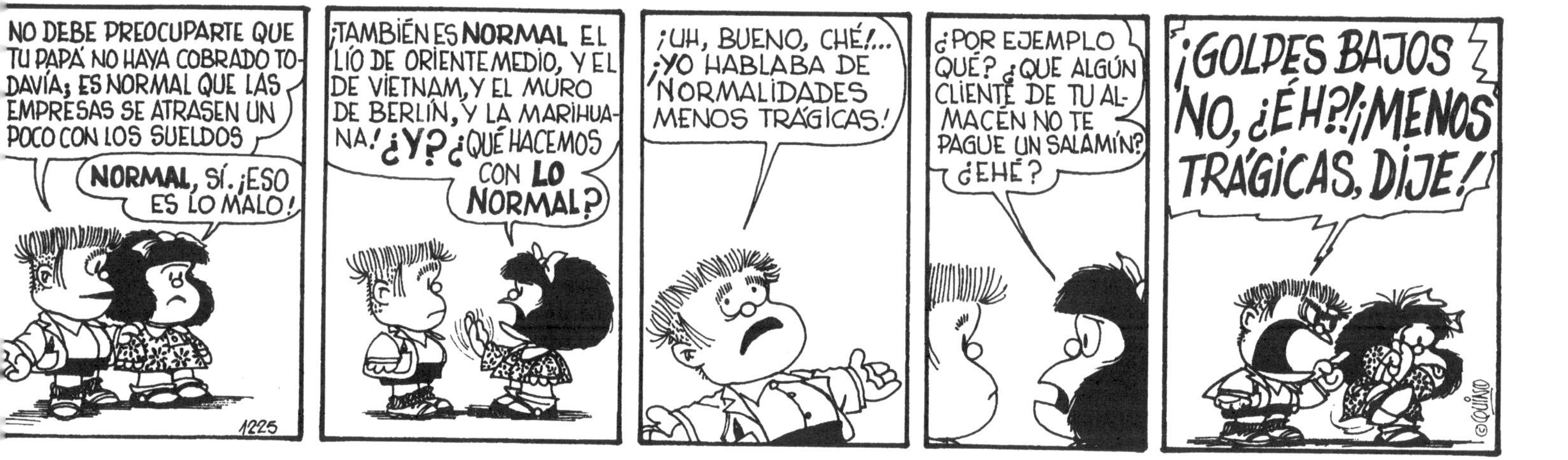
NO DEBE PREOCUPARTE QUE TU PAPÁ NO HAYA COBRADO TODAVÍA; ES NORMAL QUE LAS EMPRESAS SE ATRASEN UN POCO CON LOS SUELDOS
NORMAL, SÍ. ¡ESO ES LO MALO!
¡TAMBIÉN ES **NORMAL** EL LÍO DE ORIENTE MEDIO, Y EL DE VIETNAM, Y EL MURO DE BERLÍN, Y LA MARIHUANA! **¿Y?** ¿QUÉ HACEMOS CON **LO NORMAL**?
¡UH, BUENO, CHÉ!... ¡YO HABLABA DE NORMALIDADES MENOS TRÁGICAS!
¿POR EJEMPLO QUÉ? ¿QUE ALGÚN CLIENTE DE TU ALMACÉN NO TE PAGUE UN SALAMÍN? ¿EHÉ?
¡GOLPES BAJOS NO, ¿ÉH?! ¡MENOS TRÁGICAS, DIJE!
©QUINO

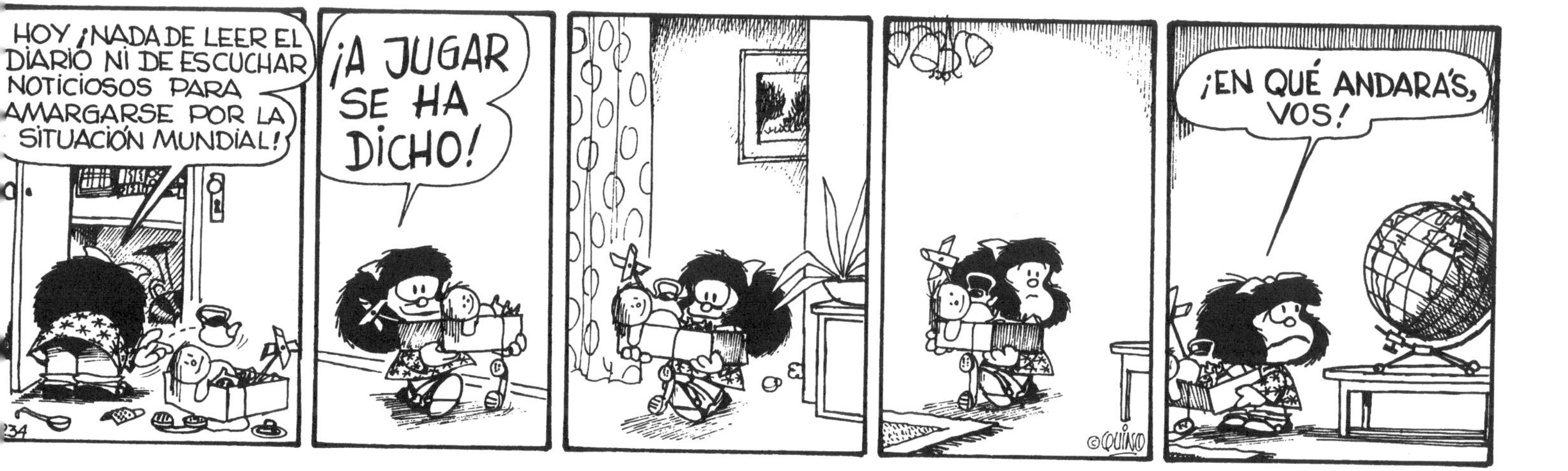
HOY ¡NADA DE LEER EL DIARIO NI DE ESCUCHAR NOTICIOSOS PARA AMARGARSE POR LA SITUACIÓN MUNDIAL!
¡A JUGAR SE HA DICHO!
©QUINO
¡EN QUÉ ANDARÁS, VOS!

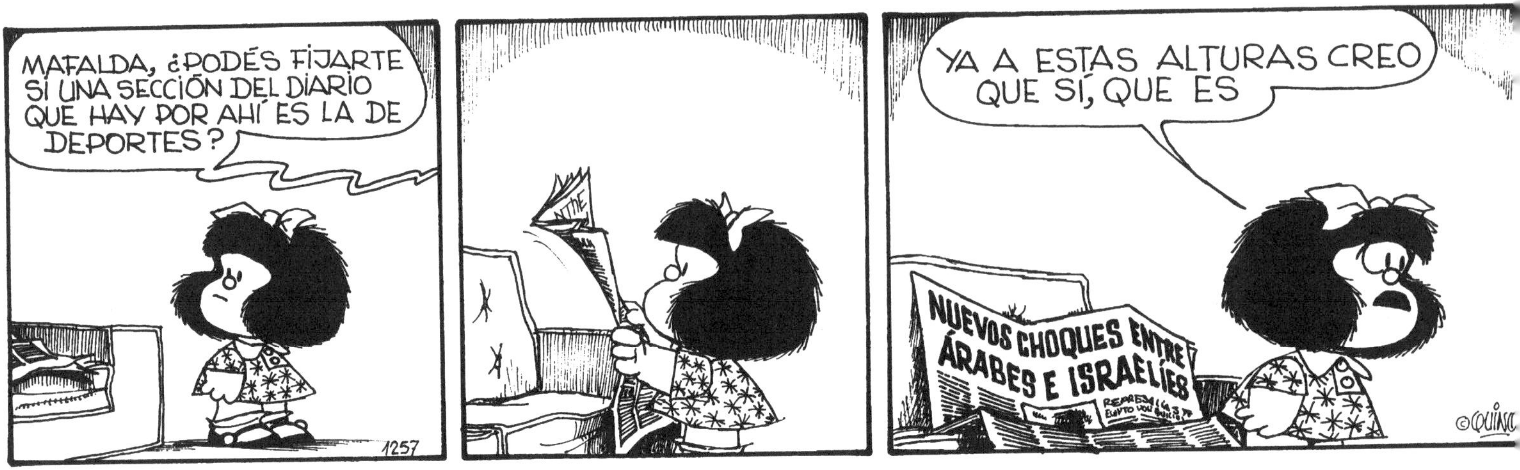
MAFALDA, ¿PODÉS FIJARTE SI UNA SECCIÓN DEL DIARIO QUE HAY POR AHÍ ES LA DE DEPORTES?
1257
YA A ESTAS ALTURAS CREO QUE SÍ, QUE ES
NUEVOS CHOQUES ENTRE ÁRABES E ISRAELÍES
©QUINO

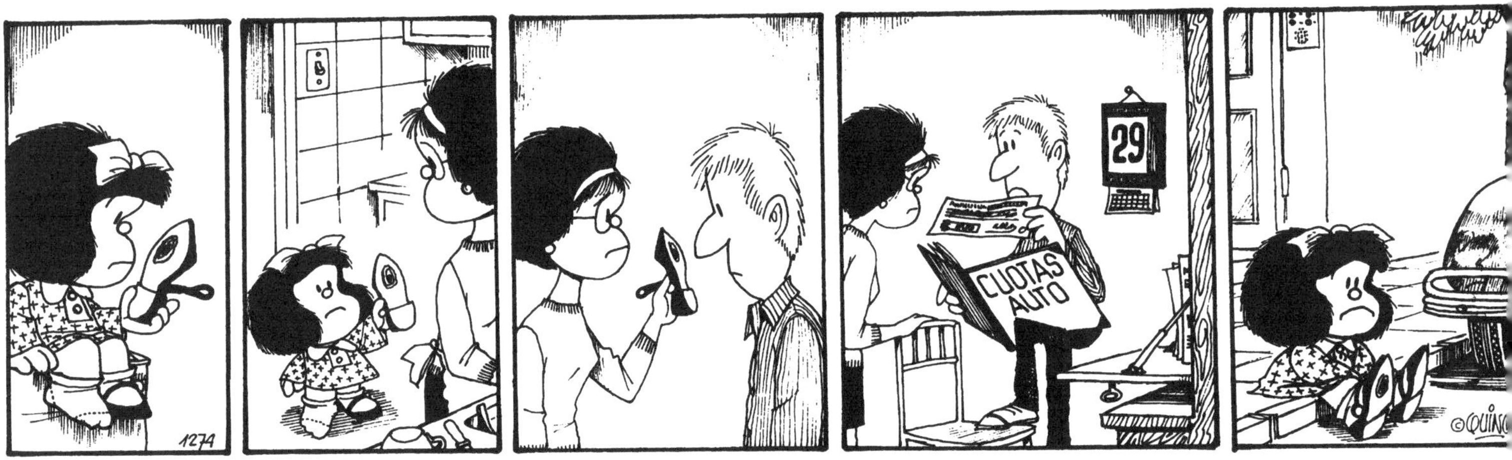
1274
29
CUOTAS AUTO
©QUINO

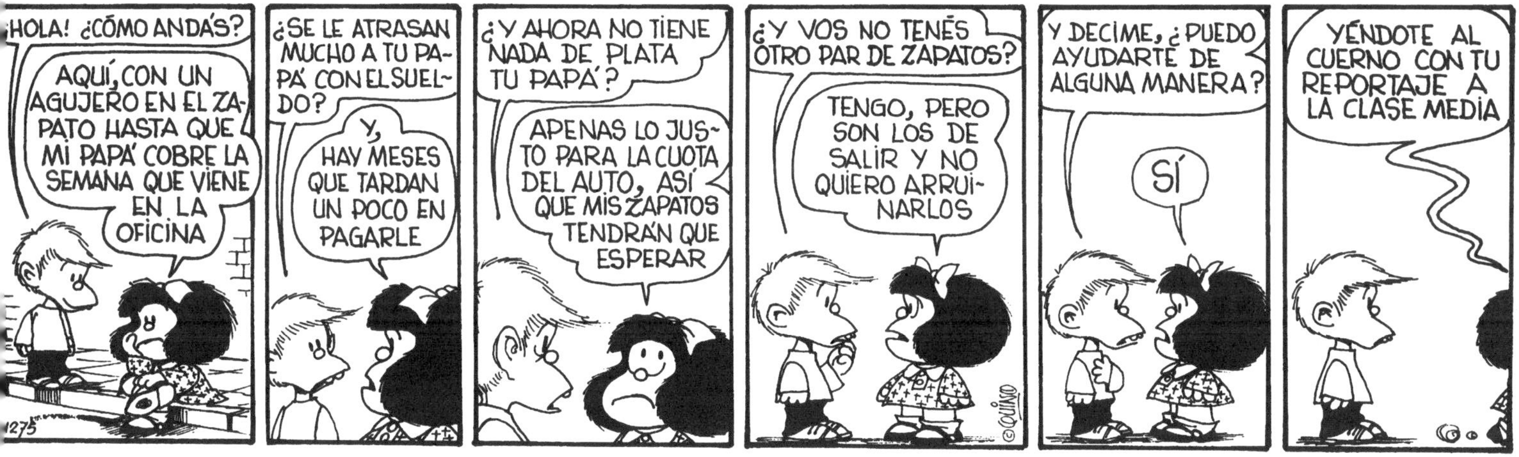
1275
¡HOLA! ¿CÓMO ANDÁS?
AQUÍ, CON UN AGUJERO EN EL ZAPATO HASTA QUE MI PAPÁ COBRE LA SEMANA QUE VIENE EN LA OFICINA
¿SE LE ATRASAN MUCHO A TU PAPÁ CON EL SUELDO?
Y, HAY MESES QUE TARDAN UN POCO EN PAGARLE
¿Y AHORA NO TIENE NADA DE PLATA TU PAPÁ?
APENAS LO JUSTO PARA LA CUOTA DEL AUTO, ASÍ QUE MIS ZAPATOS TENDRÁN QUE ESPERAR
¿Y VOS NO TENÉS OTRO PAR DE ZAPATOS?
TENGO, PERO SON LOS DE SALIR Y NO QUIERO ARRUINARLOS
Y DECIME, ¿PUEDO AYUDARTE DE ALGUNA MANERA?
SÍ
YÉNDOTE AL CUERNO CON TU REPORTAJE A LA CLASE MEDIA
©QUINO

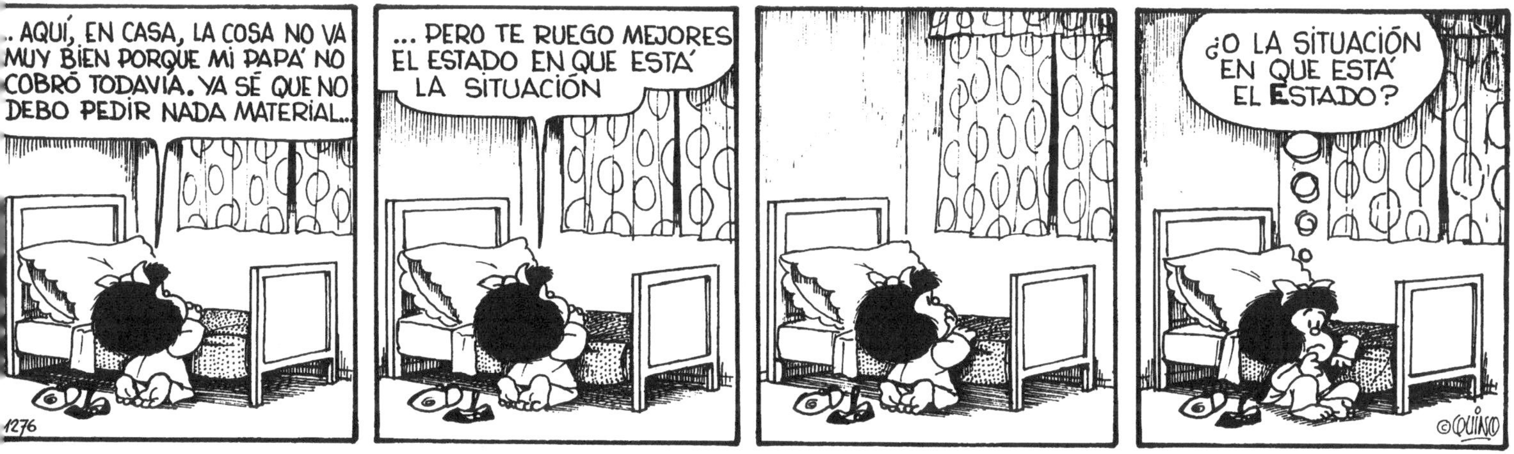
1276
... AQUÍ, EN CASA, LA COSA NO VA MUY BIEN PORQUE MI PAPÁ NO COBRÓ TODAVÍA. YA SÉ QUE NO DEBO PEDIR NADA MATERIAL...
... PERO TE RUEGO MEJORES EL ESTADO EN QUE ESTÁ LA SITUACIÓN
¿O LA SITUACIÓN EN QUE ESTÁ EL ESTADO?
©QUINO

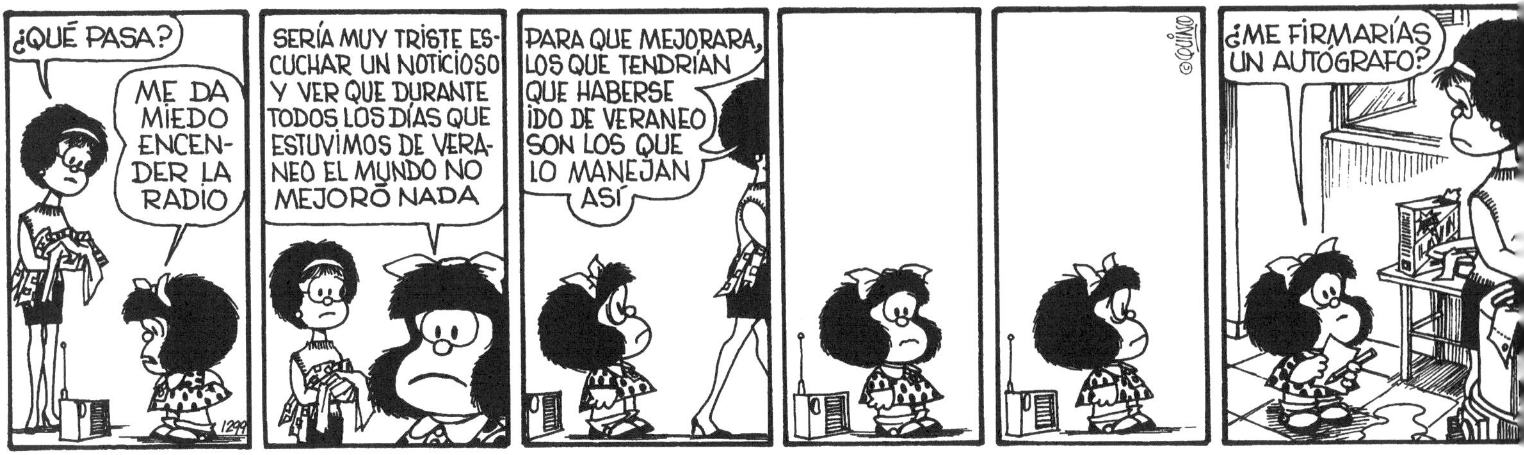
¿QUÉ PASA?
ME DA MIEDO ENCENDER LA RADIO
SERÍA MUY TRISTE ESCUCHAR UN NOTICIOSO Y VER QUE DURANTE TODOS LOS DÍAS QUE ESTUVIMOS DE VERANEO EL MUNDO NO MEJORÓ NADA
PARA QUE MEJORARA, LOS QUE TENDRÍAN QUE HABERSE IDO DE VERANEO SON LOS QUE LO MANEJAN ASÍ
¿ME FIRMARÍAS UN AUTÓGRAFO?

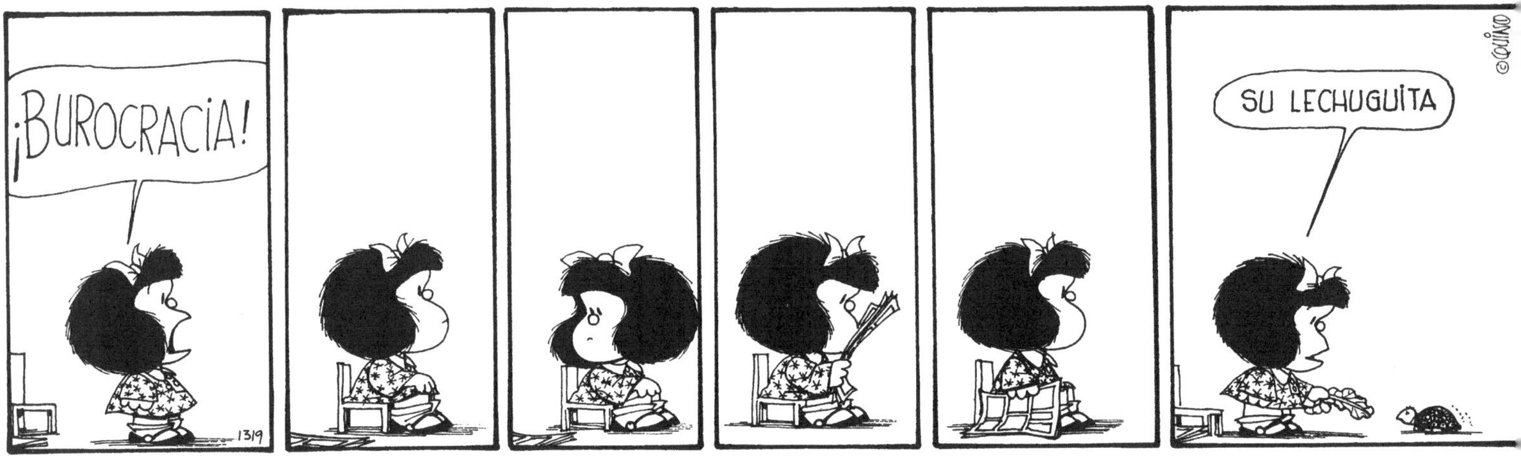
¡BUROCRACIA!
SU LECHUGUITA

HOLA, SOY EL EMBLEMA DE UN NUEVO PARTIDO POLÍTICO DENOMINADO *VAMOS HACIA ALLÁ*

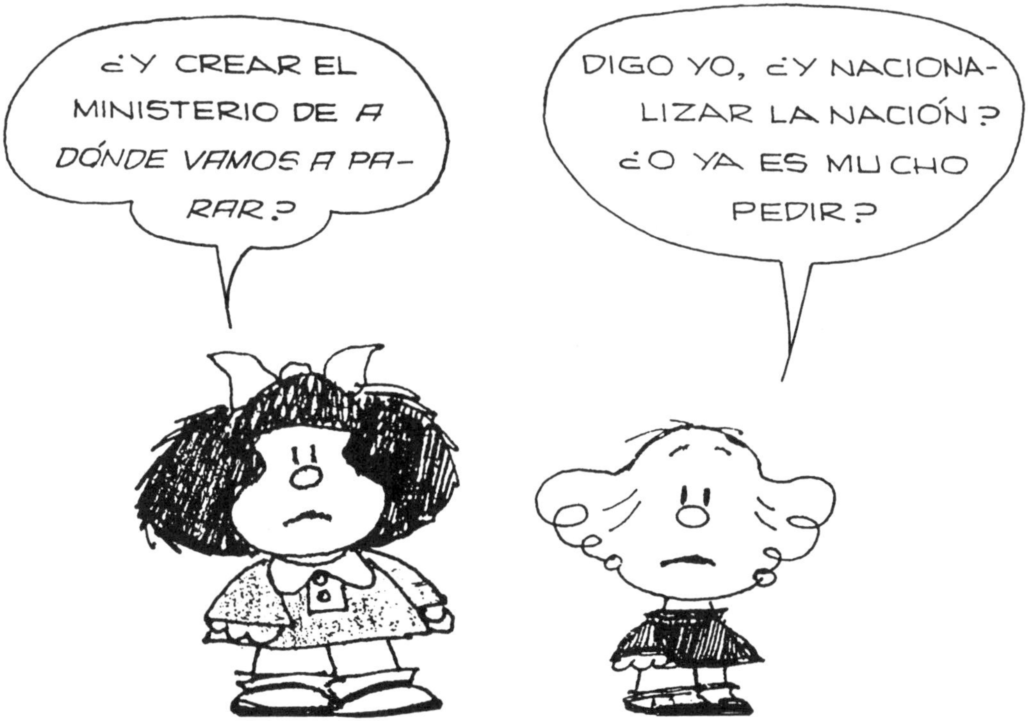
¿Y CREAR EL MINISTERIO DE A DÓNDE VAMOS A PA- RAR?
DIGO YO, ¿Y NACIONA- LIZAR LA NACIÓN? ¿O YA ES MUCHO PEDIR?

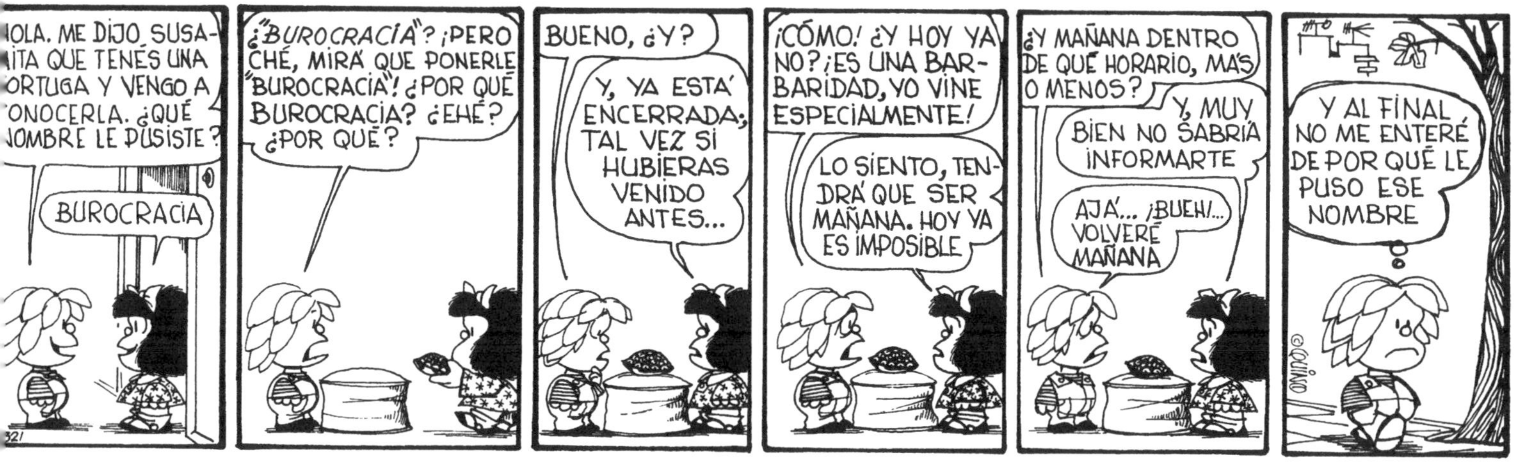
OLA. ME DIJO SUSA-
ITA QUE TENÉS UNA
ORTUGA Y VENGO A
ONOCERLA. ¿QUÉ
OMBRE LE PUSISTE?
BUROCRACIA
¿"BUROCRACIA"? ¡PERO CHÉ, MIRÁ QUE PONERLE "BUROCRACIA"! ¿POR QUÉ BUROCRACIA? ¿EHÉ? ¿POR QUÉ?
BUENO, ¿Y?
Y, YA ESTÁ ENCERRADA; TAL VEZ SI HUBIERAS VENIDO ANTES...
¡CÓMO! ¿Y HOY YA NO? ¡ES UNA BARBARIDAD, YO VINE ESPECIALMENTE!
LO SIENTO, TENDRÁ QUE SER MAÑANA. HOY YA ES IMPOSIBLE
¿Y MAÑANA DENTRO DE QUÉ HORARIO, MÁS O MENOS?
Y, MUY BIEN NO SABRÍA INFORMARTE
AJÁ... ¡BUEH!... VOLVERÉ MAÑANA
Y AL FINAL NO ME ENTERÉ DE POR QUÉ LE PUSO ESE NOMBRE
©QUINO
321

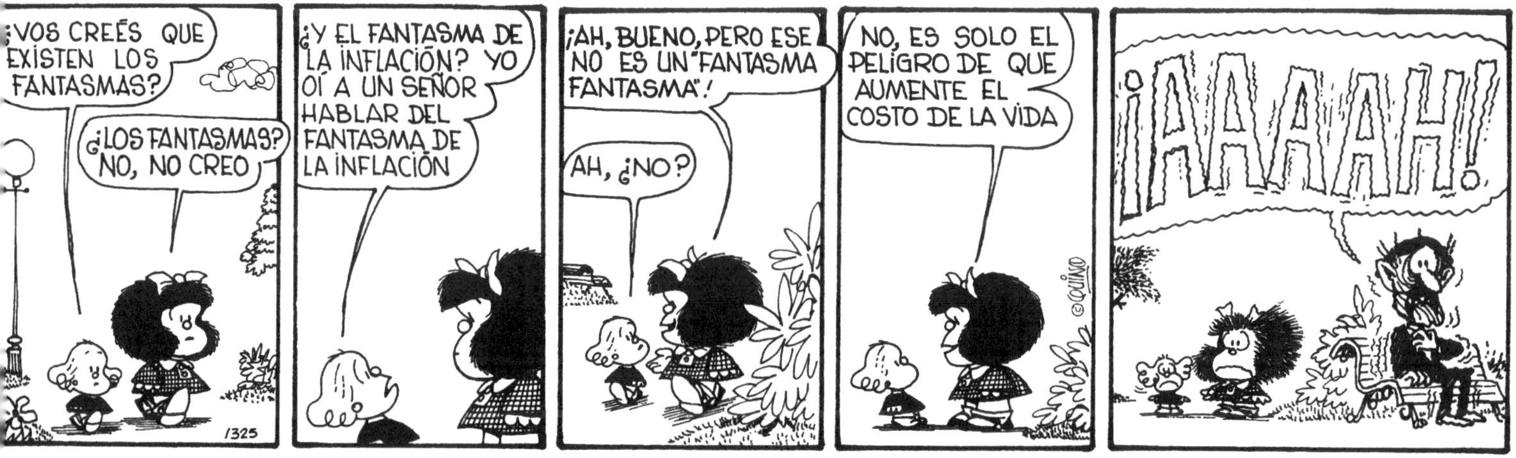
VOS CREÉS QUE EXISTEN LOS FANTASMAS?
¿LOS FANTASMAS? NO, NO CREO
1325
¿Y EL FANTASMA DE LA INFLACIÓN? YO OÍ A UN SEÑOR HABLAR DEL FANTASMA DE LA INFLACIÓN
¡AH, BUENO, PERO ESE NO ES UN "FANTASMA FANTASMA"!
AH, ¿NO?
NO, ES SOLO EL PELIGRO DE QUE AUMENTE EL COSTO DE LA VIDA
©QUINO
¡AAAAH!

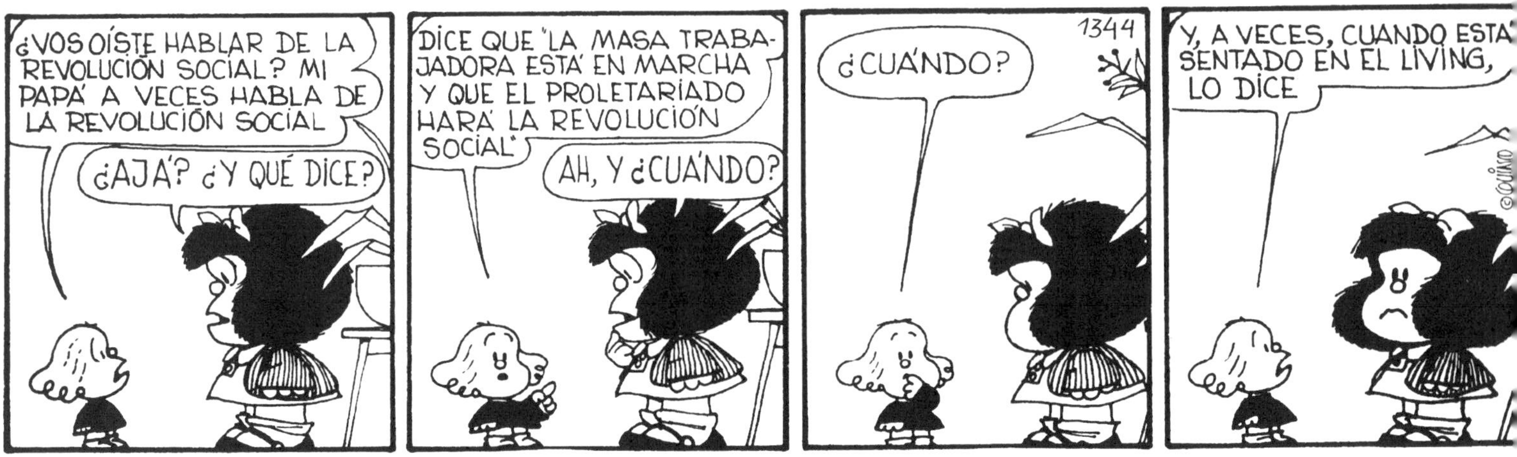
¿VOS OÍSTE HABLAR DE LA REVOLUCIÓN SOCIAL? MI PAPÁ A VECES HABLA DE LA REVOLUCIÓN SOCIAL
¿AJÁ? ¿Y QUÉ DICE?
DICE QUE "LA MASA TRABAJADORA ESTÁ EN MARCHA Y QUE EL PROLETARIADO HARÁ LA REVOLUCIÓN SOCIAL"
AH, Y ¿CUÁNDO?
1344
¿CUÁNDO?
Y, A VECES, CUANDO ESTÁ SENTADO EN EL LIVING, LO DICE
©QUINO

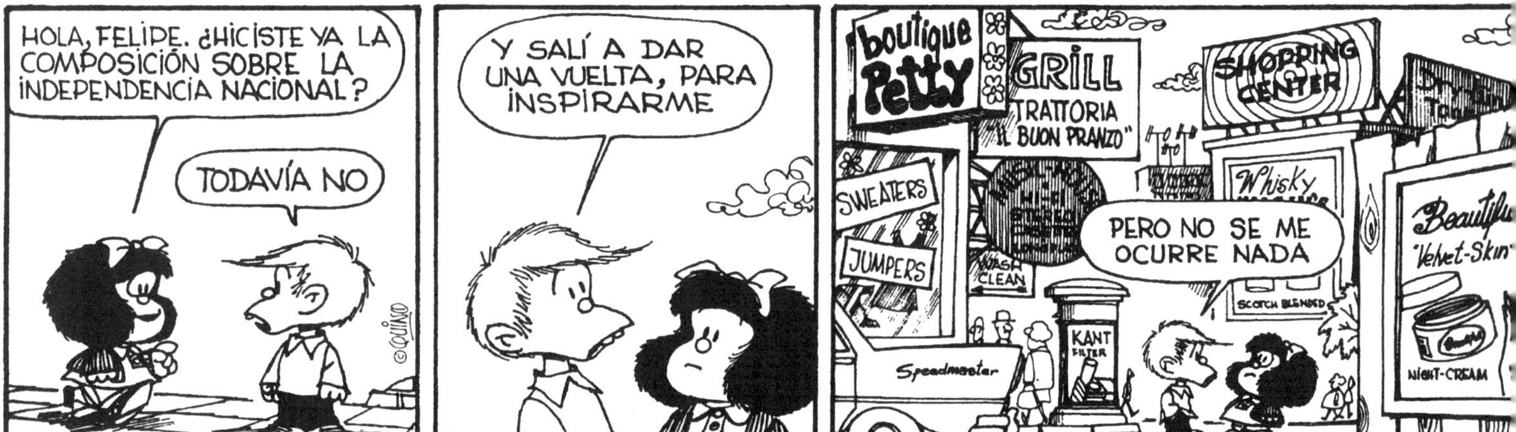
HOLA, FELIPE. ¿HICISTE YA LA COMPOSICIÓN SOBRE LA INDEPENDENCIA NACIONAL?
TODAVÍA NO
©QUINO
1349
Y SALÍ A DAR UNA VUELTA, PARA INSPIRARME
boutique Petty
GRILL
TRATTORIA
"IL BUON PRANZO"
SHOPPING CENTER
SWEATERS
JUMPERS
WASH CLEAN
Whisky
SCOTCH BLENDED
KANT
FILTER
Speedmaster
Velvet-Skin
NIGHT-CREAM
PERO NO SE ME OCURRE NADA

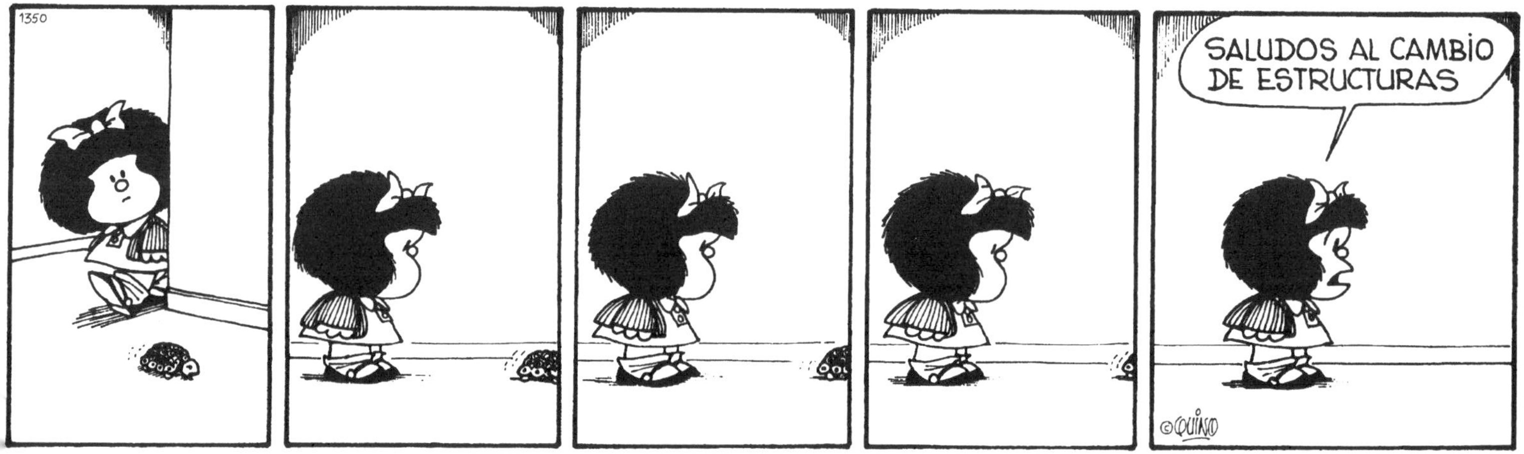
1350
SALUDOS AL CAMBIO DE ESTRUCTURAS
©QUINO

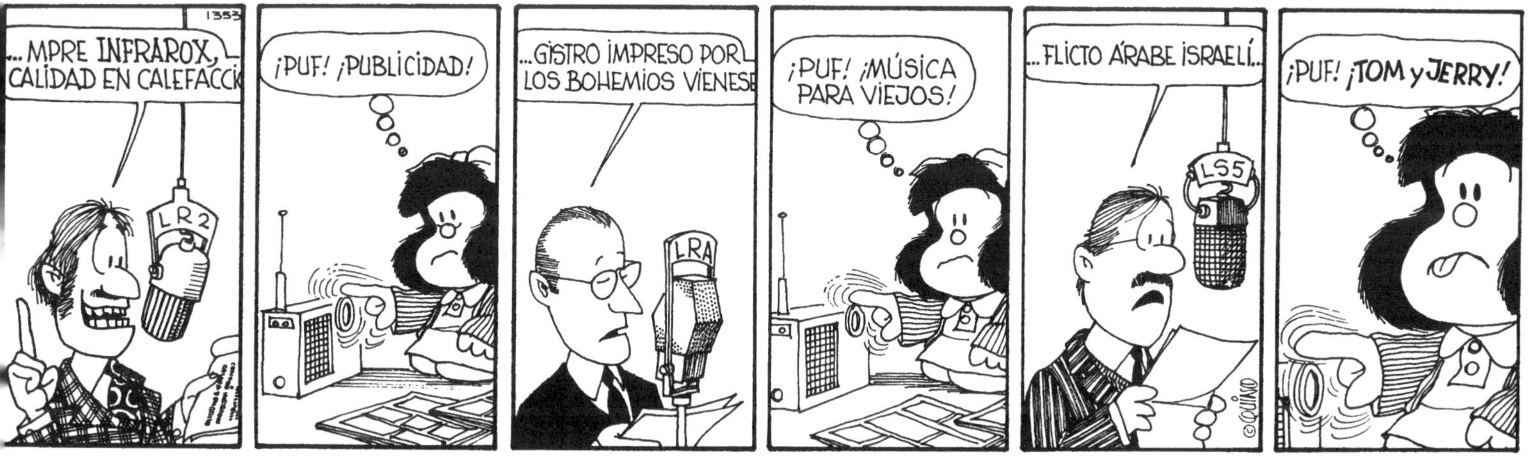
1353
...MPRE INFRAROX, CALIDAD EN CALEFACCI
LR2
¡PUF! ¡PUBLICIDAD!
...GISTRO IMPRESO POR LOS BOHEMIOS VIENESE
LRA
¡PUF! ¡MÚSICA PARA VIEJOS!
...FLICTO ÁRABE ISRAELÍ...
LS5
©QUINO
¡PUF! ¡TOM y JERRY!

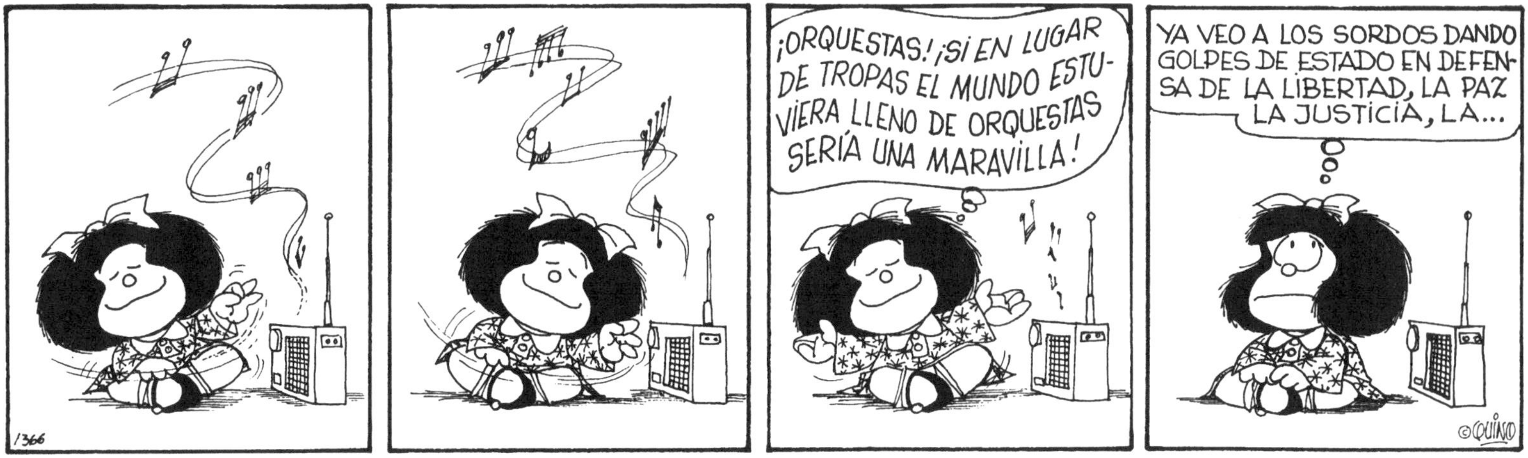
1366
¡ORQUESTAS! ¡SI EN LUGAR DE TROPAS EL MUNDO ESTUVIERA LLENO DE ORQUESTAS SERÍA UNA MARAVILLA!
YA VEO A LOS SORDOS DANDO GOLPES DE ESTADO EN DEFENSA DE LA LIBERTAD, LA PAZ LA JUSTICIA, LA...
©QUINO

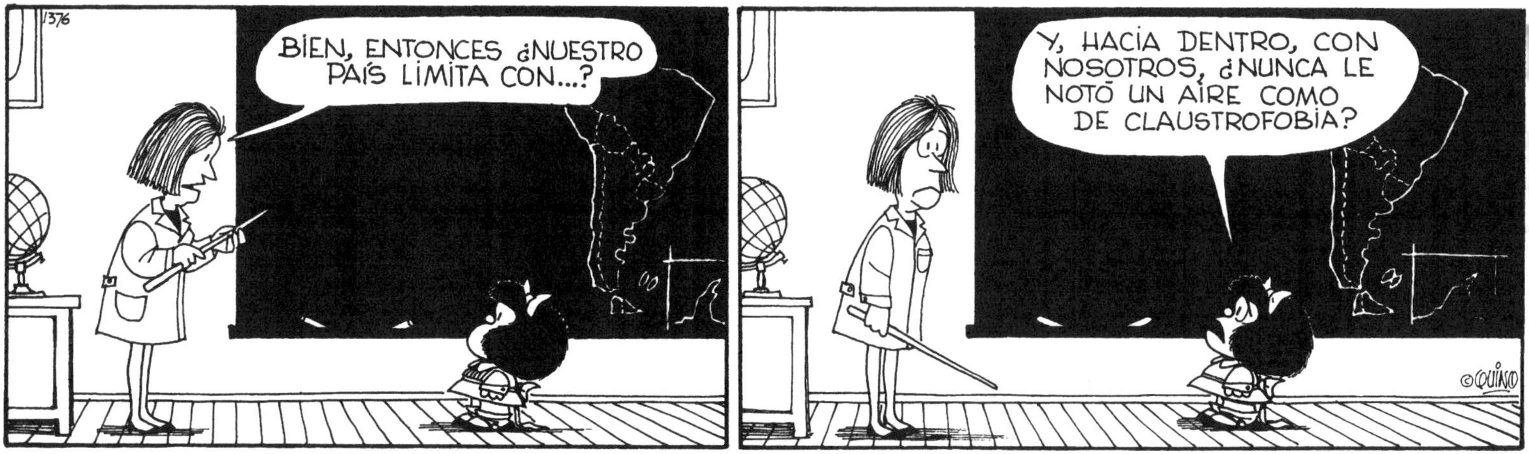
1376
BIEN, ENTONCES ¿NUESTRO PAÍS LIMITA CON...?
Y, HACIA DENTRO, CON NOSOTROS, ¿NUNCA LE NOTÓ UN AIRE COMO DE CLAUSTROFOBIA?
©QUINO

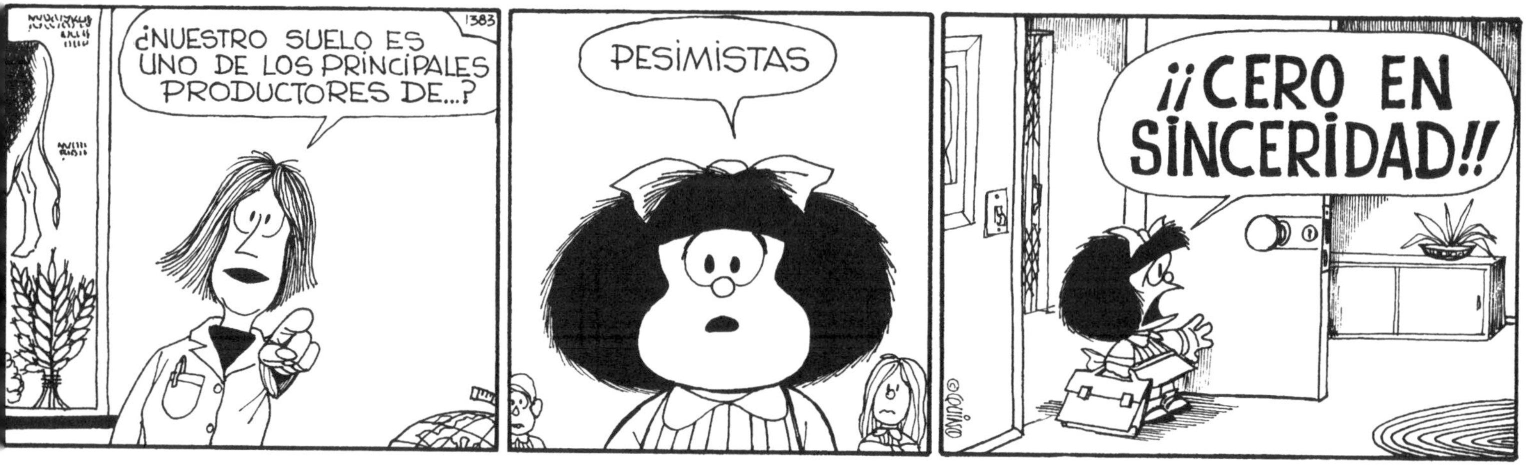
1383
¿NUESTRO SUELO ES UNO DE LOS PRINCIPALES PRODUCTORES DE...?
PESIMISTAS
¡¡CERO EN SINCERIDAD!!
©QUINO

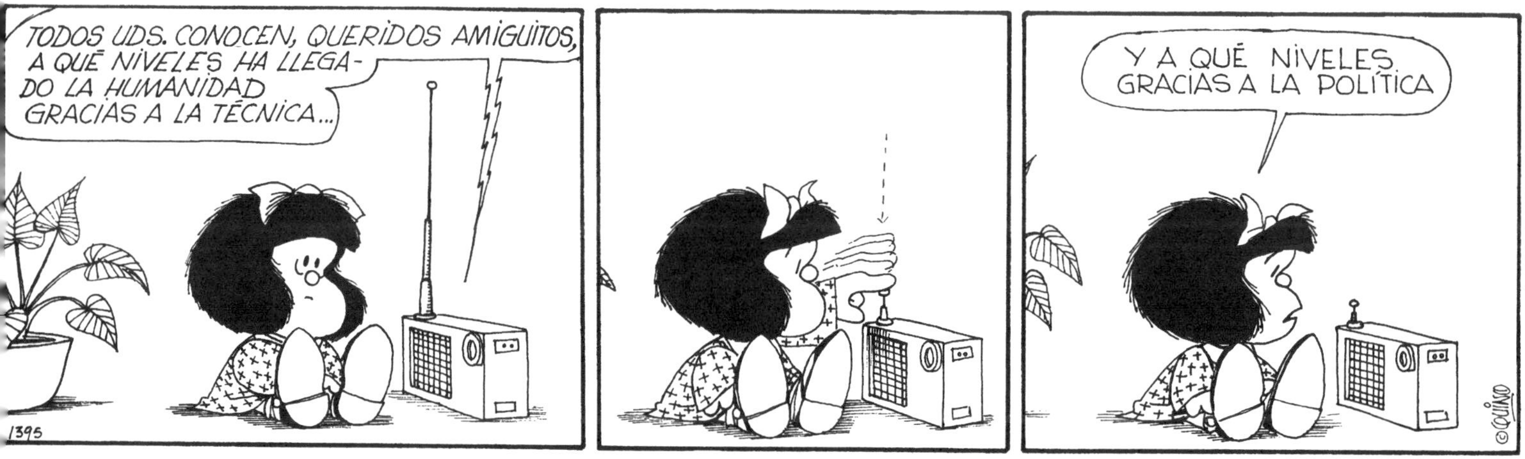
TODOS UDS. CONOCEN, QUERIDOS AMIGUITOS, A QUÉ NIVELES HA LLEGADO LA HUMANIDAD GRACIAS A LA TÉCNICA...
Y A QUÉ NIVELES GRACIAS A LA POLÍTICA
1395
©QUINO

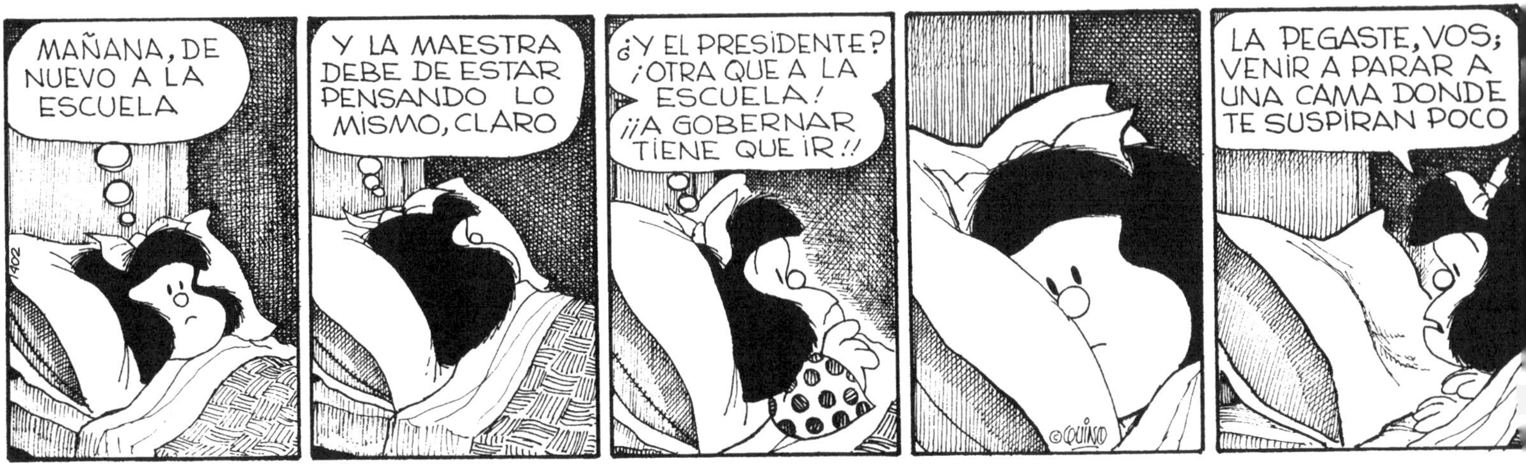
MAÑANA, DE NUEVO A LA ESCUELA
Y LA MAESTRA DEBE DE ESTAR PENSANDO LO MISMO, CLARO
¿Y EL PRESIDENTE? ¡OTRA QUE A LA ESCUELA! ¡¡A GOBERNAR TIENE QUE IR!!
LA PEGASTE, VOS; VENIR A PARAR A UNA CAMA DONDE TE SUSPIRAN POCO

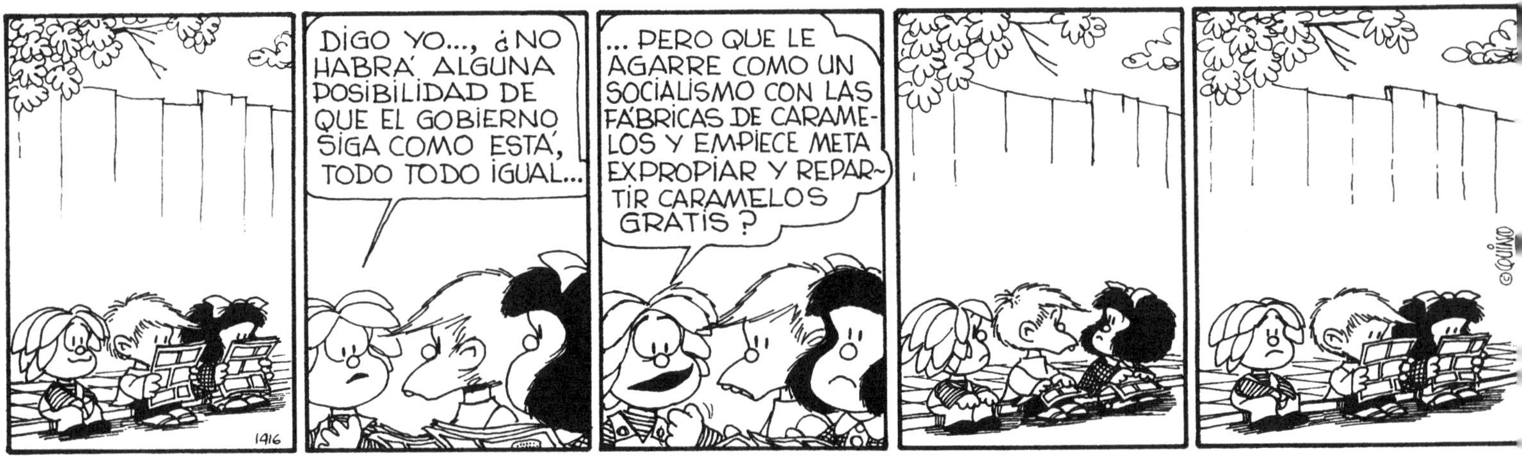
DIGO YO..., ¿NO HABRÁ ALGUNA POSIBILIDAD DE QUE EL GOBIERNO SIGA COMO ESTÁ, TODO TODO IGUAL...
... PERO QUE LE AGARRE COMO UN SOCIALISMO CON LAS FÁBRICAS DE CARAMELOS Y EMPIECE META EXPROPIAR Y REPARTIR CARAMELOS GRATIS?

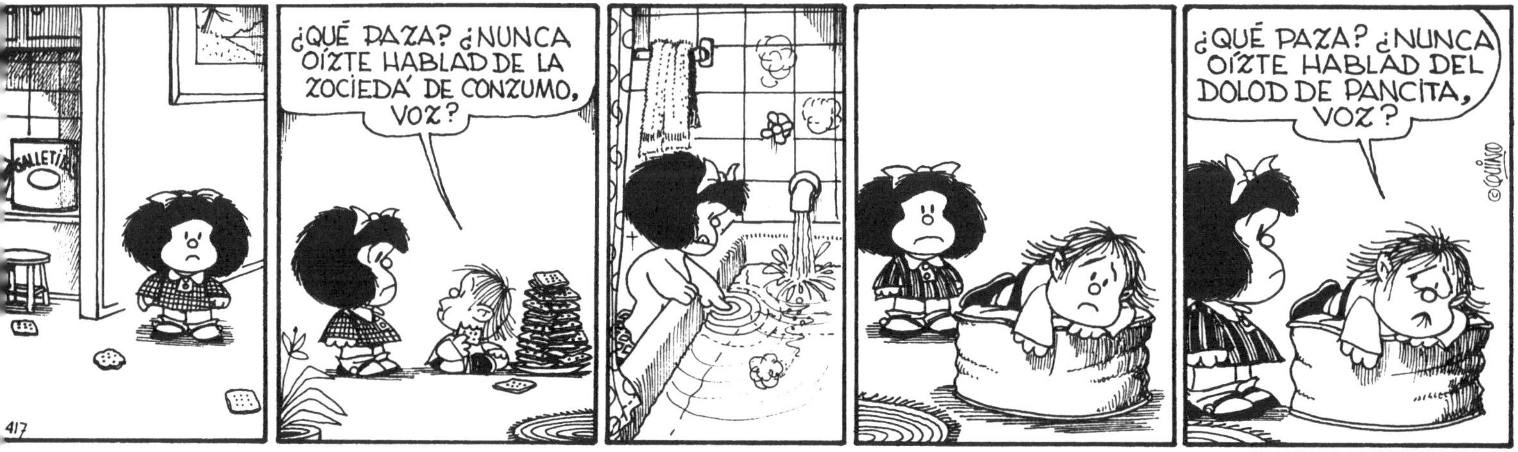
¿QUÉ PAZA? ¿NUNCA OÍZTE HABLAD DE LA ZOCIEDÁ DE CONZUMO, VOZ?
¿QUÉ PAZA? ¿NUNCA OÍZTE HABLAD DEL DOLOD DE PANCITA, VOZ?
©QUINO

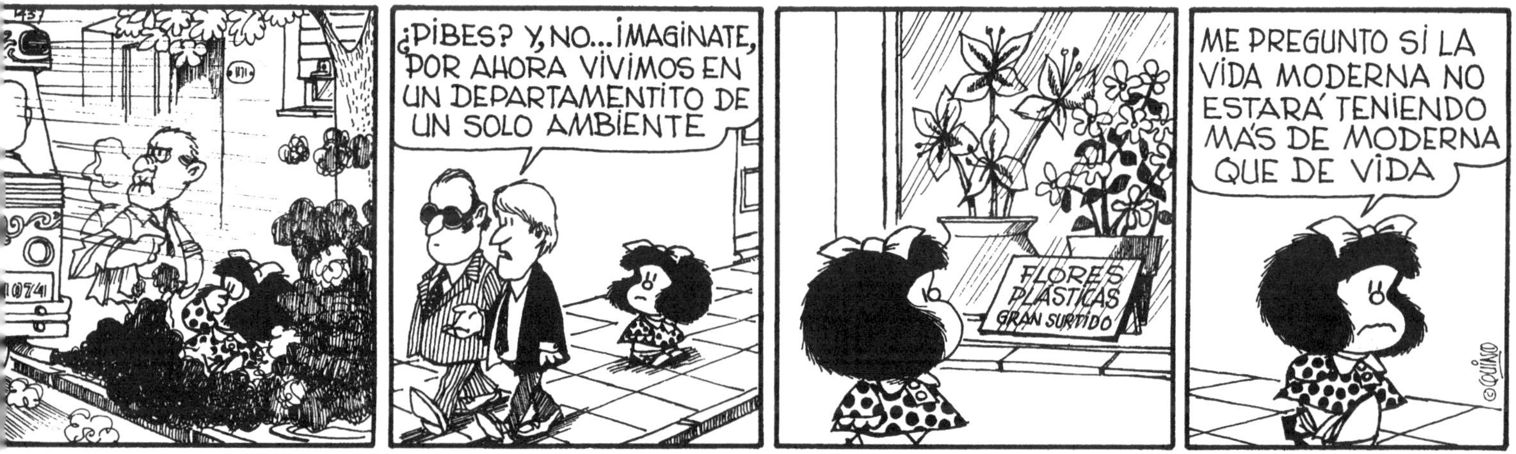
¿PIBES? Y, NO... IMAGINATE, POR AHORA VIVIMOS EN UN DEPARTAMENTITO DE UN SOLO AMBIENTE
FLORES PLÁSTICAS
GRAN SURTIDO
ME PREGUNTO SI LA VIDA MODERNA NO ESTARÁ TENIENDO MÁS DE MODERNA QUE DE VIDA
©QUINO

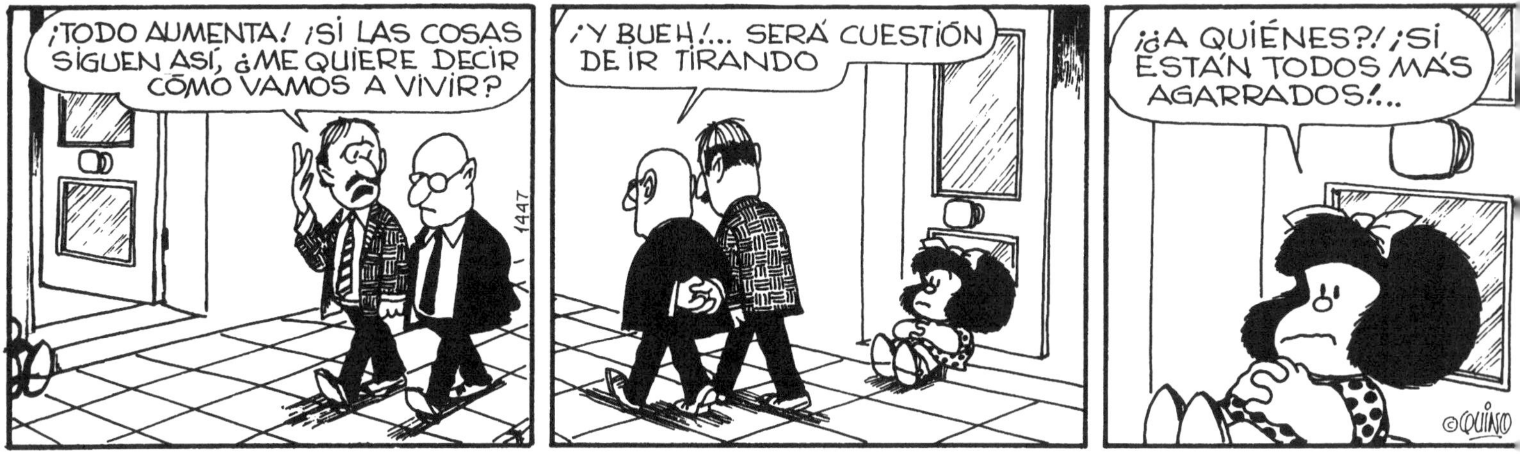
¡TODO AUMENTA! ¡SI LAS COSAS SIGUEN ASÍ, ¿ME QUIERE DECIR CÓMO VAMOS A VIVIR?
1447
¡Y BUEH!... SERÁ CUESTIÓN DE IR TIRANDO
¡¿A QUIÉNES?! ¡SI ESTÁN TODOS MÁS AGARRADOS!...
©QUINO

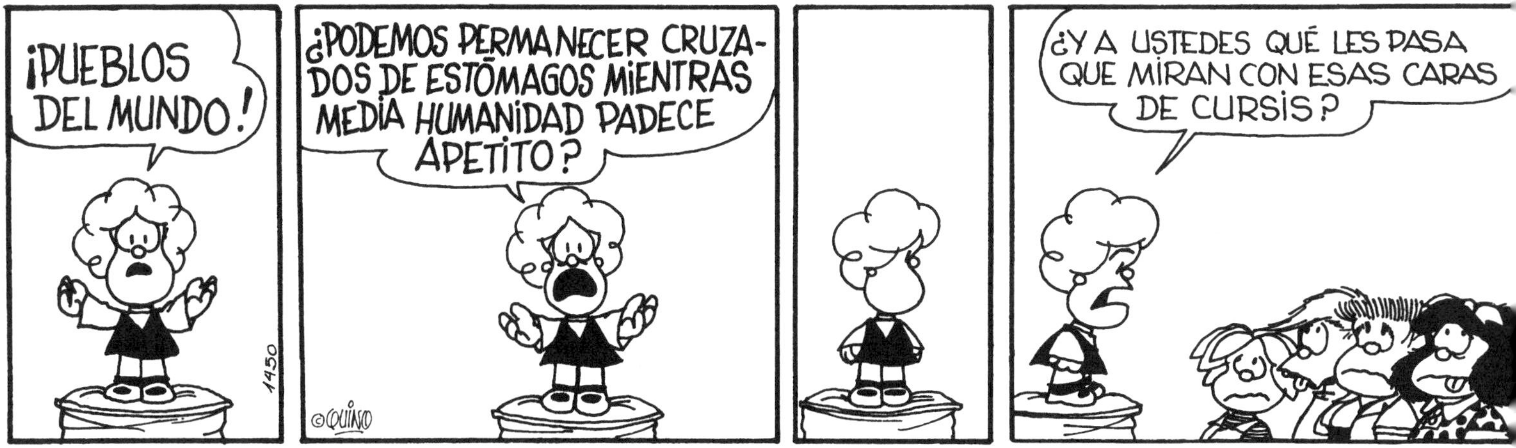
¡PUEBLOS DEL MUNDO!
1450
¿PODEMOS PERMANECER CRUZADOS DE ESTÓMAGOS MIENTRAS MEDIA HUMANIDAD PADECE APETITO?
©QUINO
¿Y A USTEDES QUÉ LES PASA QUE MIRAN CON ESAS CARAS DE CURSIS?

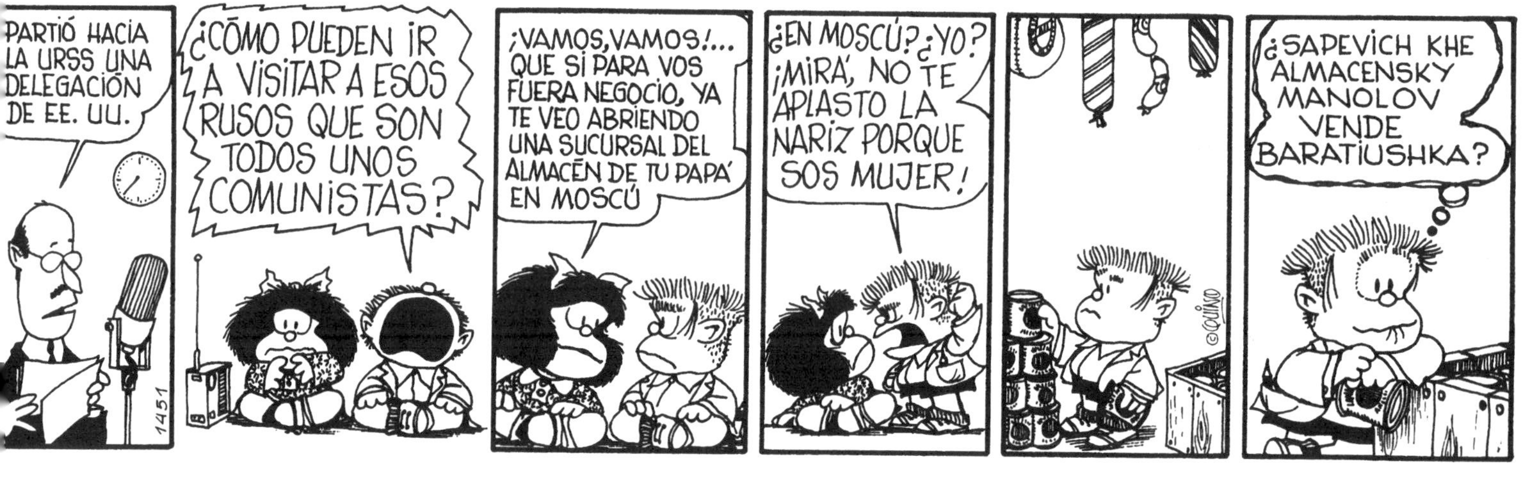
PARTIÓ HACIA LA URSS UNA DELEGACIÓN DE EE. UU.
1451
¿CÓMO PUEDEN IR A VISITAR A ESOS RUSOS QUE SON TODOS UNOS COMUNISTAS?
¡VAMOS, VAMOS!... QUE SI PARA VOS FUERA NEGOCIO, YA TE VEO ABRIENDO UNA SUCURSAL DEL ALMACÉN DE TU PAPÁ EN MOSCÚ
¿EN MOSCÚ? ¿YO? ¡MIRÁ, NO TE APLASTO LA NARIZ PORQUE SOS MUJER!
©QUINO
¿SAPEVICH KHE ALMACENSKY MANOLOV VENDE BARATIUSHKA?

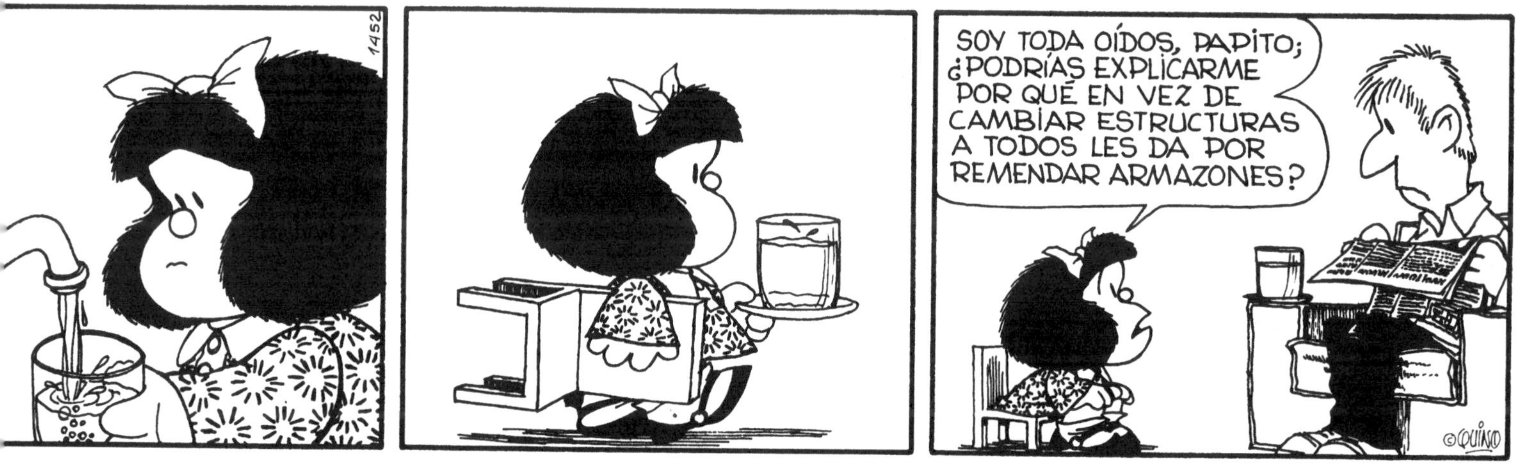
1452
SOY TODA OÍDOS, PAPITO; ¿PODRÍAS EXPLICARME POR QUÉ EN VEZ DE CAMBIAR ESTRUCTURAS A TODOS LES DA POR REMENDAR ARMAZONES?
©QUINO

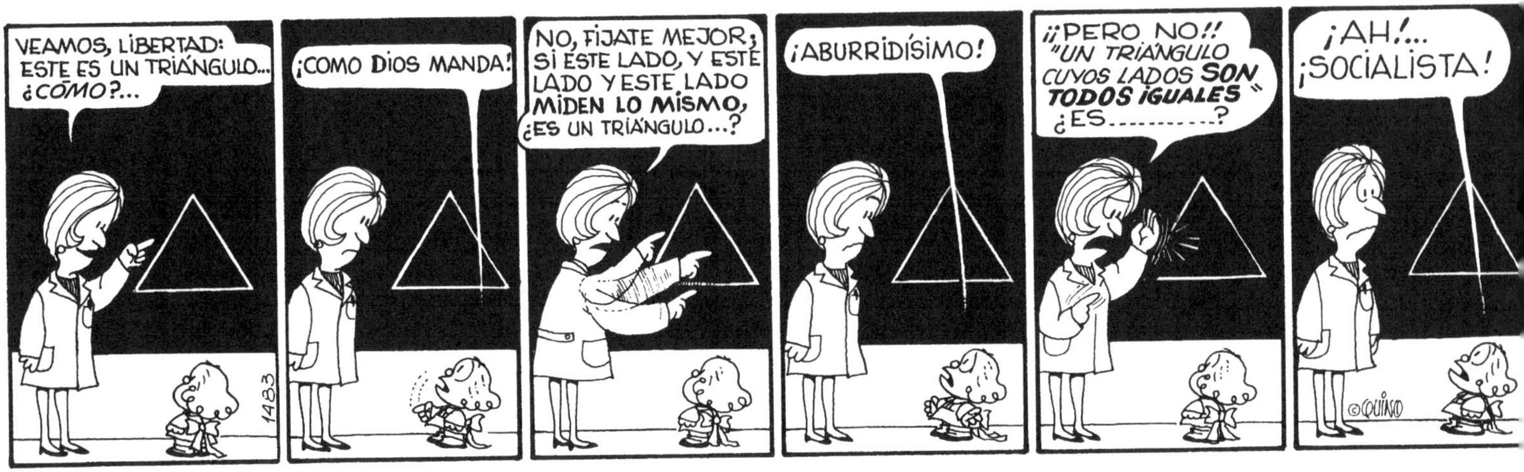
VEAMOS, LIBERTAD: ESTE ES UN TRIÁNGULO... ¿CÓMO?...
1483
¡COMO DIOS MANDA!
NO, FIJATE MEJOR; SI ESTE LADO, Y ESTE LADO Y ESTE LADO MIDEN LO MISMO, ¿ES UN TRIÁNGULO...?
¡ABURRIDÍSIMO!
¡¡PERO NO!! "UN TRIÁNGULO CUYOS LADOS SON TODOS IGUALES" ¿ES..........?
¡AH!... ¡SOCIALISTA!
© QUINO

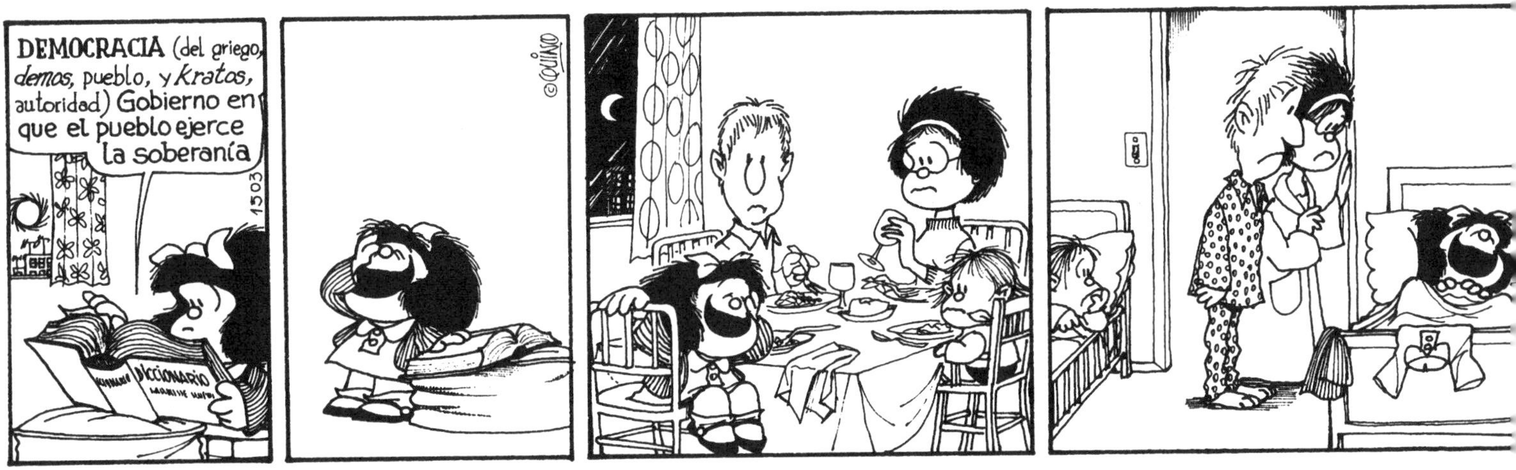
DEMOCRACIA (del griego, *demos*, pueblo, y *Kratos*, autoridad) Gobierno en que el pueblo ejerce la soberanía
1503
DICCIONARIO
© QUINO

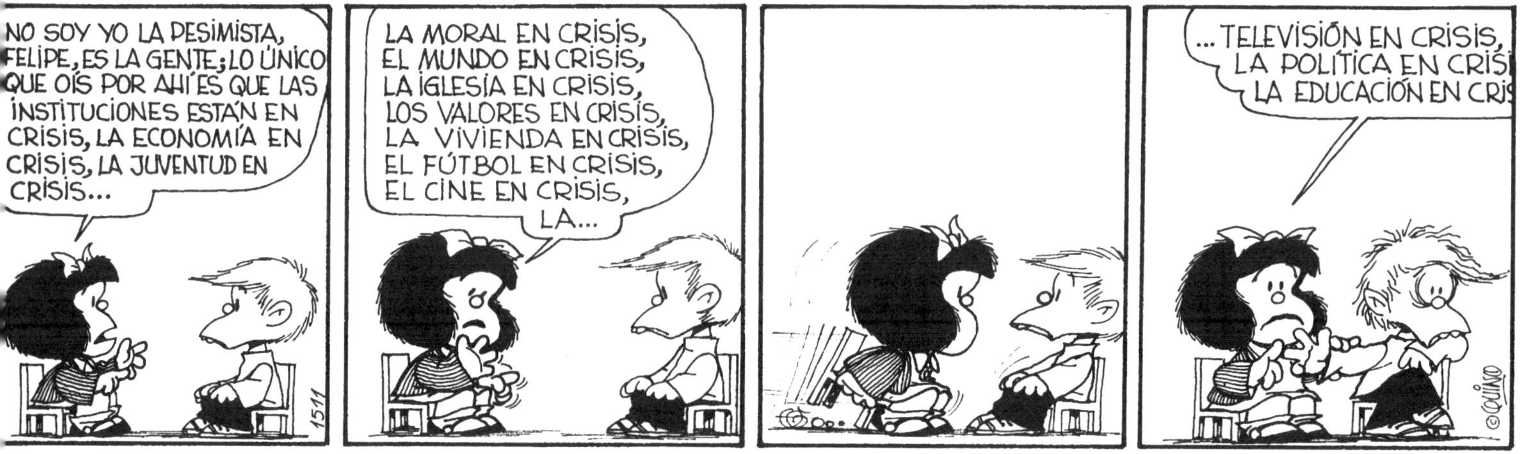
NO SOY YO LA PESIMISTA, FELIPE, ES LA GENTE; LO ÚNICO QUE OÍS POR AHÍ ES QUE LAS INSTITUCIONES ESTÁN EN CRISIS, LA ECONOMÍA EN CRISIS, LA JUVENTUD EN CRISIS...
1511
LA MORAL EN CRISIS, EL MUNDO EN CRISIS, LA IGLESIA EN CRISIS, LOS VALORES EN CRISIS, LA VIVIENDA EN CRISIS, EL FÚTBOL EN CRISIS, EL CINE EN CRISIS, LA...
...TELEVISIÓN EN CRISIS, LA POLÍTICA EN CRISI LA EDUCACIÓN EN CRI
©QUINO

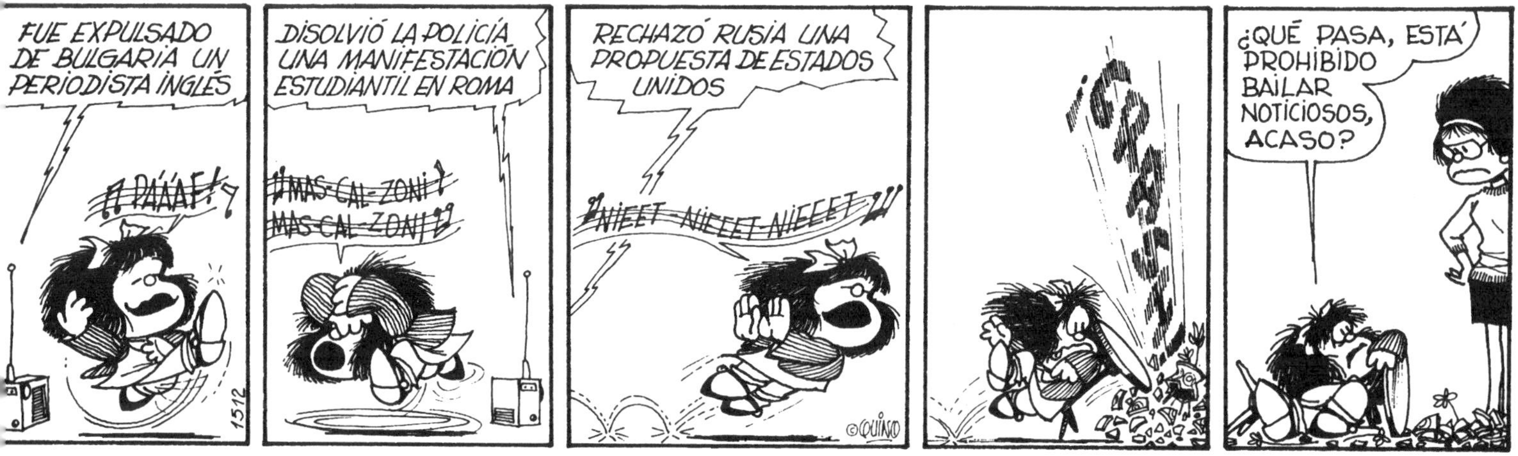
FUE EXPULSADO DE BULGARIA UN PERIODISTA INGLÉS
¡¡PÁÁÁF!!
1512
DISOLVIÓ LA POLICÍA UNA MANIFESTACIÓN ESTUDIANTIL EN ROMA
¡¡MAS-CAL-ZONI!!
¡¡MAS-CAL-ZONI!!
RECHAZÓ RUSIA UNA PROPUESTA DE ESTADOS UNIDOS
¡¡NIEET-NIEEET-NIEEET!!
©QUINO
¡CRASH!
¿QUÉ PASA, ESTÁ PROHIBIDO BAILAR NOTICIOSOS, ACASO?

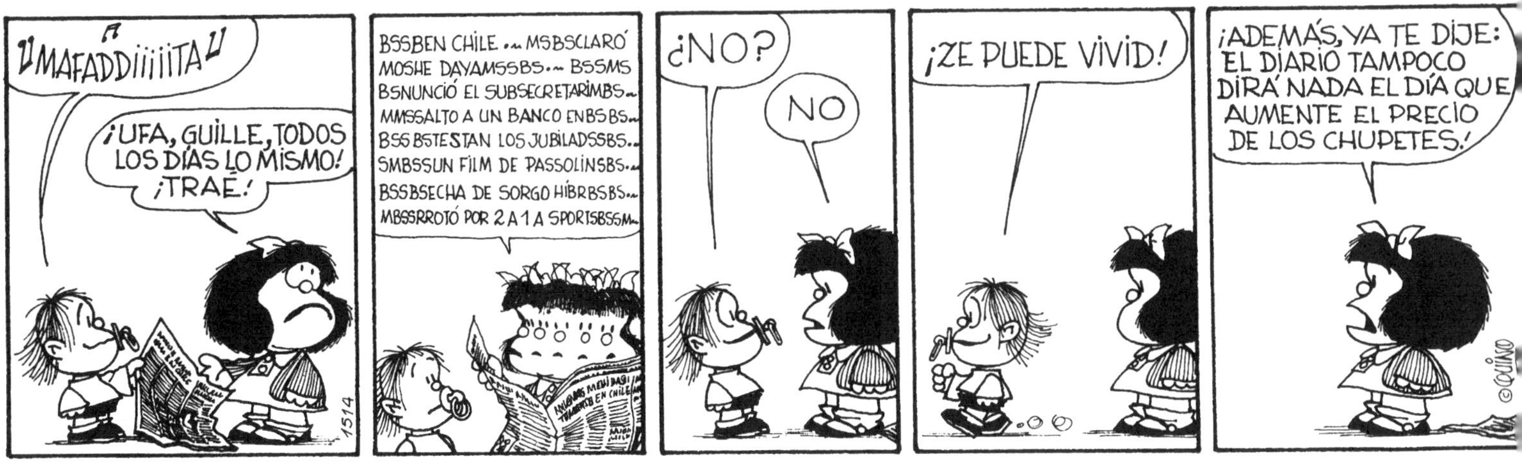
♪MAFADDiiiiiTA♪
¡UFA, GUILLE, TODOS LOS DÍAS LO MISMO! ¡TRAÉ!
BSSBEN CHILE... MSBSCLARÓ MOSHE DAYAMSSBS... BSSMS BSNUNCIÓ EL SUBSECRETARIMBS... MMSSALTO A UN BANCO ENBSBS... BSS BSTESTAN LOS JUBILADSSBS... SMBSSUN FILM DE PASSOLINSBS... BSSBSECHA DE SORGO HÍBRBSBS... MBSSRROTÓ POR 2 A 1 A SPORTISBSSM...
¿NO?
NO
¡ZE PUEDE VIVID!
¡ADEMÁS, YA TE DIJE: EL DIARIO TAMPOCO DIRÁ NADA EL DÍA QUE AUMENTE EL PRECIO DE LOS CHUPETES!
1514

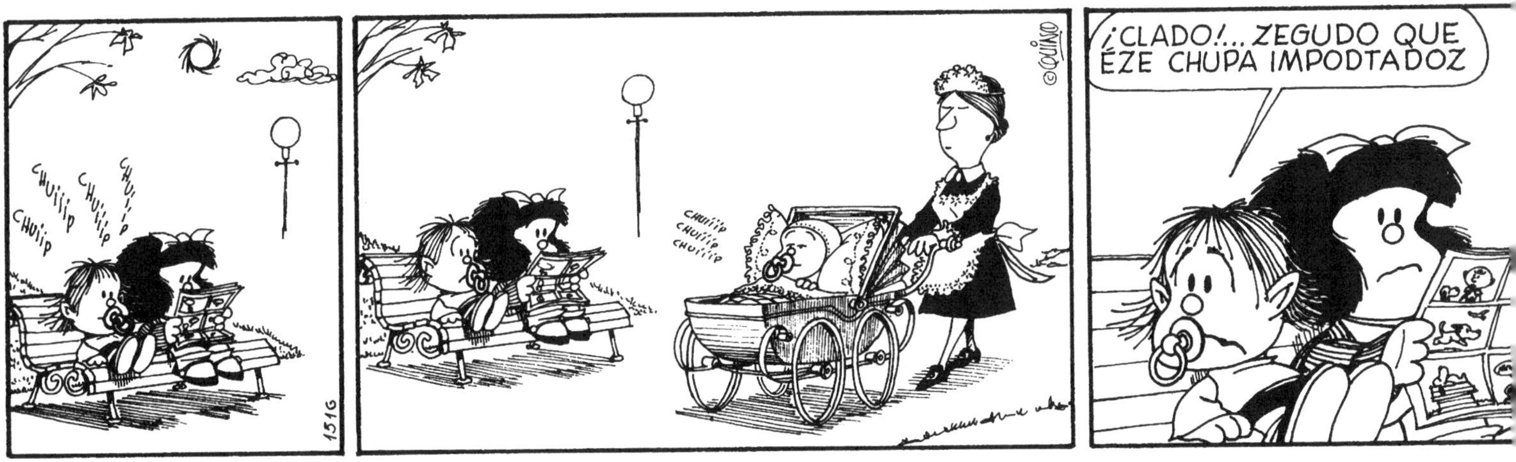
CHUiiip
CHUiiip
CHUiiip
CHUiiip
1516
CHUiiip
CHUiiip
CHUiiip
¡CLADO!... ZEGUDO QUE ÉZE CHUPA IMPODTADOZ

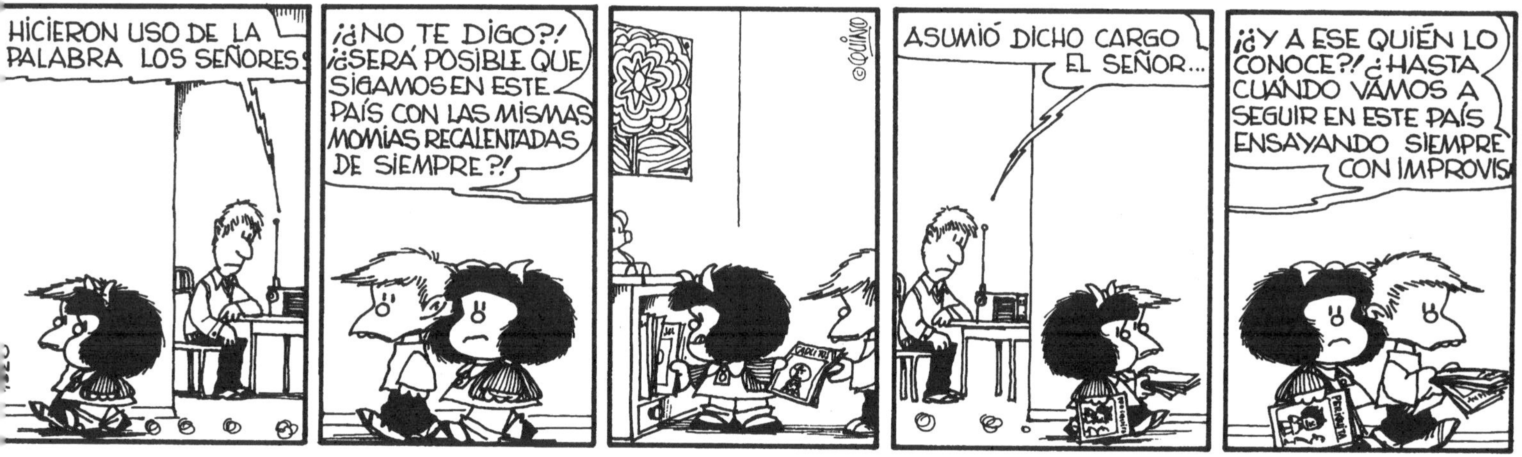
HICIERON USO DE LA PALABRA LOS SEÑORES
¡¿NO TE DIGO?! ¡¿SERÁ POSIBLE QUE SIGAMOS EN ESTE PAÍS CON LAS MISMAS MOMIAS RECALENTADAS DE SIEMPRE?!
©QUINO
ASUMIÓ DICHO CARGO EL SEÑOR...
¡¿Y A ESE QUIÉN LO CONOCE?! ¿HASTA CUÁNDO VAMOS A SEGUIR EN ESTE PAÍS ENSAYANDO SIEMPRE CON IMPROVIS

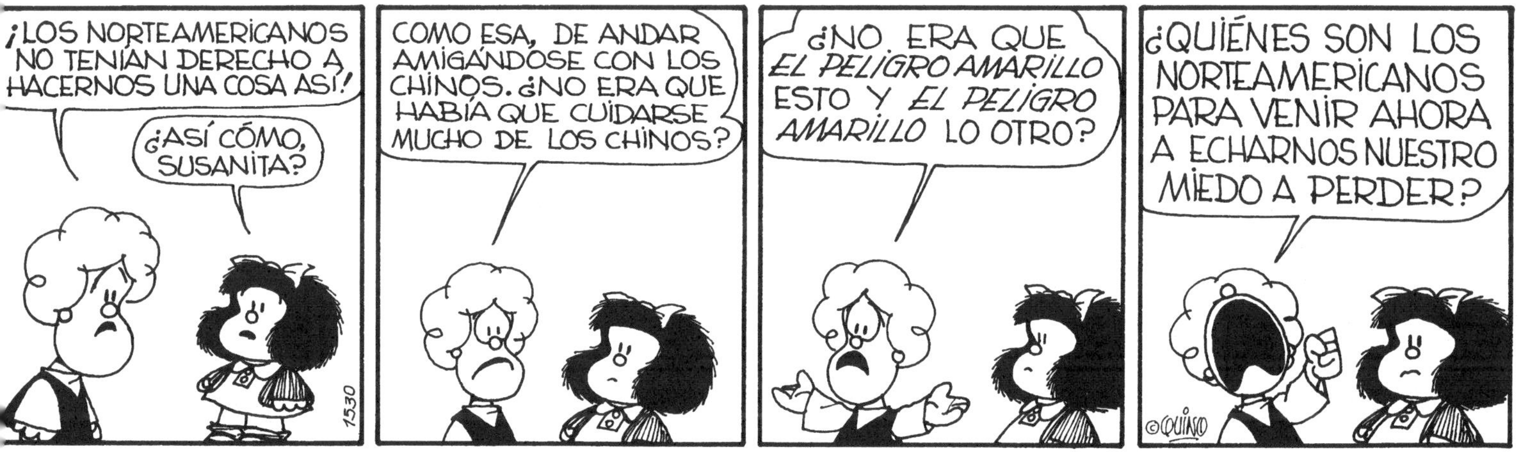
¡LOS NORTEAMERICANOS NO TENÍAN DERECHO A HACERNOS UNA COSA ASÍ!
¿ASÍ CÓMO, SUSANITA?
1530
COMO ESA, DE ANDAR AMIGÁNDOSE CON LOS CHINOS. ¿NO ERA QUE HABÍA QUE CUIDARSE MUCHO DE LOS CHINOS?
¿NO ERA QUE *EL PELIGRO AMARILLO* ESTO Y *EL PELIGRO AMARILLO* LO OTRO?
¿QUIÉNES SON LOS NORTEAMERICANOS PARA VENIR AHORA A ECHARNOS NUESTRO MIEDO A PERDER?
©QUINO

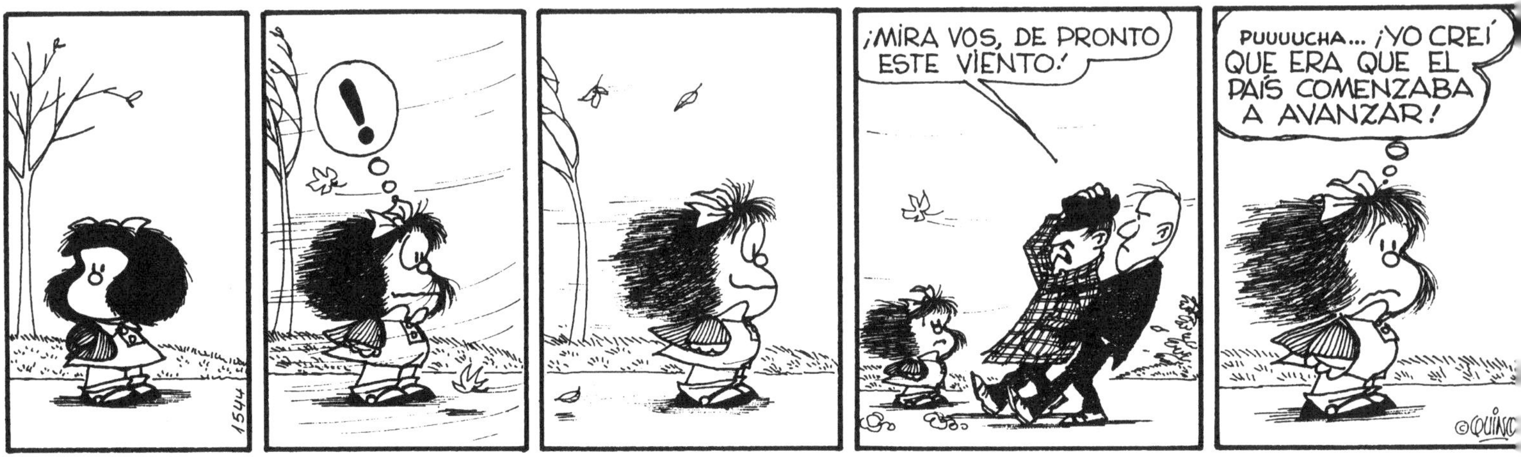
1544
!
¡MIRA VOS, DE PRONTO ESTE VIENTO!
PUUUUCHA... ¡YO CREÍ QUE ERA QUE EL PAÍS COMENZABA A AVANZAR!
©QUINO

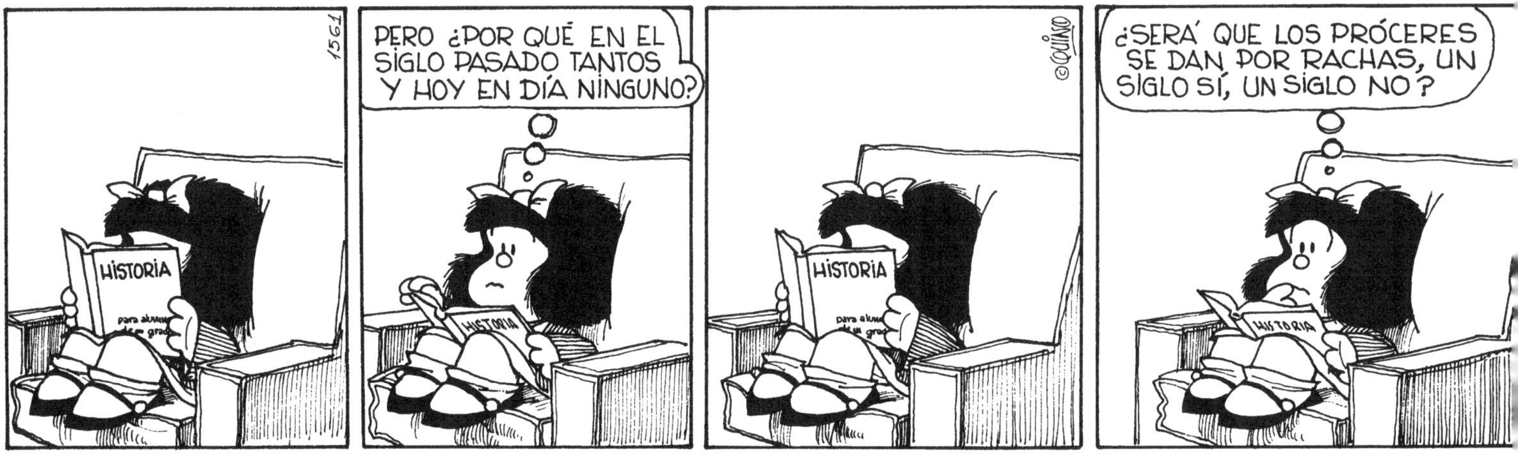
1561
HISTORIA
PERO ¿POR QUÉ EN EL SIGLO PASADO TANTOS Y HOY EN DÍA NINGUNO?
HISTORIA
©QUINO
HISTORIA
¿SERÁ QUE LOS PRÓCERES SE DAN POR RACHAS, UN SIGLO SÍ, UN SIGLO NO?
HISTORIA

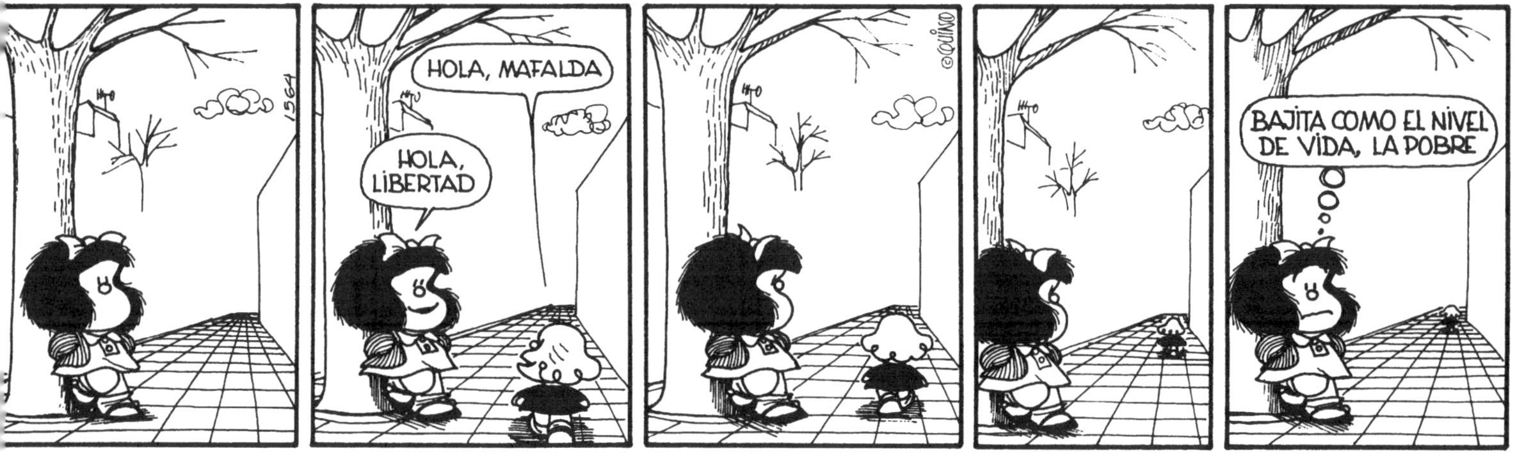
1564
HOLA, MAFALDA
HOLA, LIBERTAD
©QUINO
BAJITA COMO EL NIVEL DE VIDA, LA POBRE

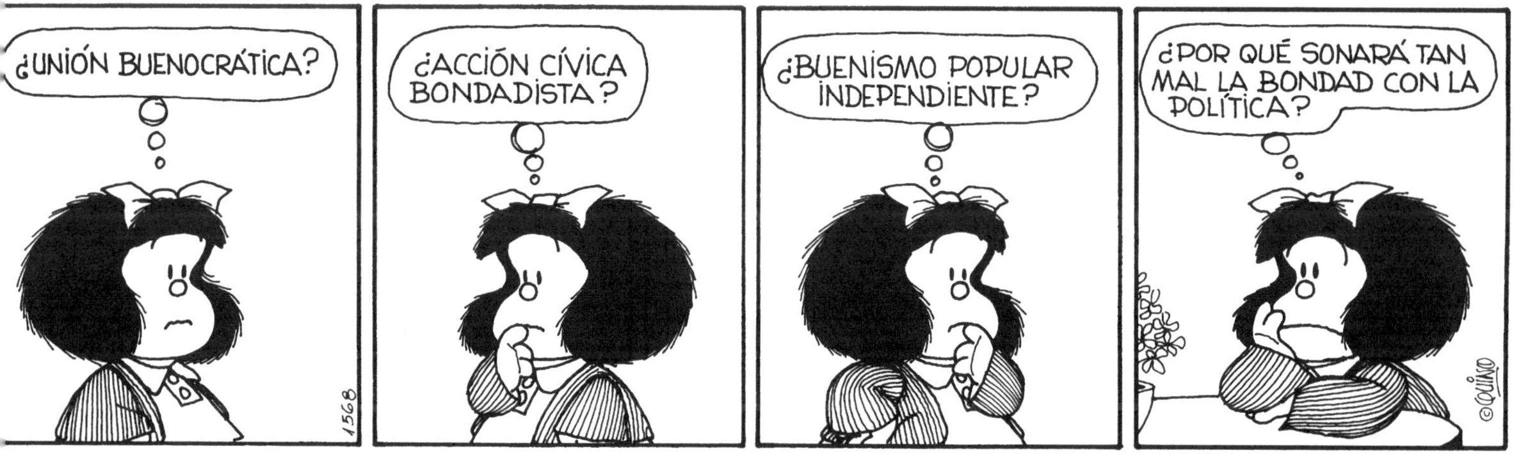
¿UNIÓN BUENOCRÁTICA?
1568
¿ACCIÓN CÍVICA BONDADISTA?
¿BUENISMO POPULAR INDEPENDIENTE?
¿POR QUÉ SONARÁ TAN MAL LA BONDAD CON LA POLÍTICA?
©QUINO

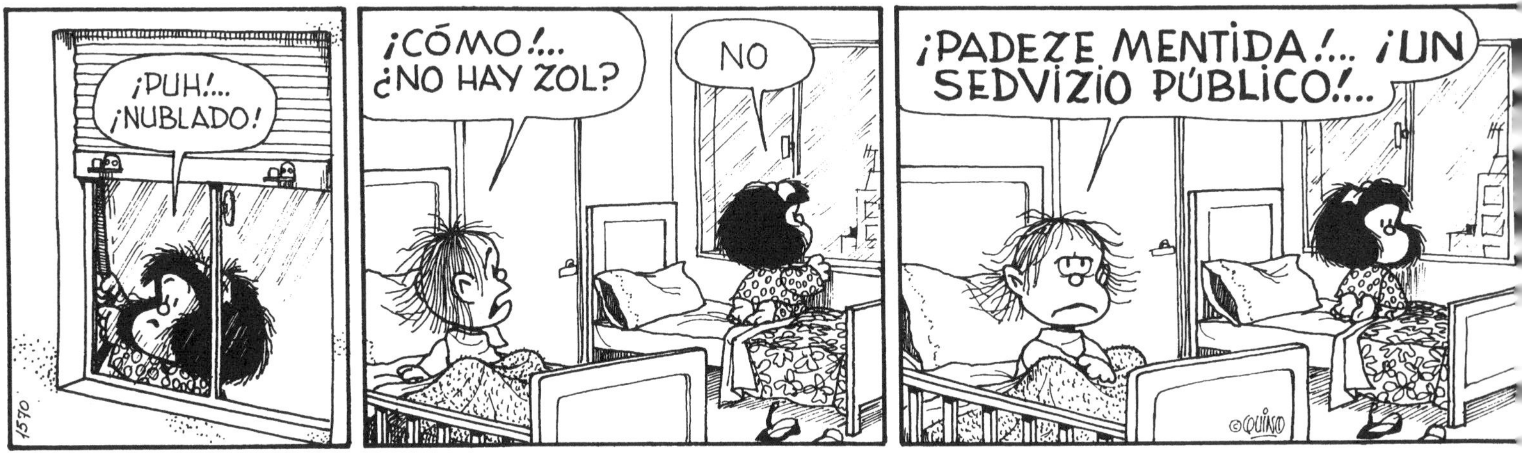
¡PUH!... ¡NUBLADO!
1570
¿CÓMO!... ¿NO HAY ZOL?
NO
¡PADEZE MENTIDA!... ¡UN SEDVIZIO PÚBLICO!...
©QUINO

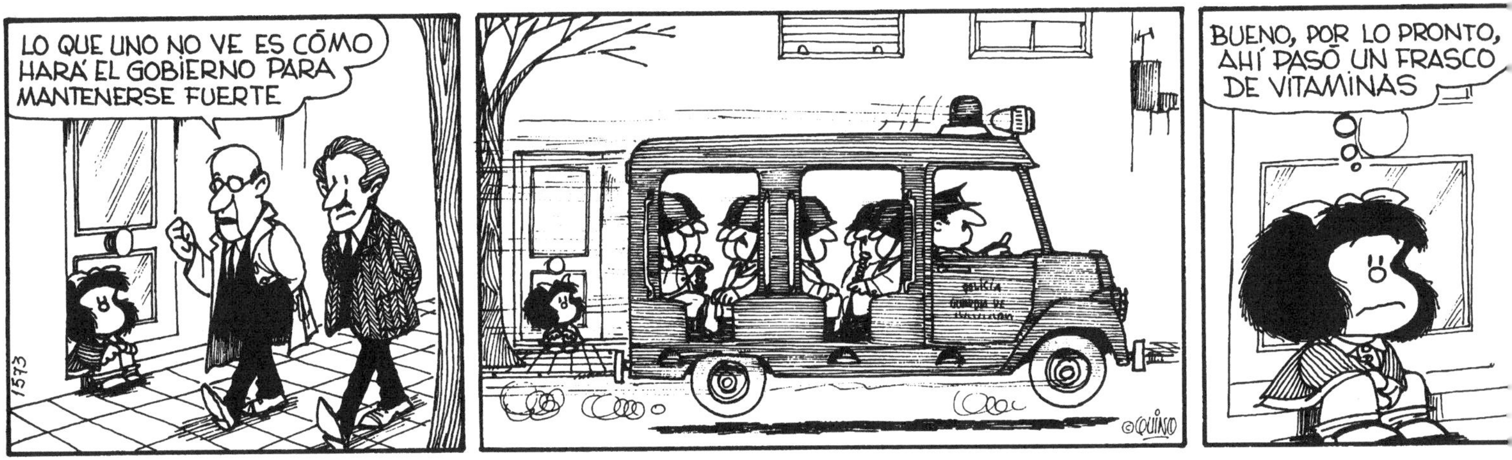
LO QUE UNO NO VE ES CÓMO HARÁ EL GOBIERNO PARA MANTENERSE FUERTE
1573
©QUINO
BUENO, POR LO PRONTO, AHÍ PASÓ UN FRASCO DE VITAMINAS

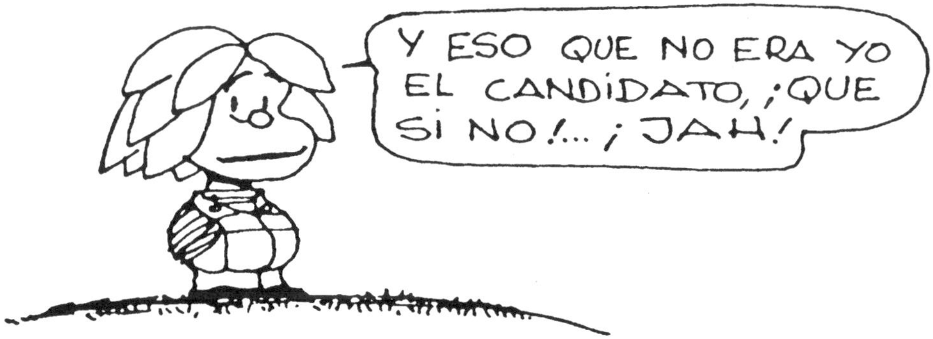
Y ESO QUE NO ERA YO EL CANDIDATO, ¡QUE SI NO!... ¡JAH!

PERO ES BUENA, LA IDEA, ¿NO? ¿NO TE GUSTA? ¿EHÉ? "FRENTE HIJOCRÁTICO-MATERNALISTA". ¡SUENA BIEN!, ¿EH?, ¿NO?
TOILETTES

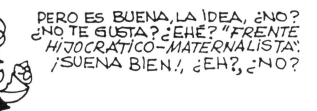

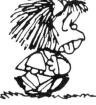

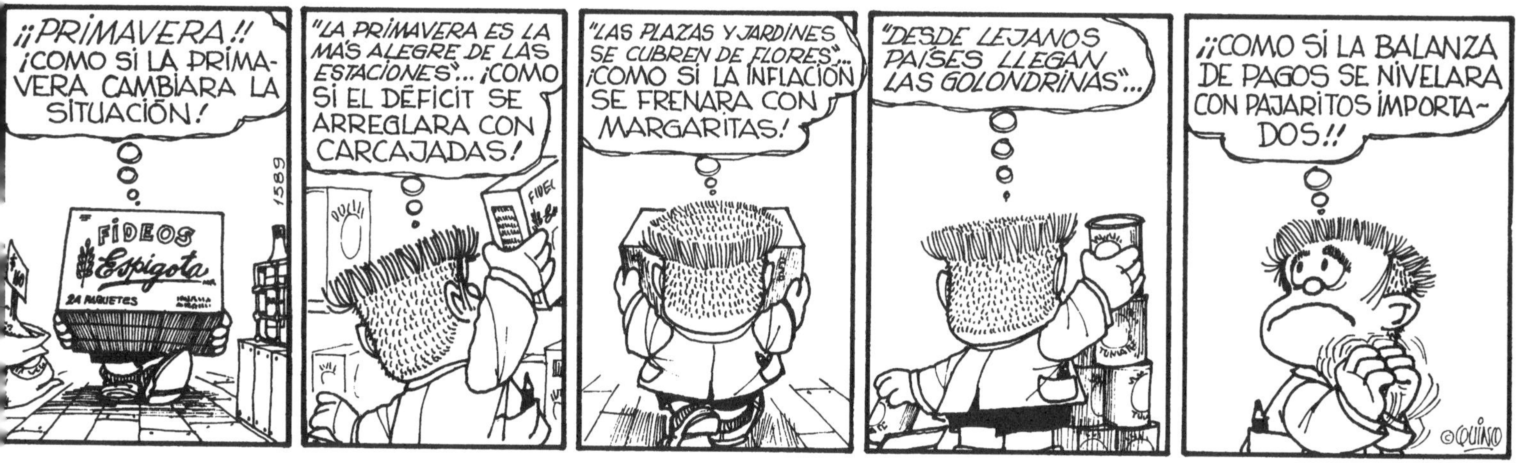
¡¡PRIMAVERA!! ¡COMO SI LA PRIMAVERA CAMBIARA LA SITUACIÓN!
1589
FIDEOS Espigota
24 PAQUETES
"LA PRIMAVERA ES LA MÁS ALEGRE DE LAS ESTACIONES"... ¡COMO SI EL DÉFICIT SE ARREGLARA CON CARCAJADAS!
"LAS PLAZAS Y JARDINES SE CUBREN DE FLORES"... ¡COMO SI LA INFLACIÓN SE FRENARA CON MARGARITAS!
"DESDE LEJANOS PAÍSES LLEGAN LAS GOLONDRINAS"...
¡¡COMO SI LA BALANZA DE PAGOS SE NIVELARA CON PAJARITOS IMPORTADOS!!
©QUINO

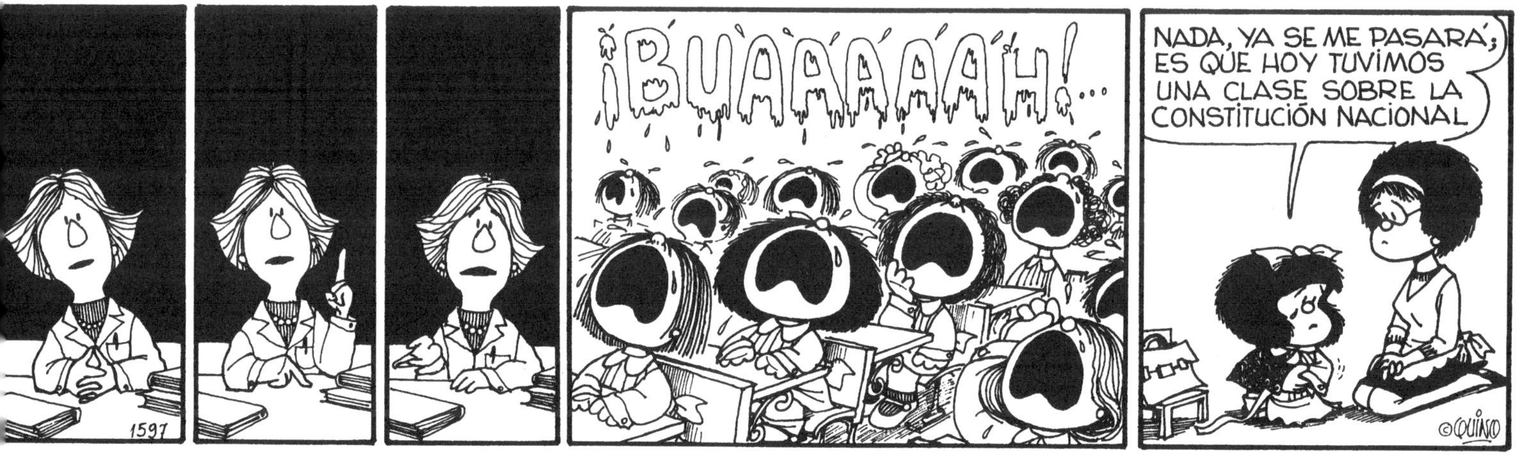
1597
¡BUAAAAAH!...
NADA, YA SE ME PASARÁ; ES QUE HOY TUVIMOS UNA CLASE SOBRE LA CONSTITUCIÓN NACIONAL
©QUINO

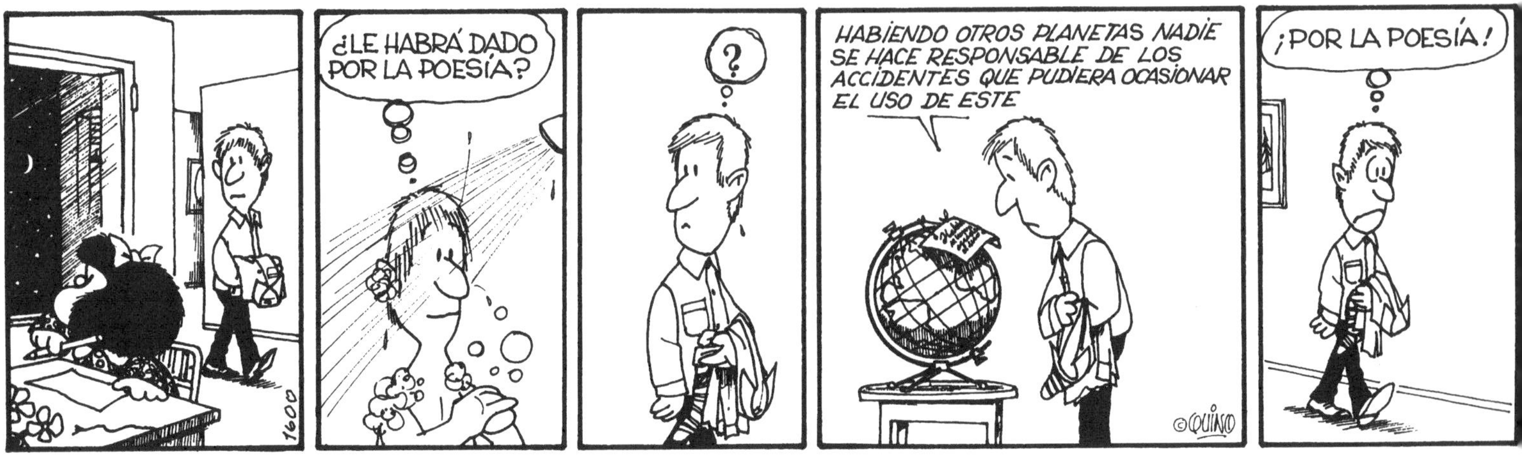
1600
¿LE HABRÁ DADO POR LA POESÍA?
?
HABIENDO OTROS PLANETAS NADIE SE HACE RESPONSABLE DE LOS ACCIDENTES QUE PUDIERA OCASIONAR EL USO DE ESTE
©QUINO
¡POR LA POESÍA!

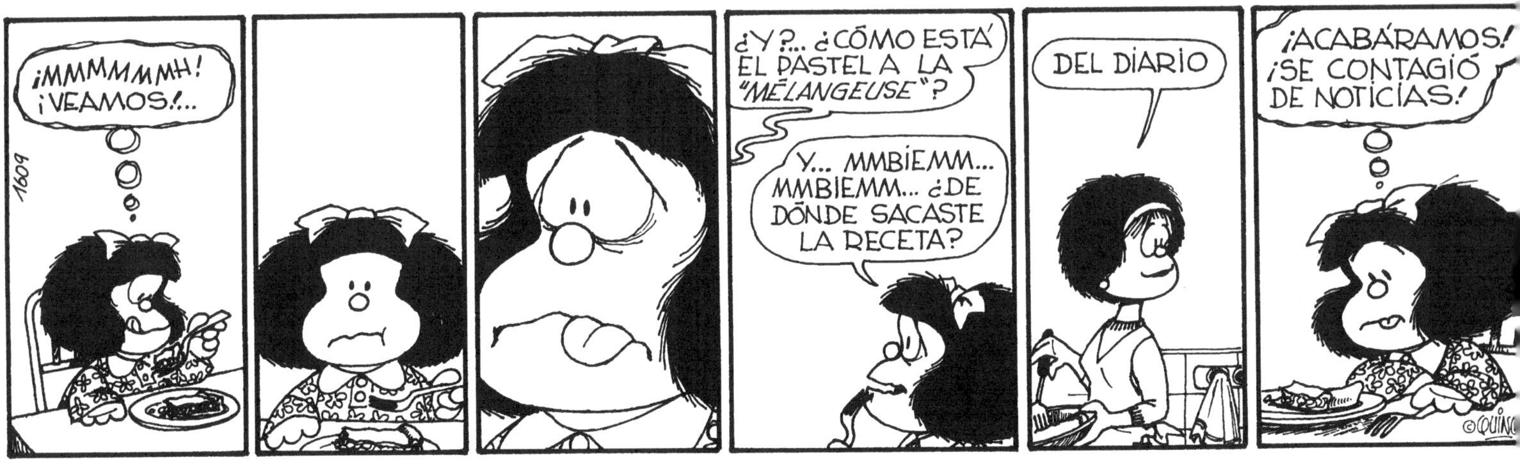
1609
¡MMMMMMH! ¡VEAMOS!...
¿Y?... ¿CÓMO ESTÁ EL PASTEL A LA "MÉLANGEUSE"?
Y... MMBIEMM... MMBIEMM... ¿DE DÓNDE SACASTE LA RECETA?
DEL DIARIO
¡ACABÁRAMOS! ¡SE CONTAGIÓ DE NOTICIAS!
©QUINO

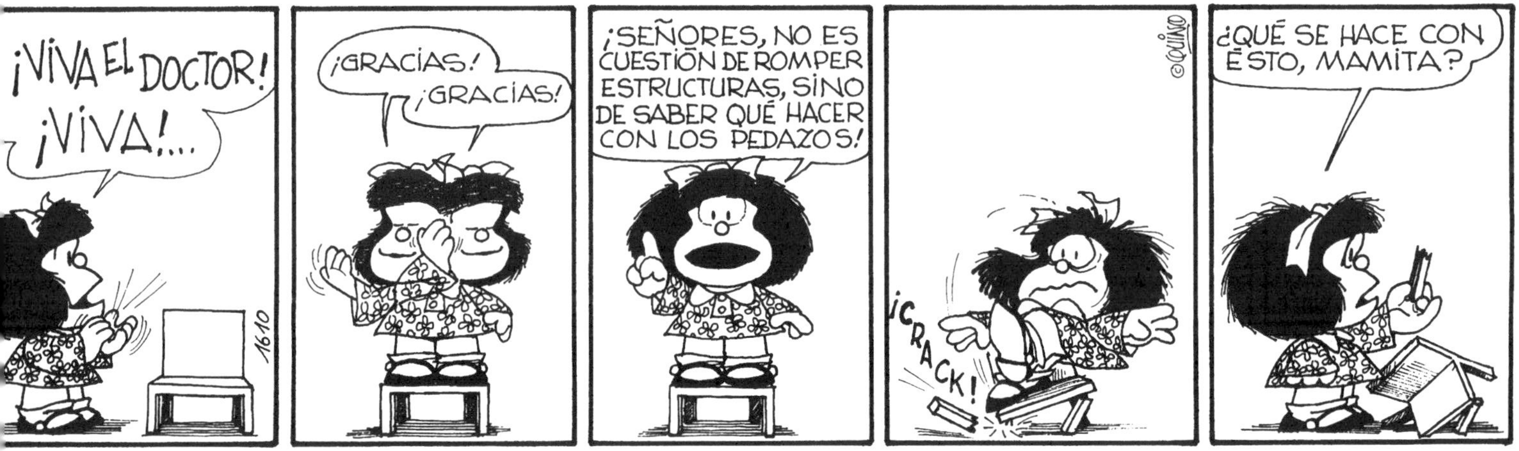
¡VIVA EL DOCTOR! ¡VIVA!...
¡GRACIAS!
¡GRACIAS!
¡SEÑORES, NO ES CUESTIÓN DE ROMPER ESTRUCTURAS, SINO DE SABER QUÉ HACER CON LOS PEDAZOS!
¡CRACK!
¿QUÉ SE HACE CON ÉSTO, MAMITA?

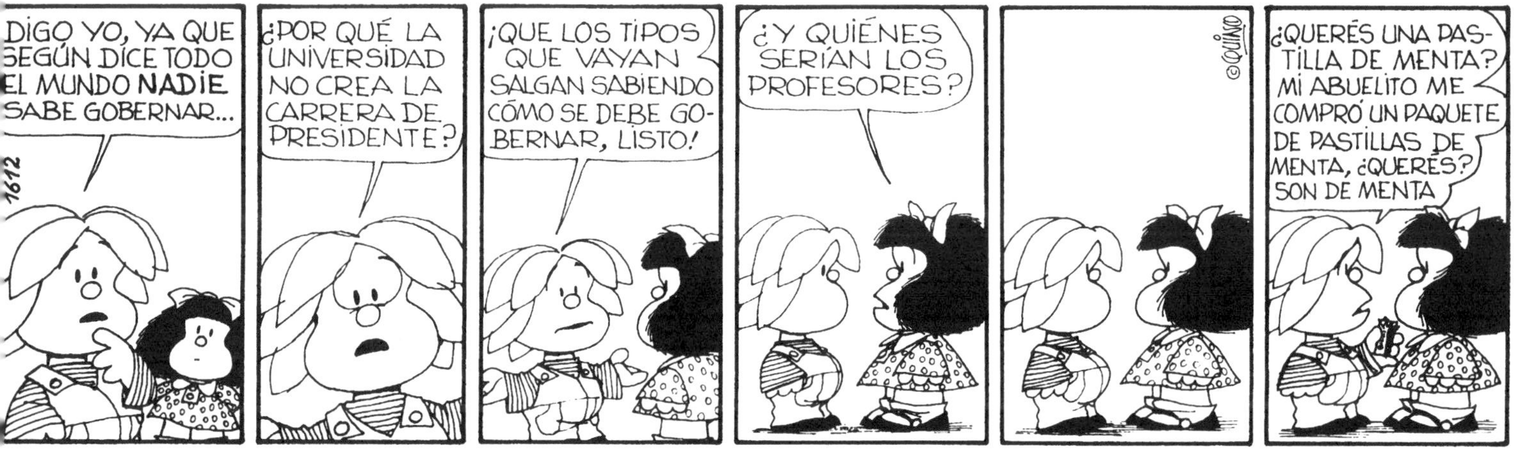
DIGO YO, YA QUE SEGÚN DICE TODO EL MUNDO NADIE SABE GOBERNAR...
¿POR QUÉ LA UNIVERSIDAD NO CREA LA CARRERA DE PRESIDENTE?
¡QUE LOS TIPOS QUE VAYAN SALGAN SABIENDO CÓMO SE DEBE GOBERNAR, LISTO!
¿Y QUIÉNES SERÍAN LOS PROFESORES?
¿QUERÉS UNA PASTILLA DE MENTA? MI ABUELITO ME COMPRÓ UN PAQUETE DE PASTILLAS DE MENTA, ¿QUERÉS? SON DE MENTA

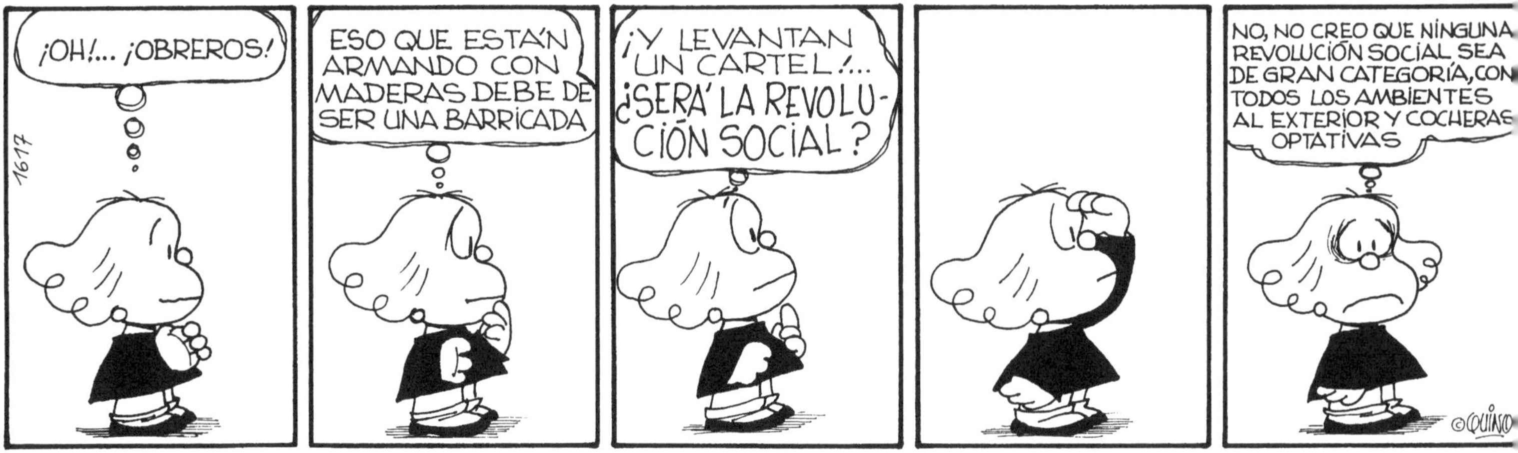
1617
¡OH!... ¡OBREROS!
ESO QUE ESTÁN ARMANDO CON MADERAS DEBE DE SER UNA BARRICADA
¡Y LEVANTAN UN CARTEL!... ¿SERÁ LA REVOLUCIÓN SOCIAL?
NO, NO CREO QUE NINGUNA REVOLUCIÓN SOCIAL SEA DE GRAN CATEGORÍA, CON TODOS LOS AMBIENTES AL EXTERIOR Y COCHERAS OPTATIVAS
©QUINO

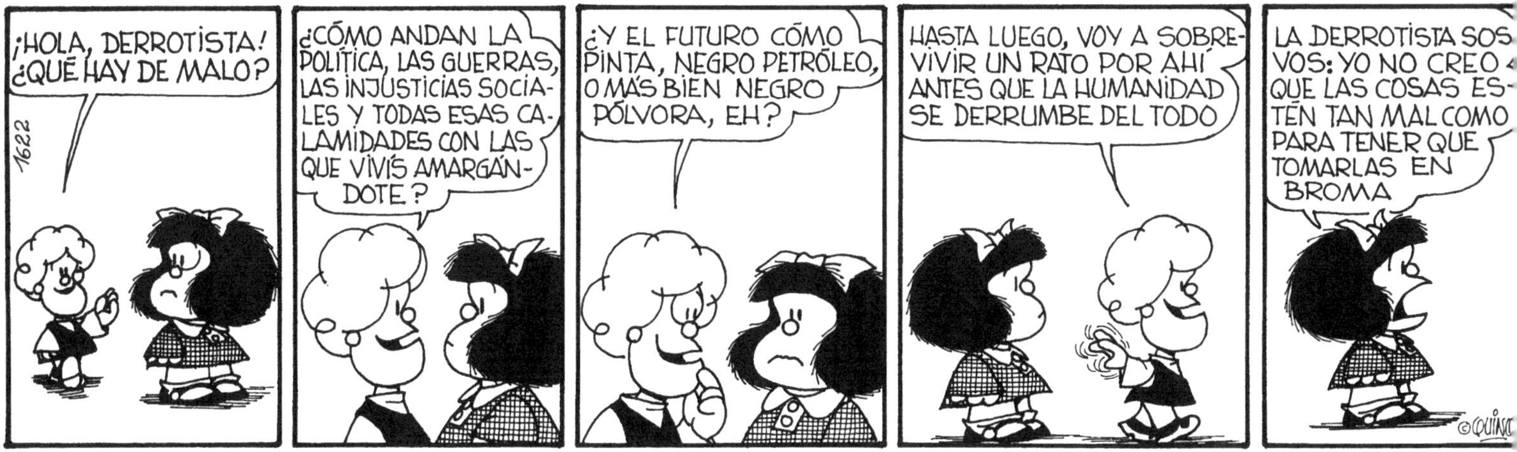
1622
¡HOLA, DERROTISTA! ¿QUÉ HAY DE MALO?
¿CÓMO ANDAN LA POLÍTICA, LAS GUERRAS, LAS INJUSTICIAS SOCIALES Y TODAS ESAS CALAMIDADES CON LAS QUE VIVÍS AMARGÁNDOTE?
¿Y EL FUTURO CÓMO PINTA, NEGRO PETRÓLEO, O MÁS BIEN NEGRO PÓLVORA, EH?
HASTA LUEGO, VOY A SOBREVIVIR UN RATO POR AHÍ ANTES QUE LA HUMANIDAD SE DERRUMBE DEL TODO
LA DERROTISTA SOS VOS: YO NO CREO QUE LAS COSAS ESTÉN TAN MAL COMO PARA TENER QUE TOMARLAS EN BROMA
©QUINO

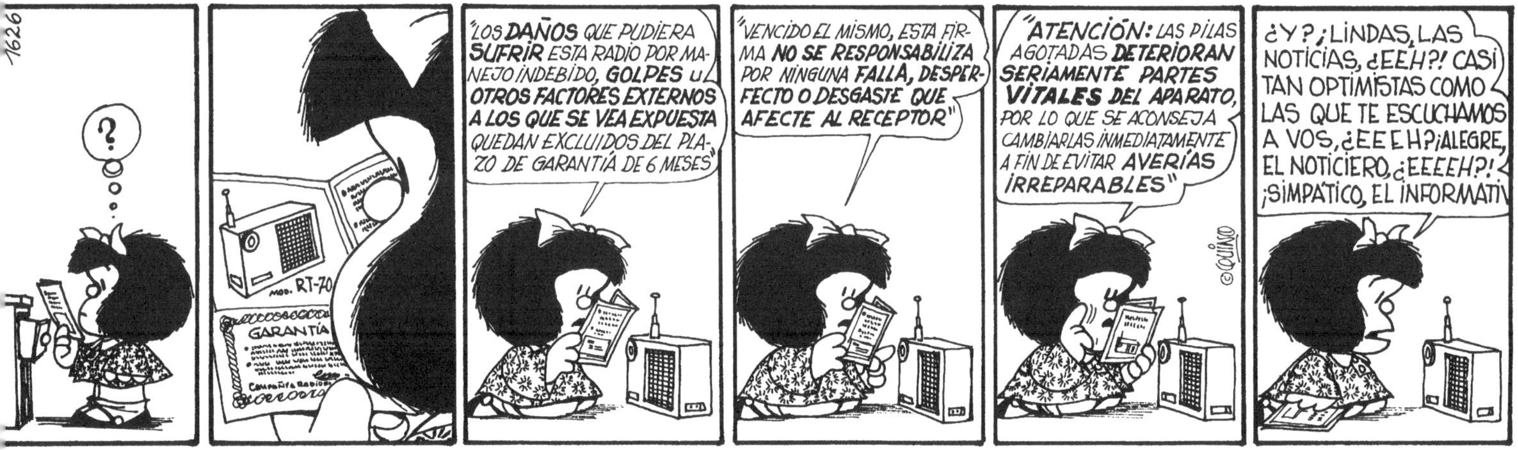
1626
"LOS DAÑOS QUE PUDIERA SUFRIR ESTA RADIO POR MANEJO INDEBIDO, GOLPES U OTROS FACTORES EXTERNOS A LOS QUE SE VEA EXPUESTA QUEDAN EXCLUIDOS DEL PLAZO DE GARANTÍA DE 6 MESES"
"VENCIDO EL MISMO, ESTA FIRMA NO SE RESPONSABILIZA POR NINGUNA FALLA, DESPERFECTO O DESGASTE QUE AFECTE AL RECEPTOR"
"ATENCIÓN: LAS PILAS AGOTADAS DETERIORAN SERIAMENTE PARTES VITALES DEL APARATO, POR LO QUE SE ACONSEJA CAMBIARLAS INMEDIATAMENTE A FIN DE EVITAR AVERÍAS IRREPARABLES"
¿Y? ¡LINDAS, LAS NOTICIAS, ¿EEH?! CASI TAN OPTIMISTAS COMO LAS QUE TE ESCUCHAMOS A VOS, ¿EEEH? ¡ALEGRE, EL NOTICIERO, ¿EEEEH?! ¡SIMPÁTICO, EL INFORMATIV
GARANTÍA
MOD. RT-70
©QUINO

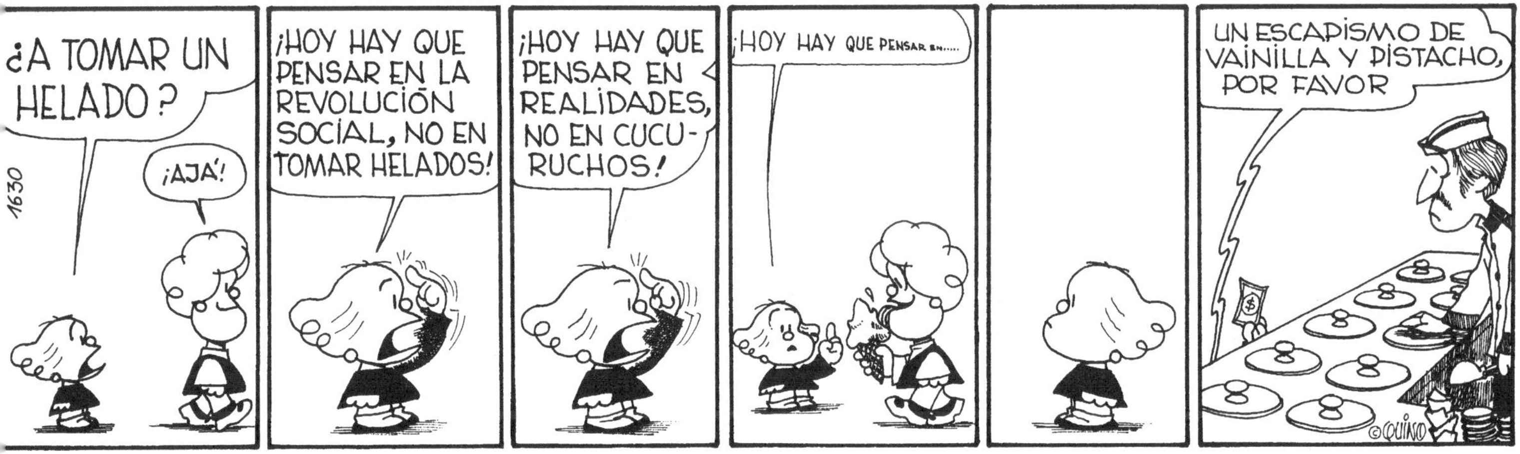
1630
¿A TOMAR UN HELADO?
¡AJÁ!
¡HOY HAY QUE PENSAR EN LA REVOLUCIÓN SOCIAL, NO EN TOMAR HELADOS!
¡HOY HAY QUE PENSAR EN REALIDADES, NO EN CUCURUCHOS!
¡HOY HAY QUE PENSAR EN.....
UN ESCAPISMO DE VAINILLA Y PISTACHO, POR FAVOR
©QUINO

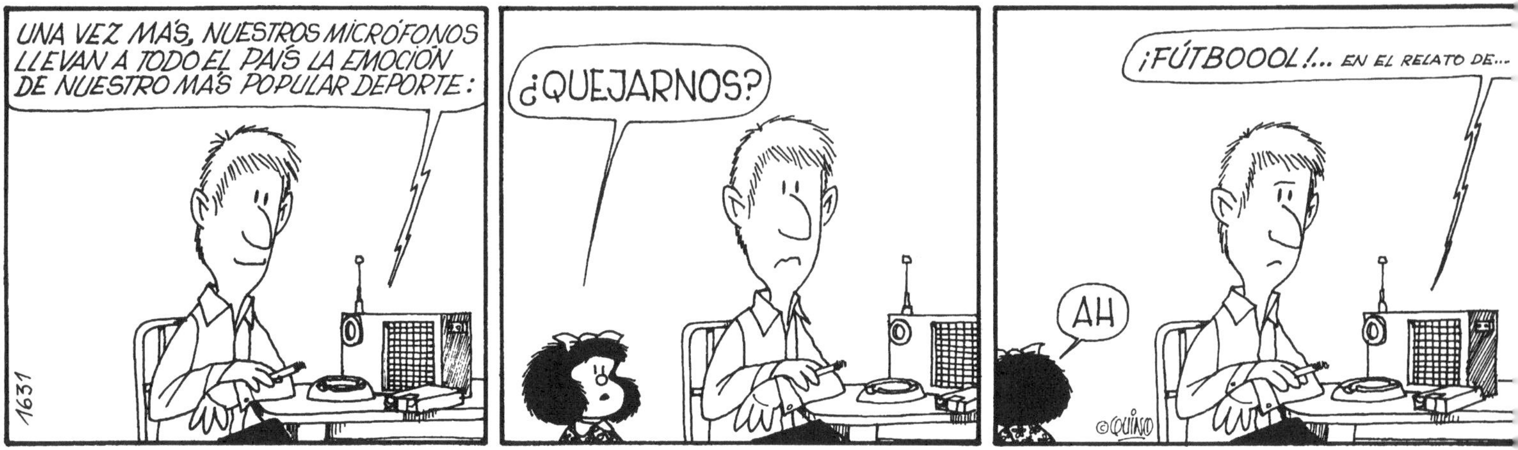
UNA VEZ MÁS, NUESTROS MICRÓFONOS LLEVAN A TODO EL PAÍS LA EMOCIÓN DE NUESTRO MÁS POPULAR DEPORTE:
1631
¿QUEJARNOS?
¡FÚTBOOOL!... EN EL RELATO DE...
AH
©QUINO

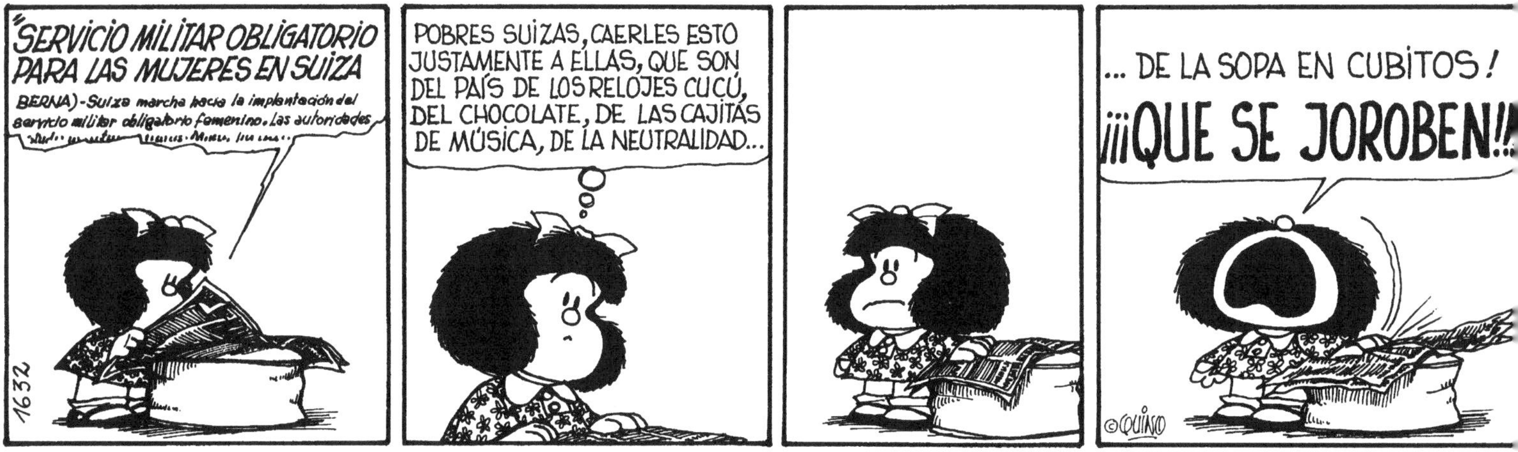
"SERVICIO MILITAR OBLIGATORIO PARA LAS MUJERES EN SUIZA
BERNA)-Suiza marcha hacia la implantación del servicio militar obligatorio femenino. Las autoridades
1632
POBRES SUIZAS, CAERLES ESTO JUSTAMENTE A ELLAS, QUE SON DEL PAÍS DE LOS RELOJES CUCÚ, DEL CHOCOLATE, DE LAS CAJITAS DE MÚSICA, DE LA NEUTRALIDAD...
... DE LA SOPA EN CUBITOS!
¡¡¡QUE SE JOROBEN!!!
©QUINO

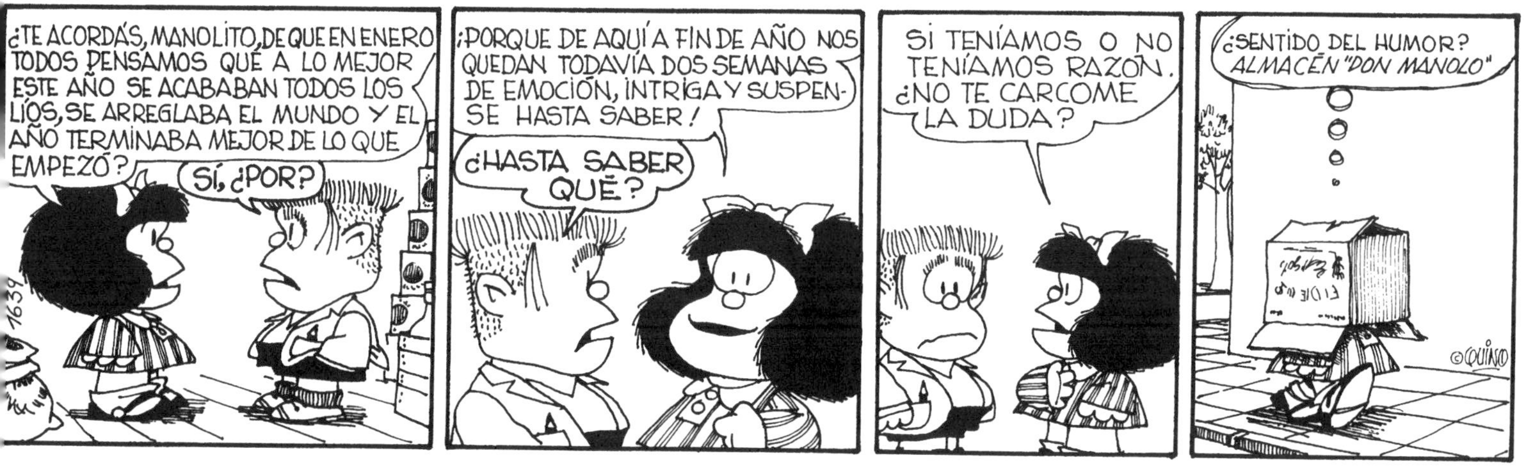
1639
¿TE ACORDÁS, MANOLITO, DE QUE EN ENERO TODOS PENSAMOS QUE A LO MEJOR ESTE AÑO SE ACABABAN TODOS LOS LÍOS, SE ARREGLABA EL MUNDO Y EL AÑO TERMINABA MEJOR DE LO QUE EMPEZÓ?
SÍ, ¿POR?
¡PORQUE DE AQUÍ A FIN DE AÑO NOS QUEDAN TODAVÍA DOS SEMANAS DE EMOCIÓN, INTRIGA Y SUSPENSE HASTA SABER!
¿HASTA SABER QUÉ?
SI TENÍAMOS O NO TENÍAMOS RAZÓN. ¿NO TE CARCOME LA DUDA?
¿SENTIDO DEL HUMOR? ALMACÉN "DON MANOLO"
©QUINO

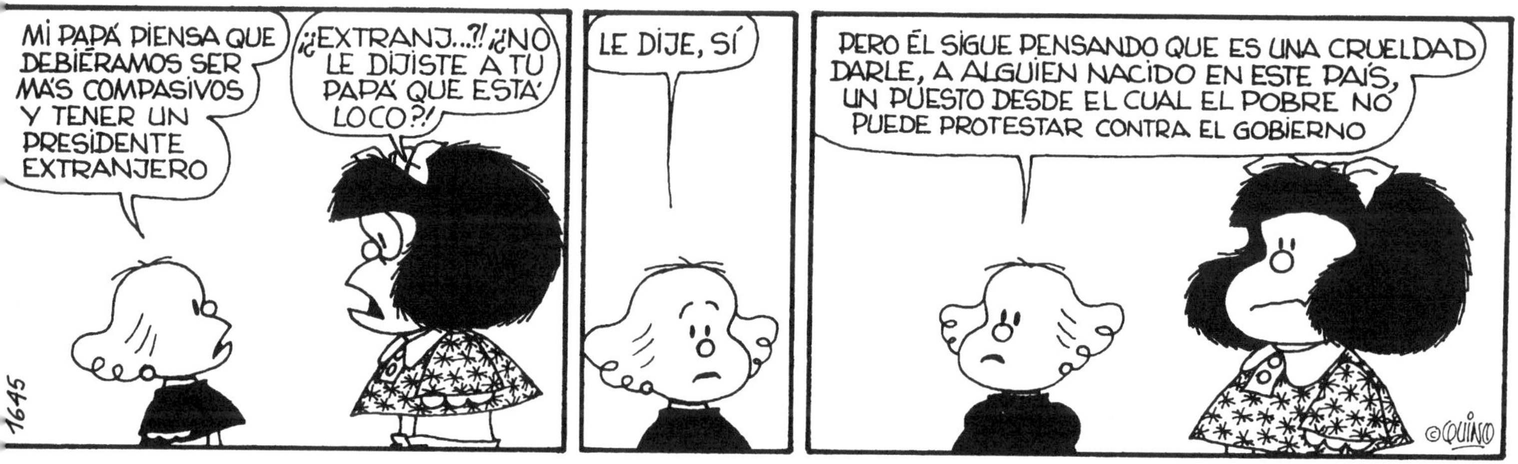
1645
MI PAPÁ PIENSA QUE DEBIÉRAMOS SER MÁS COMPASIVOS Y TENER UN PRESIDENTE EXTRANJERO
¿¡EXTRANJ...?! ¡¿NO LE DIJISTE A TU PAPÁ QUE ESTÁ LOCO?!
LE DIJE, SÍ
PERO ÉL SIGUE PENSANDO QUE ES UNA CRUELDAD DARLE, A ALGUIEN NACIDO EN ESTE PAÍS, UN PUESTO DESDE EL CUAL EL POBRE NO PUEDE PROTESTAR CONTRA EL GOBIERNO
©QUINO

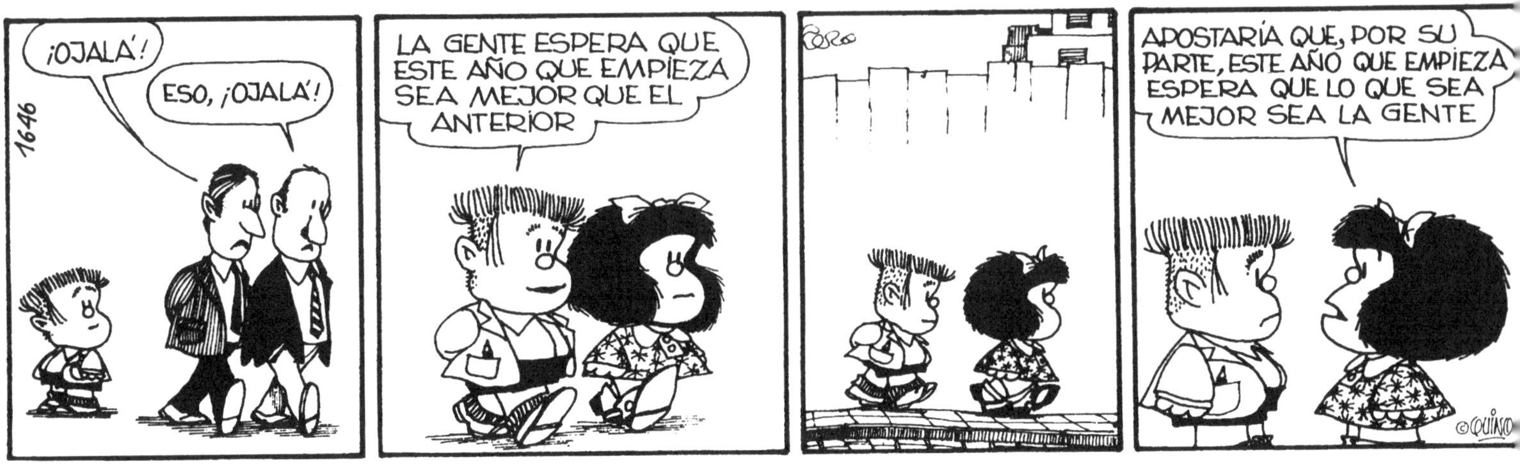
1646
¡OJALÁ!
ESO, ¡OJALÁ!
LA GENTE ESPERA QUE ESTE AÑO QUE EMPIEZA SEA MEJOR QUE EL ANTERIOR
APOSTARÍA QUE, POR SU PARTE, ESTE AÑO QUE EMPIEZA ESPERA QUE LO QUE SEA MEJOR SEA LA GENTE
©QUINO

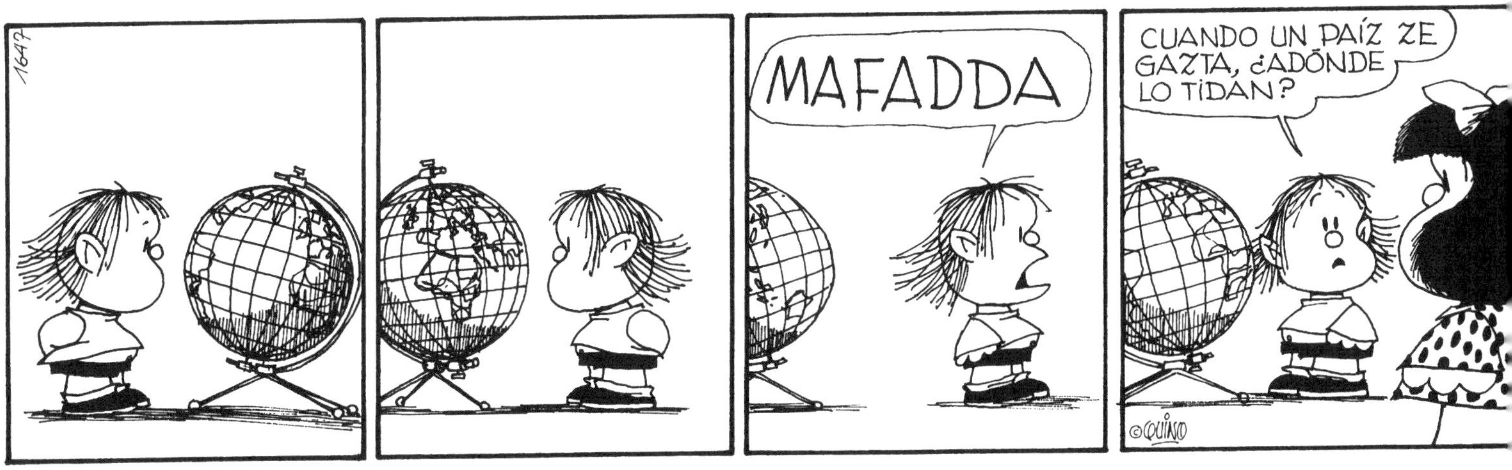
1647
MAFADDA
CUANDO UN PAÍZ ZE GAZTA, ¿ADÓNDE LO TIDAN?
©QUINO

¿POR QUÉ COMPLICARSE LA VIDA CON LOS PROBLEMAS DEL PAÍS CUANDO LA SOLUCIÓN MÁS SIMPLE ES SOLUCIONARLOS?

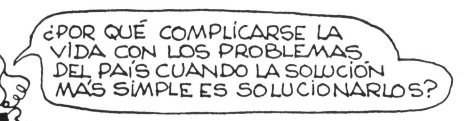

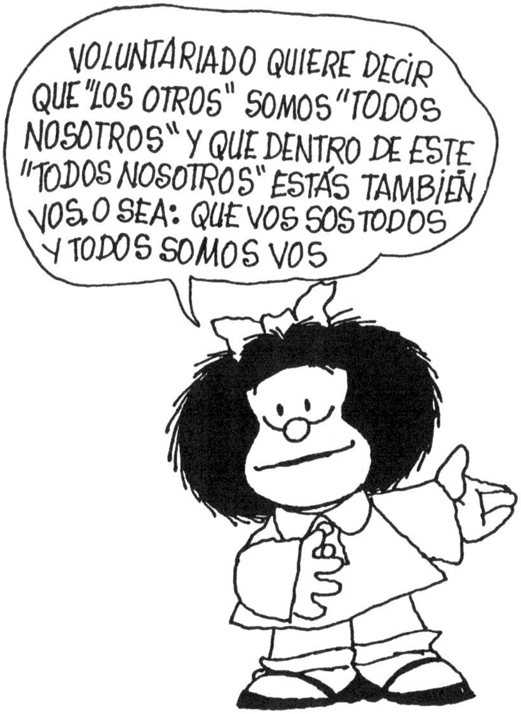
VOLUNTARIADO QUIERE DECIR QUE "LOS OTROS" SOMOS "TODOS NOSOTROS" Y QUE DENTRO DE ESTE "TODOS NOSOTROS" ESTÁS TAMBIÉN VOS. O SEA: QUE VOS SOS TODOS Y TODOS SOMOS VOS

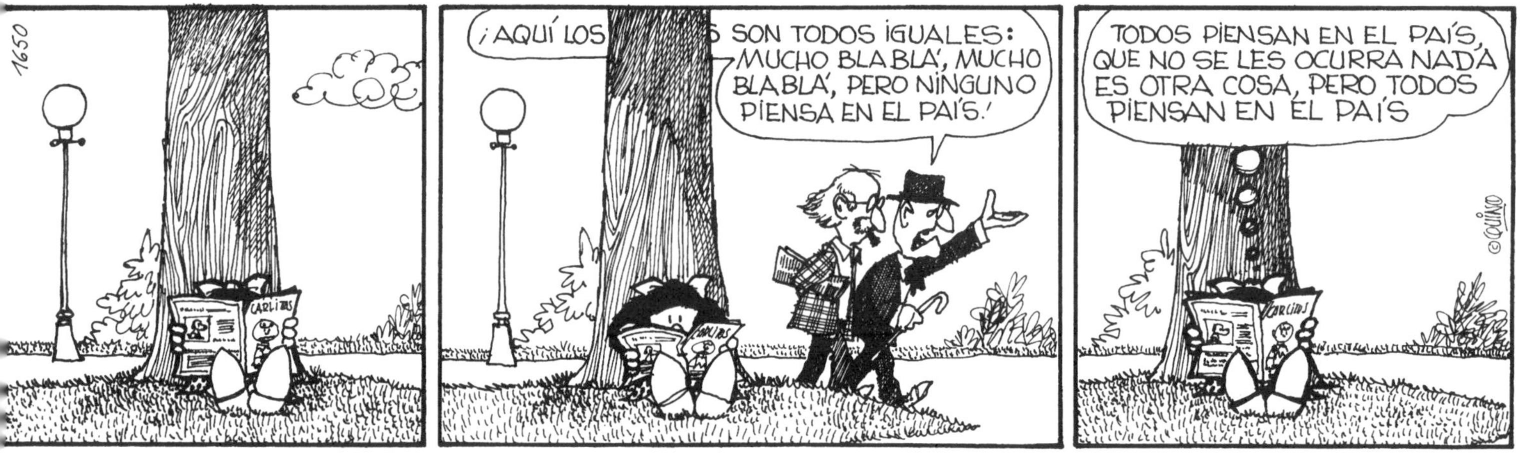
1650
¡AQUÍ LOS S SON TODOS IGUALES: MUCHO BLABLÁ, MUCHO BLABLÁ, PERO NINGUNO PIENSA EN EL PAÍS!
CARLITOS
TODOS PIENSAN EN EL PAÍS, QUE NO SE LES OCURRA NADA ES OTRA COSA, PERO TODOS PIENSAN EN EL PAÍS
©QUINO

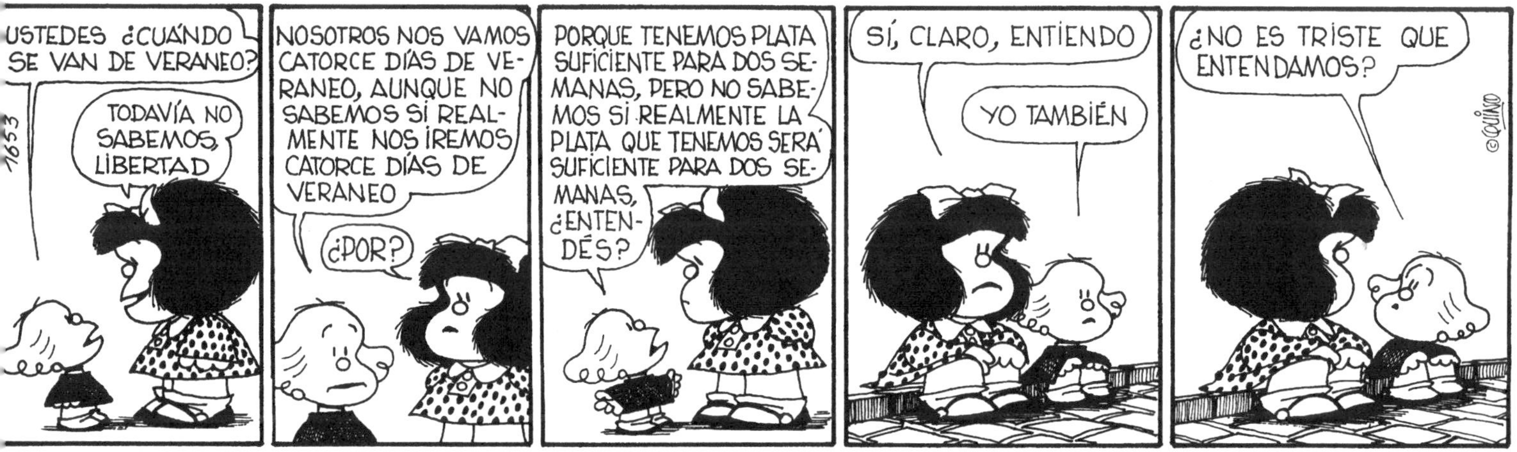
1653
USTEDES ¿CUÁNDO SE VAN DE VERANEO?
TODAVÍA NO SABEMOS, LIBERTAD
NOSOTROS NOS VAMOS CATORCE DÍAS DE VERANEO, AUNQUE NO SABEMOS SI REALMENTE NOS IREMOS CATORCE DÍAS DE VERANEO
¿POR?
PORQUE TENEMOS PLATA SUFICIENTE PARA DOS SEMANAS, PERO NO SABEMOS SI REALMENTE LA PLATA QUE TENEMOS SERÁ SUFICIENTE PARA DOS SEMANAS, ¿ENTENDÉS?
SÍ, CLARO, ENTIENDO
YO TAMBIÉN
¿NO ES TRISTE QUE ENTENDAMOS?
©QUINO

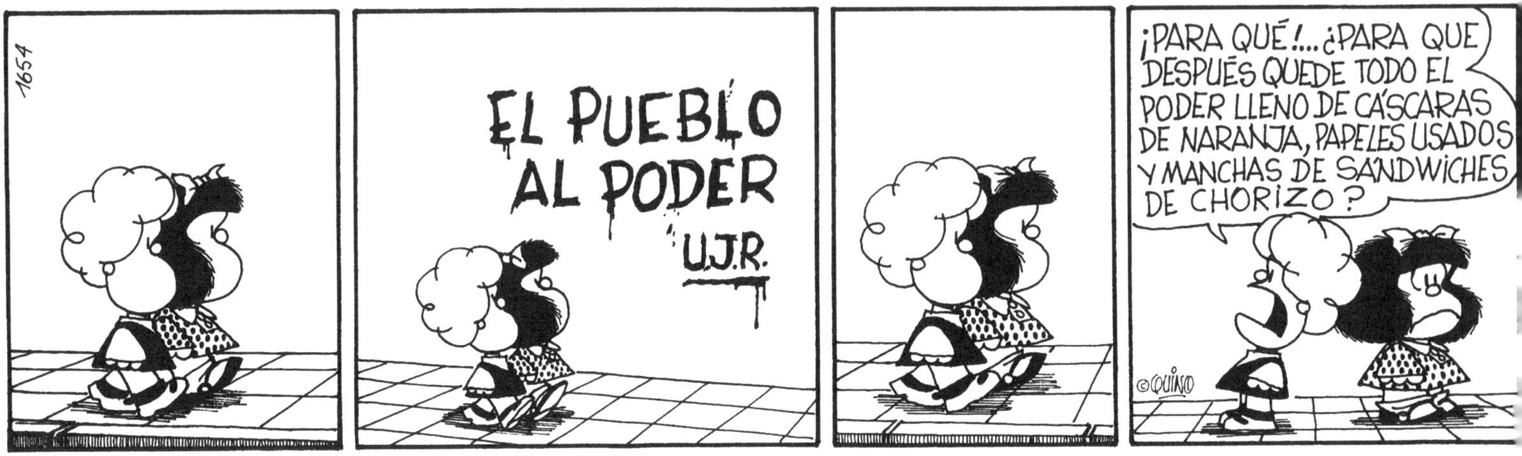
1654
EL PUEBLO
AL PODER
U.J.R.
¡PARA QUÉ!...¿PARA QUE DESPUÉS QUEDE TODO EL PODER LLENO DE CÁSCARAS DE NARANJA, PAPELES USADOS Y MANCHAS DE SÁNDWICHES DE CHORIZO?
©QUINO

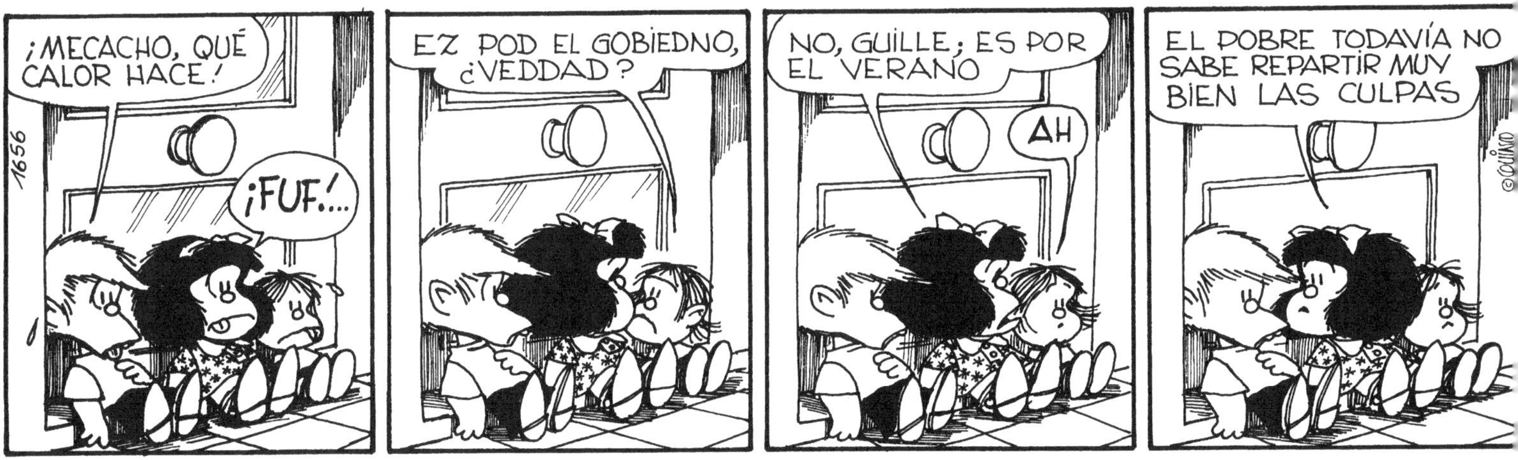
1656
¡MECACHO, QUÉ CALOR HACE!
¡FUF!...
EZ POD EL GOBIEDNO, ¿VEDDAD?
NO, GUILLE; ES POR EL VERANO
AH
EL POBRE TODAVÍA NO SABE REPARTIR MUY BIEN LAS CULPAS
©QUINO

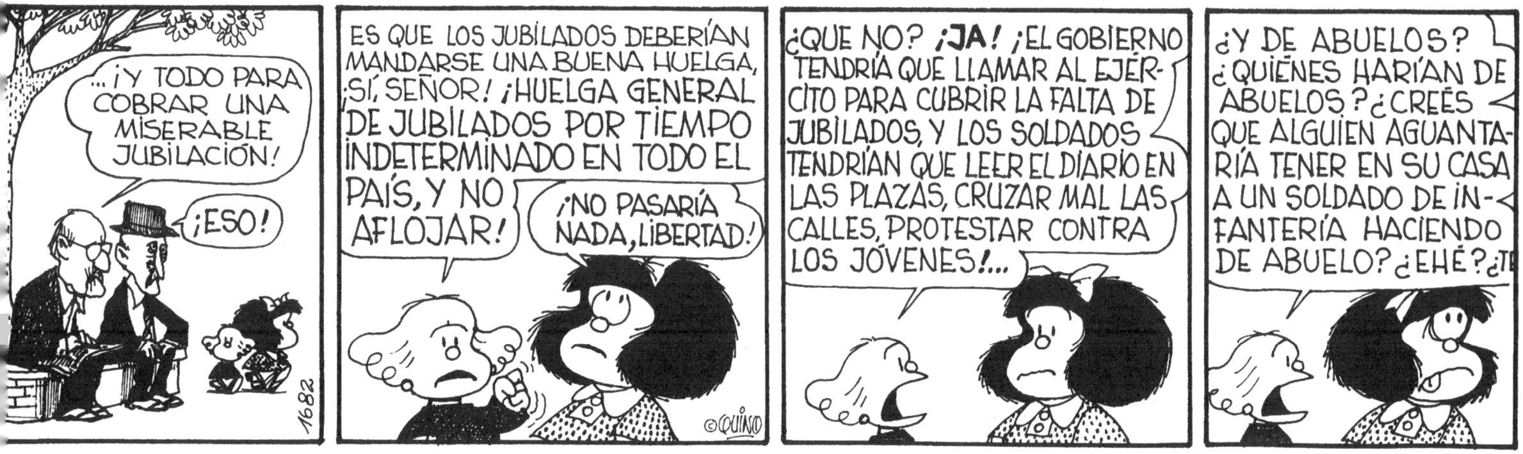
...¡Y TODO PARA COBRAR UNA MISERABLE JUBILACIÓN!
¡ESO!
1682
ES QUE LOS JUBILADOS DEBERÍAN MANDARSE UNA BUENA HUELGA, ¡SÍ, SEÑOR! ¡HUELGA GENERAL DE JUBILADOS POR TIEMPO INDETERMINADO EN TODO EL PAÍS, Y NO AFLOJAR!
¡NO PASARÍA NADA, LIBERTAD!
©QUINO
¿QUE NO? ¡JA! ¡EL GOBIERNO TENDRÍA QUE LLAMAR AL EJÉRCITO PARA CUBRIR LA FALTA DE JUBILADOS, Y LOS SOLDADOS TENDRÍAN QUE LEER EL DIARIO EN LAS PLAZAS, CRUZAR MAL LAS CALLES, PROTESTAR CONTRA LOS JÓVENES!...
¿Y DE ABUELOS? ¿QUIÉNES HARÍAN DE ABUELOS? ¿CREÉS QUE ALGUIEN AGUANTARÍA TENER EN SU CASA A UN SOLDADO DE INFANTERÍA HACIENDO DE ABUELO? ¿EHÉ?

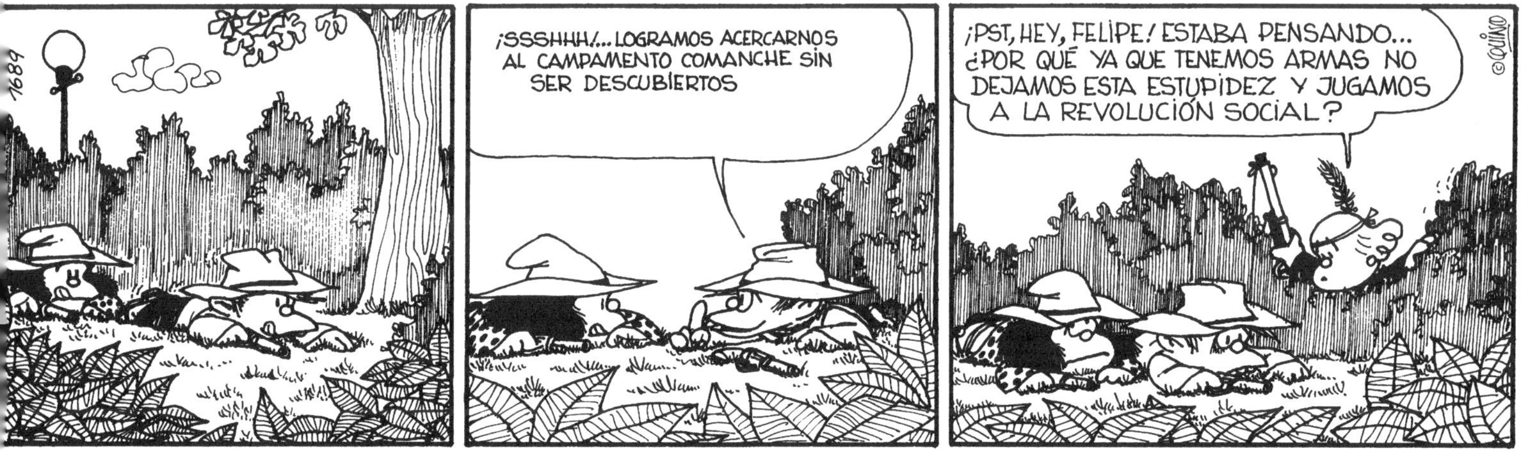
1689
¡SSSHHH!... LOGRAMOS ACERCARNOS AL CAMPAMENTO COMANCHE SIN SER DESCUBIERTOS
¡PST, HEY, FELIPE! ESTABA PENSANDO... ¿POR QUÉ YA QUE TENEMOS ARMAS NO DEJAMOS ESTA ESTUPIDEZ Y JUGAMOS A LA REVOLUCIÓN SOCIAL?
©QUINO

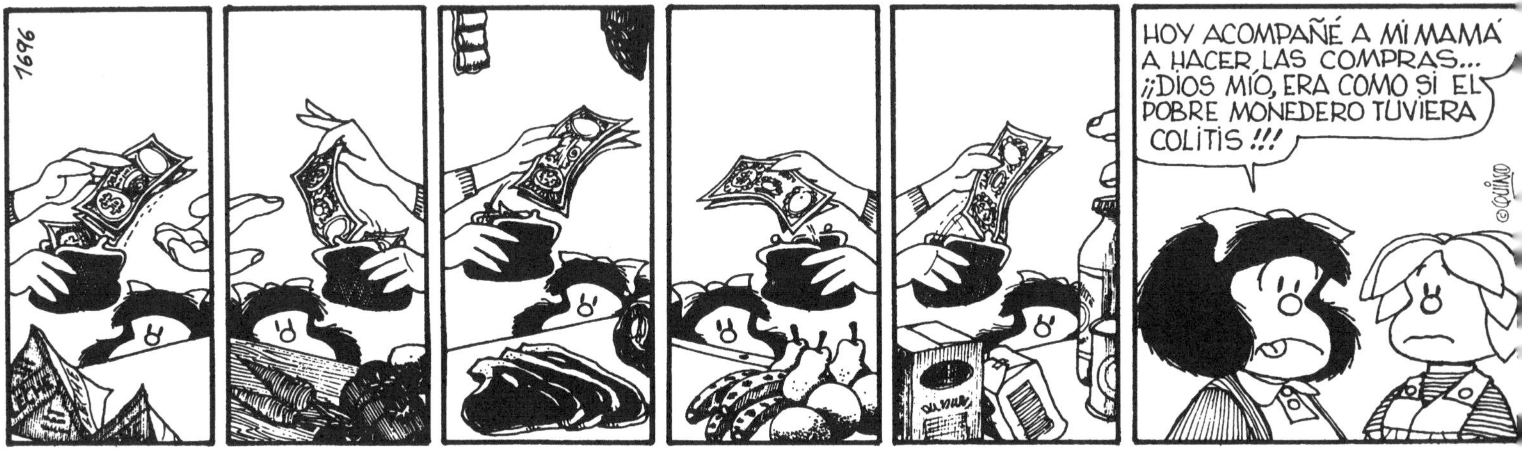
1696
HOY ACOMPAÑÉ A MÍ MAMÁ A HACER LAS COMPRAS... ¡¡DIOS MÍO, ERA COMO SI EL POBRE MONEDERO TUVIERA COLITIS !!!
©QUINO

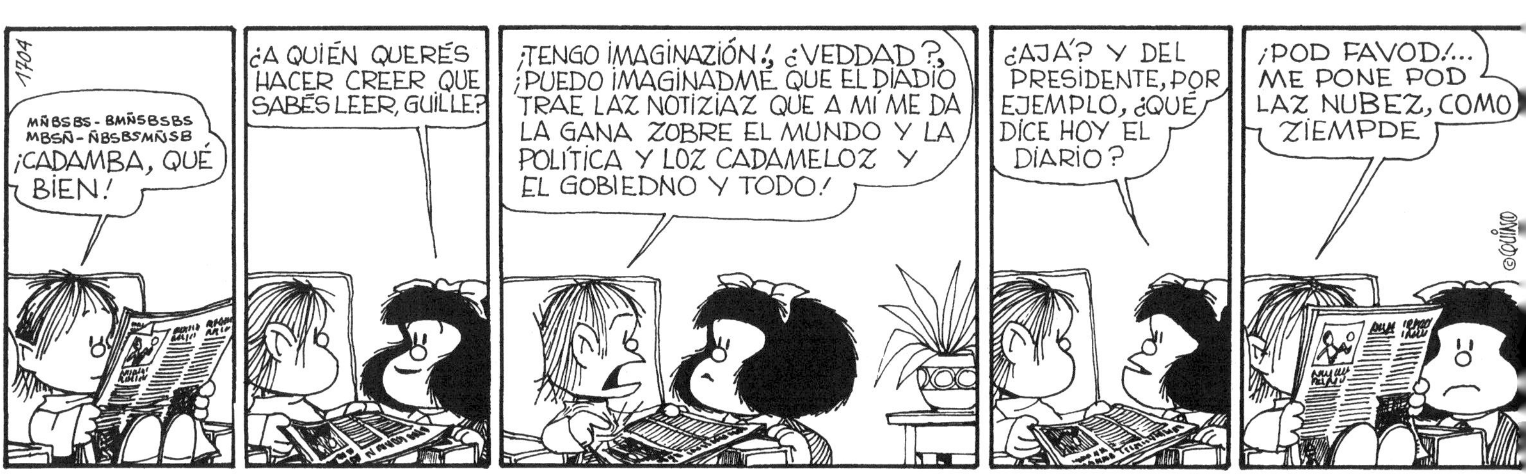
1704
MÑBSBS-BMÑSBSBS MBSÑ-ÑBSBSMÑSB ¡CADAMBA, QUÉ BIEN!
¿A QUIÉN QUERÉS HACER CREER QUE SABÉS LEER, GUILLE?
¡TENGO IMAGINAZIÓN!, ¿VEDDAD?, ¡PUEDO IMAGINADME QUE EL DIADIO TRAE LAZ NOTIZIAZ QUE A MÍ ME DA LA GANA ZOBRE EL MUNDO Y LA POLÍTICA Y LOZ CADAMELOZ Y EL GOBIEDNO Y TODO!
¿AJÁ? Y DEL PRESIDENTE, POR EJEMPLO, ¿QUÉ DICE HOY EL DIARIO?
¡POD FAVOD!... ME PONE POD LAZ NUBEZ, COMO ZIEMPDE
©QUINO

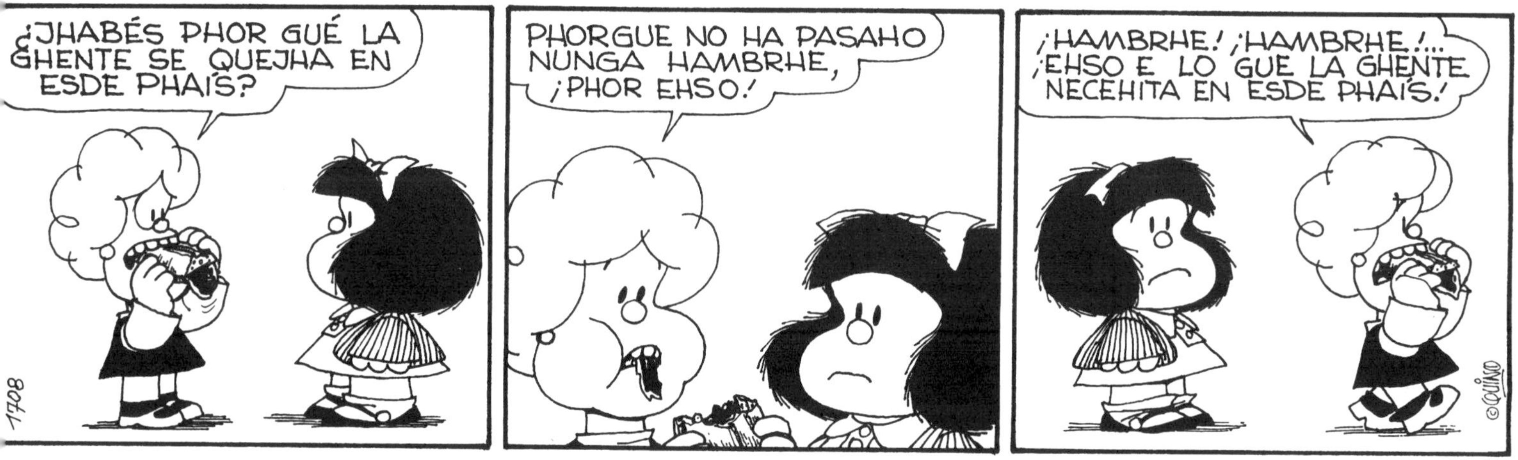
1708
¿JHABÉS PHOR GUÉ LA GHENTE SE QUEJHA EN ESDE PHAÍS?
PHORGUE NO HA PASAHO NUNGA HAMBRHE, ¡PHOR EHSO!
¡HAMBRHE! ¡HAMBRHE!... ¡EHSO E LO GUE LA GHENTE NECEHITA EN ESDE PHAÍS!
©QUINO

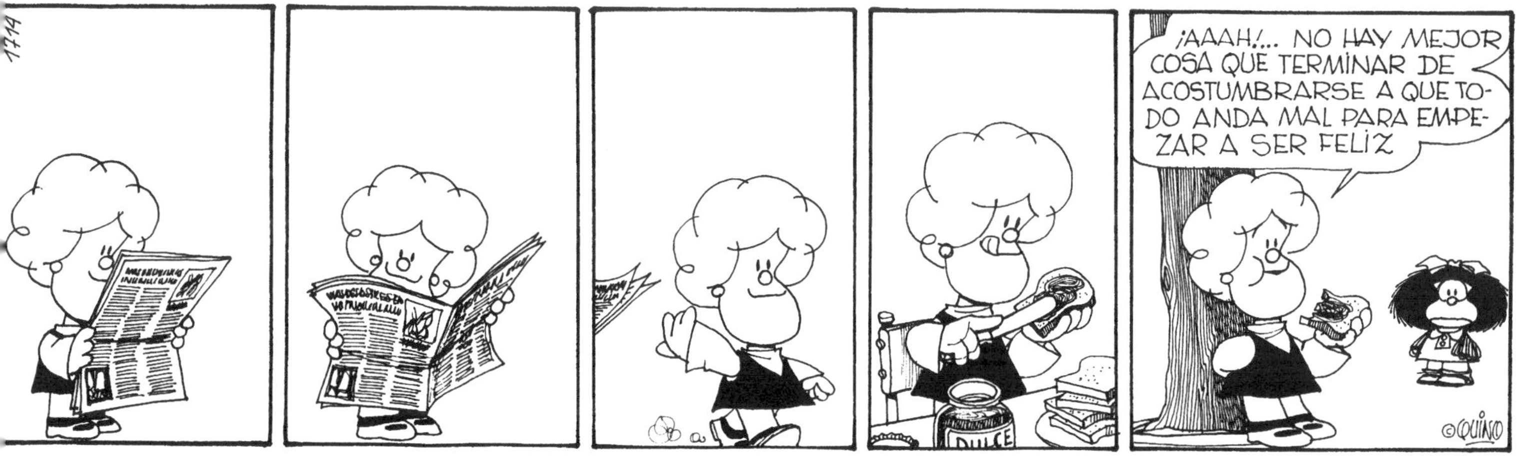
1714
DULCE
¡AAAH!... NO HAY MEJOR COSA QUE TERMINAR DE ACOSTUMBRARSE A QUE TO-DO ANDA MAL PARA EMPE-ZAR A SER FELIZ
©QUINO

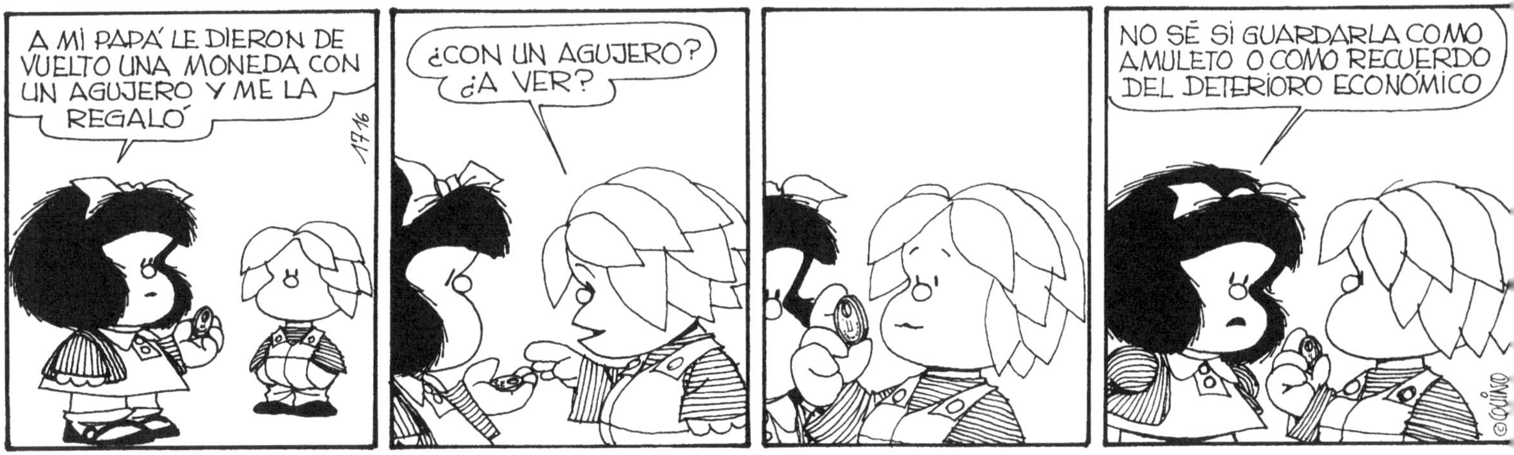
1716
A MÍ PAPÁ LE DIERON DE VUELTO UNA MONEDA CON UN AGUJERO Y ME LA REGALÓ
¿CON UN AGUJERO? ¿A VER?
NO SÉ SI GUARDARLA COMO AMULETO O COMO RECUERDO DEL DETERIORO ECONÓMICO
© QUINO

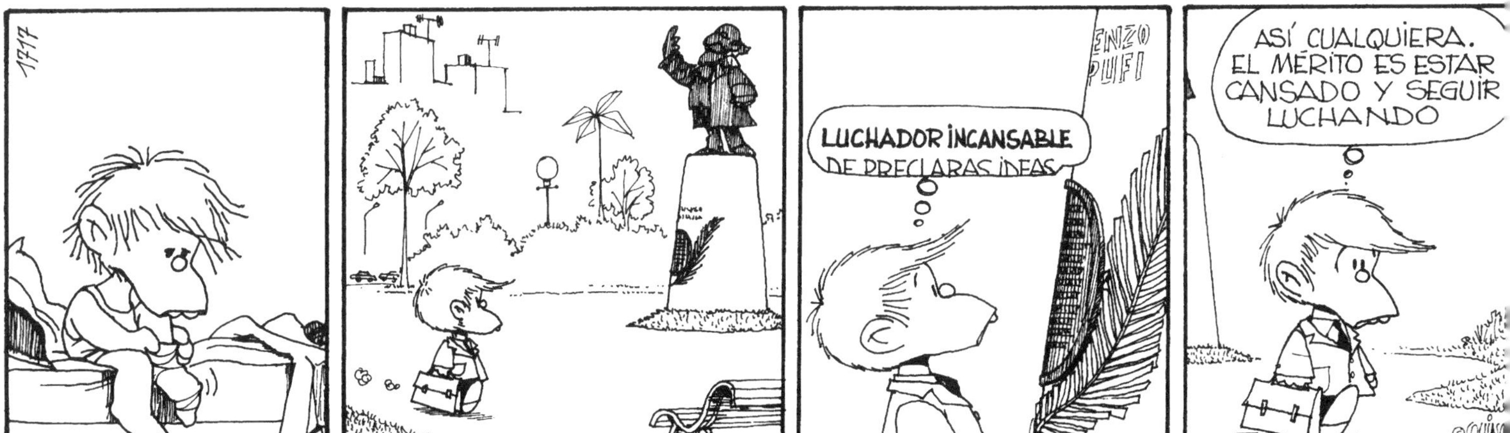
1717
LUCHADOR INCANSABLE
DE PRECLARAS IDEAS
ASÍ CUALQUIERA. EL MÉRITO ES ESTAR CANSADO Y SEGUIR LUCHANDO
© QUINO

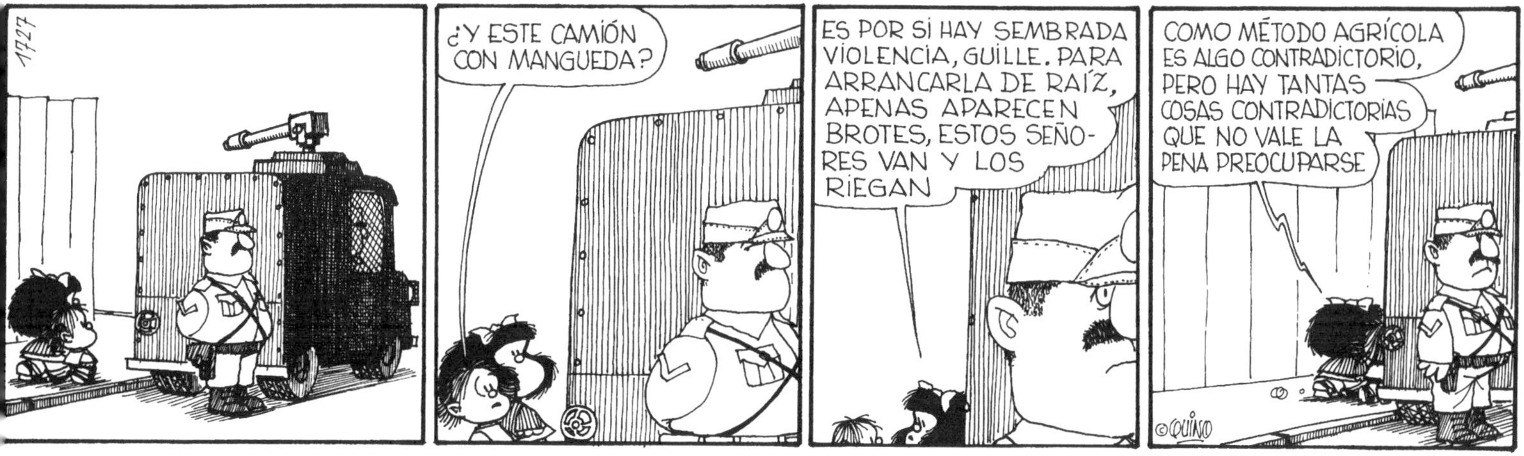
1727
¿Y ESTE CAMIÓN CON MANGUEDA?
ES POR SI HAY SEMBRADA VIOLENCIA, GUILLE. PARA ARRANCARLA DE RAÍZ, APENAS APARECEN BROTES, ESTOS SEÑORES VAN Y LOS RIEGAN
COMO MÉTODO AGRÍCOLA ES ALGO CONTRADICTORIO, PERO HAY TANTAS COSAS CONTRADICTORIAS QUE NO VALE LA PENA PREOCUPARSE
©QUINO

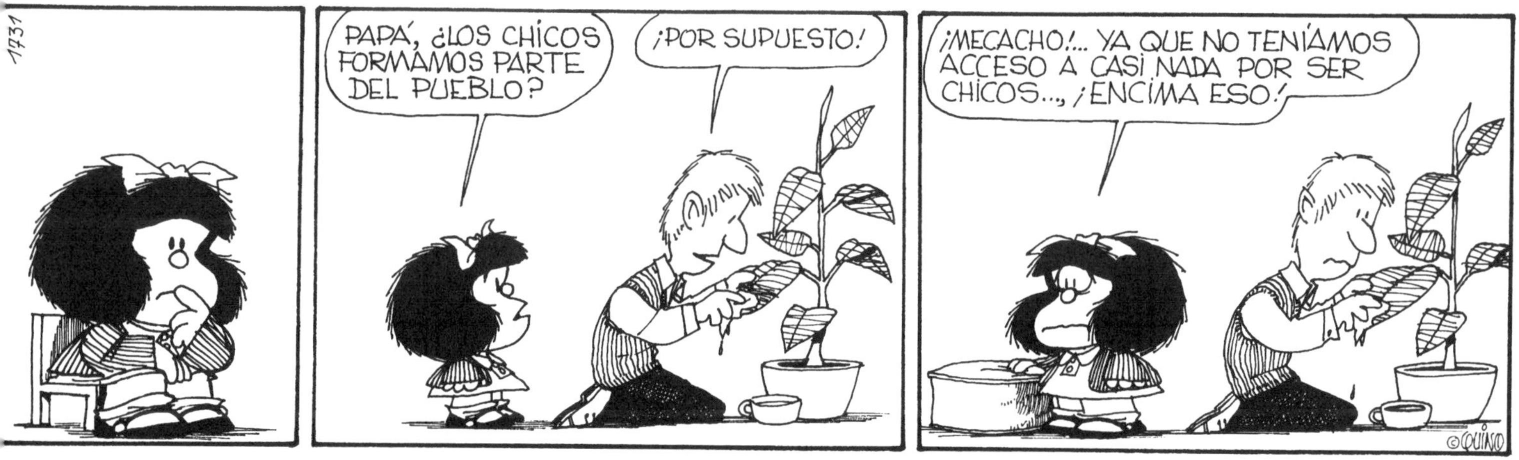
1731
PAPÁ, ¿LOS CHICOS FORMAMOS PARTE DEL PUEBLO?
¡POR SUPUESTO!
¡MECACHO!... YA QUE NO TENÍAMOS ACCESO A CASI NADA POR SER CHICOS..., ¡ENCIMA ESO!
©QUINO

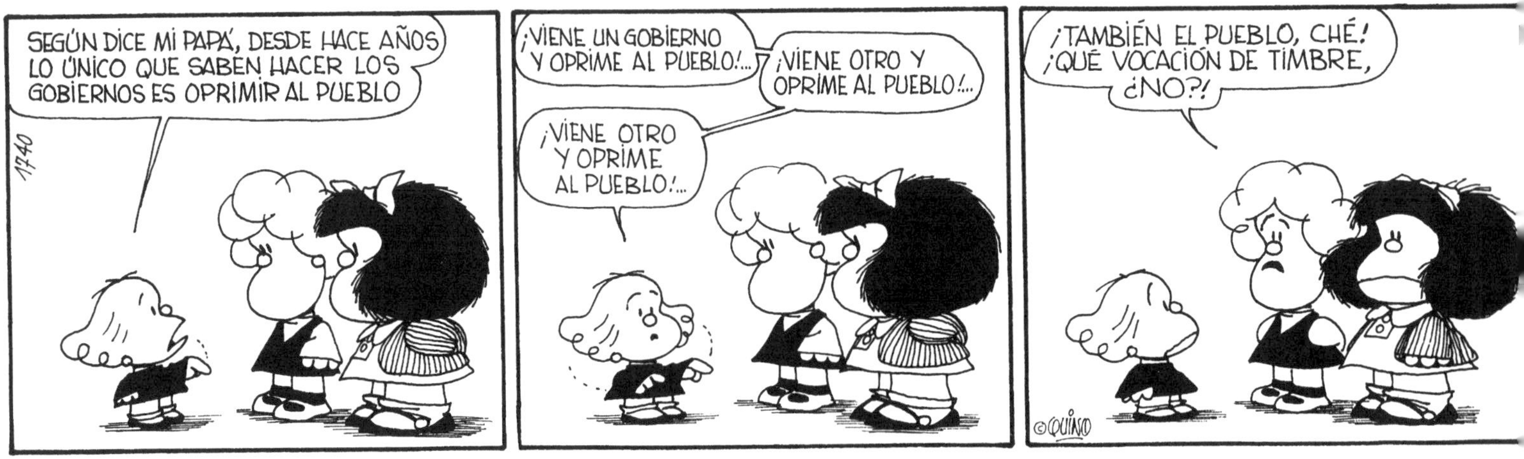
SEGÚN DICE MI PAPÁ, DESDE HACE AÑOS LO ÚNICO QUE SABEN HACER LOS GOBIERNOS ES OPRIMIR AL PUEBLO
1740
¡VIENE UN GOBIERNO Y OPRIME AL PUEBLO!...
¡VIENE OTRO Y OPRIME AL PUEBLO!...
¡VIENE OTRO Y OPRIME AL PUEBLO!...
¡TAMBIÉN EL PUEBLO, CHÉ! ¡QUÉ VOCACIÓN DE TIMBRE, ¿NO?!
©QUINO

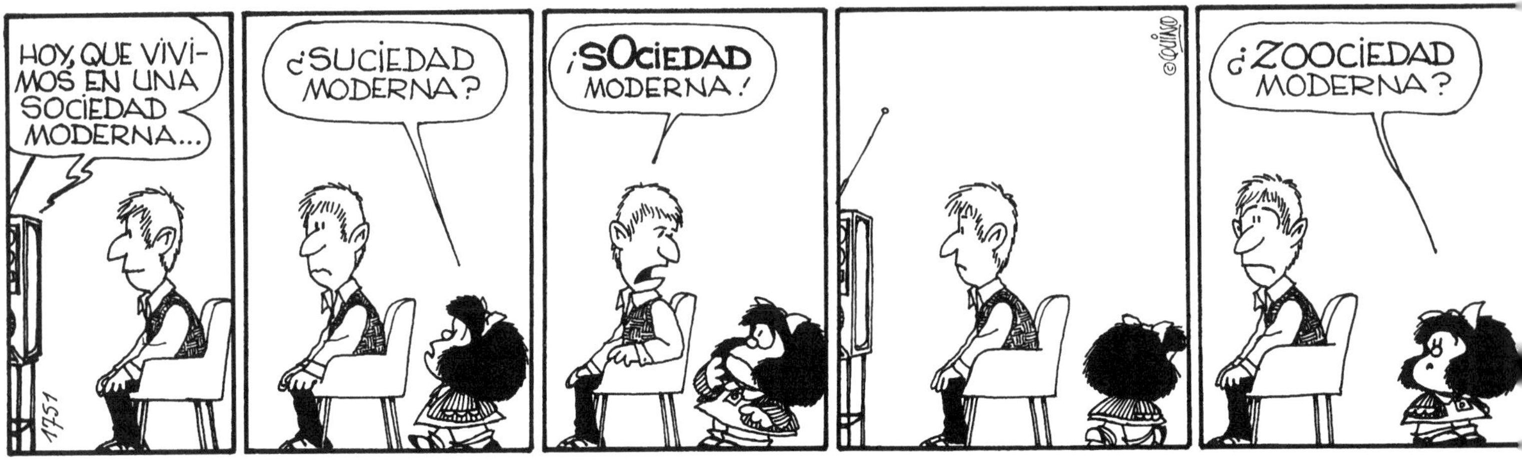
HOY, QUE VIVIMOS EN UNA SOCIEDAD MODERNA...
1751
¿SUCIEDAD MODERNA?
¡SOCIEDAD MODERNA!
©QUINO
¿ZOOCIEDAD MODERNA?

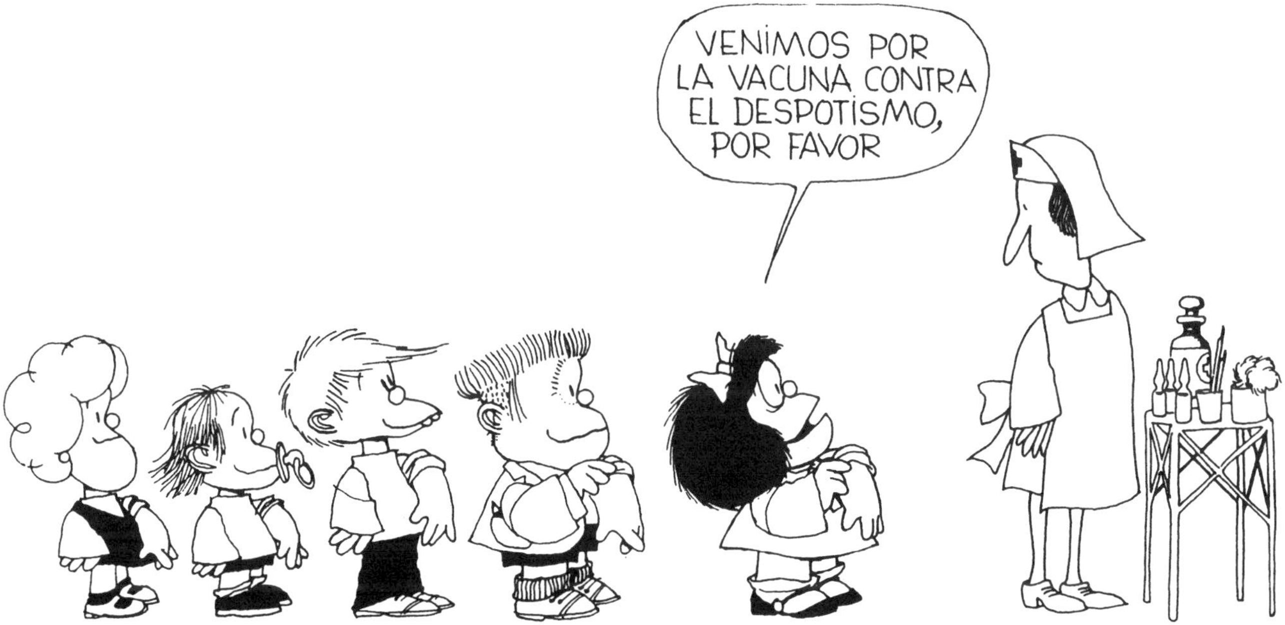
VENIMOS POR LA VACUNA CONTRA EL DESPOTISMO, POR FAVOR

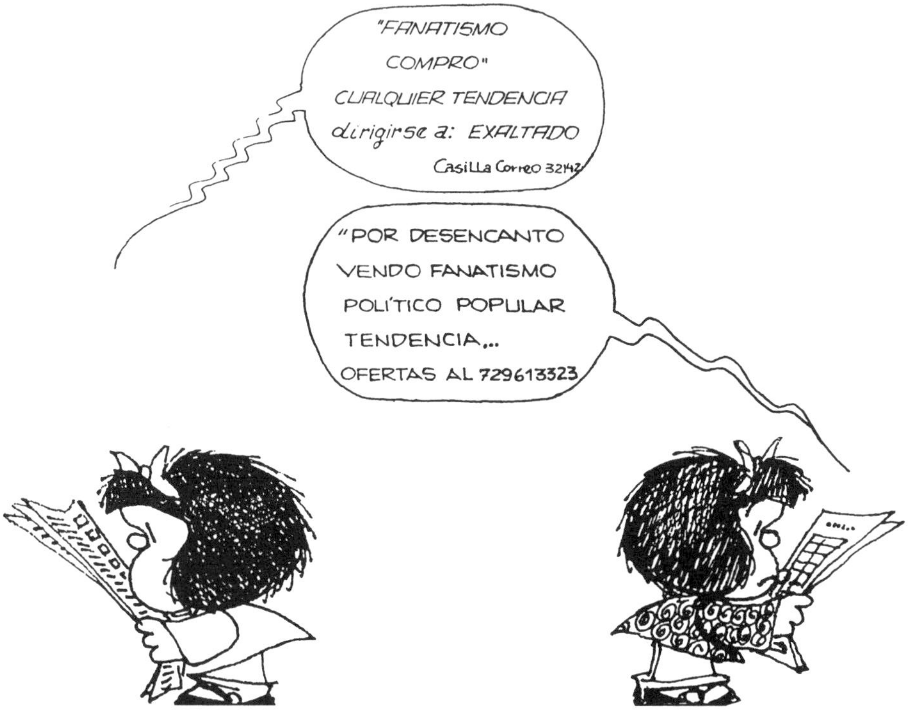
"FANATISMO COMPRO" CUALQUIER TENDENCIA dirigirse a: EXALTADO Casilla Correo 32142
"POR DESENCANTO VENDO FANATISMO POLÍTICO POPULAR TENDENCIA,... OFERTAS AL 729613323

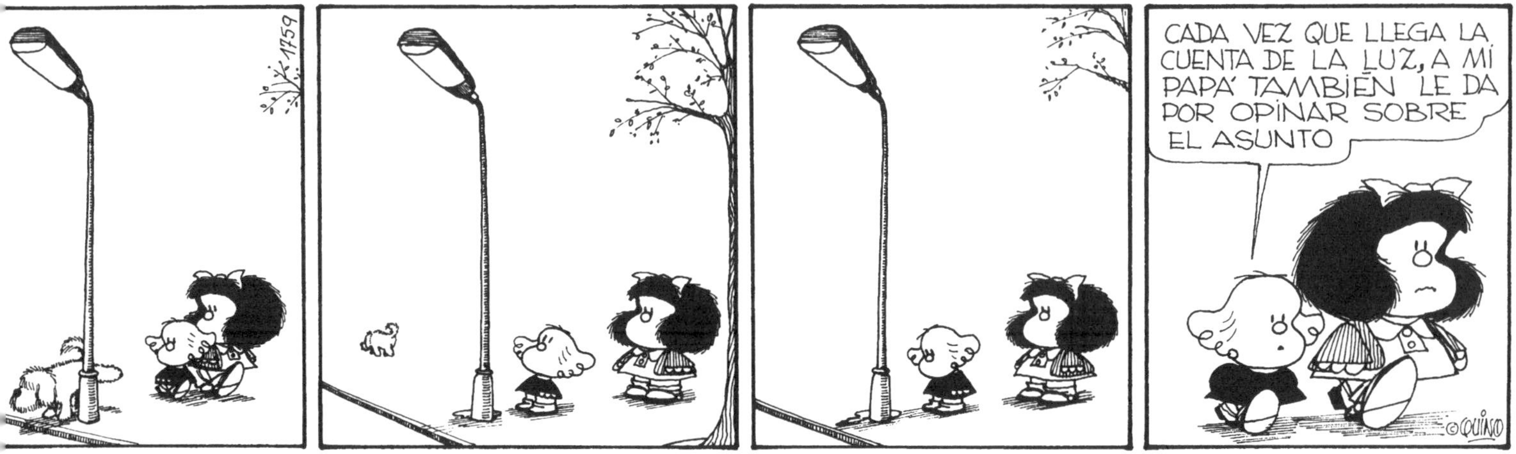
1759
CADA VEZ QUE LLEGA LA CUENTA DE LA LUZ, A MÍ PAPÁ TAMBIÉN LE DA POR OPINAR SOBRE EL ASUNTO
©QUINO

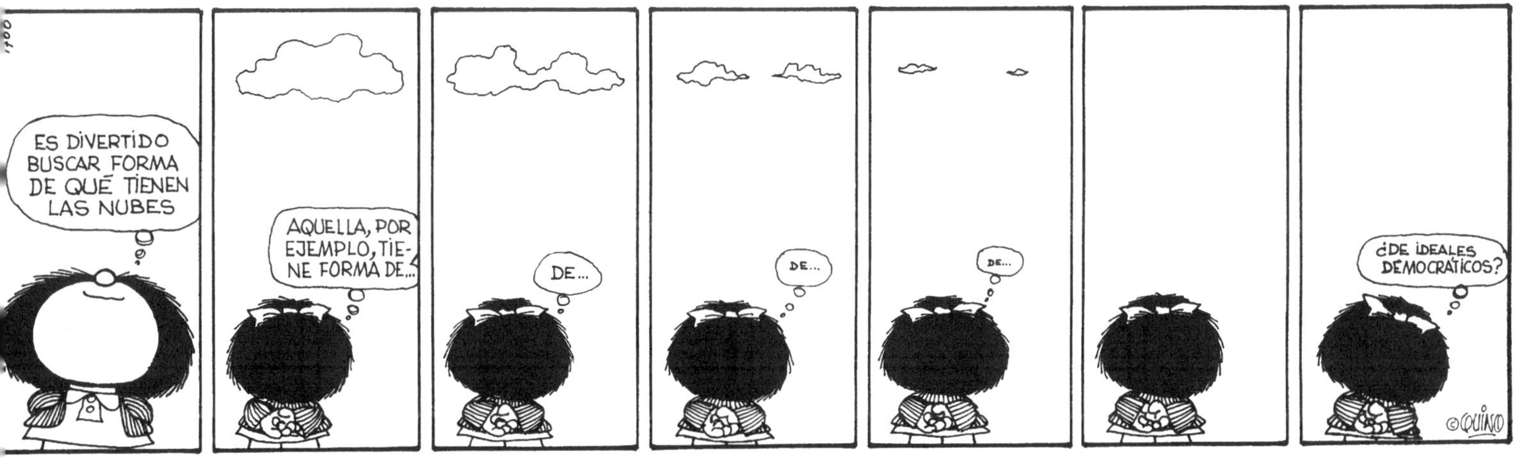
ES DIVERTIDO BUSCAR FORMA DE QUÉ TIENEN LAS NUBES
AQUELLA, POR EJEMPLO, TIENE FORMA DE...
DE...
DE...
DE...
¿DE IDEALES DEMOCRÁTICOS?
©QUINO

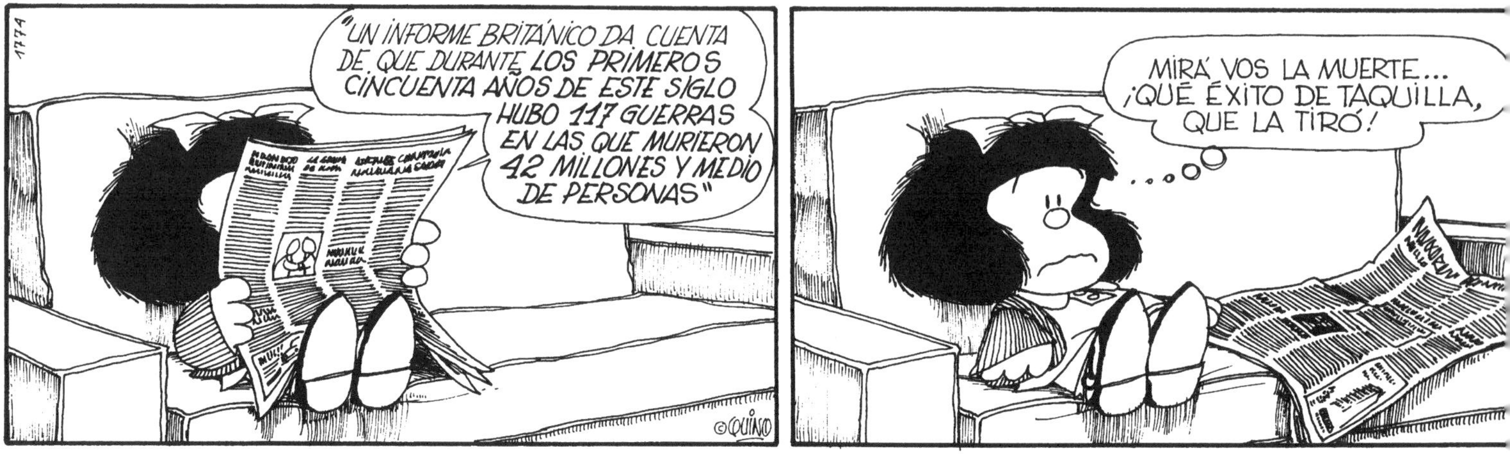
1774
"UN INFORME BRITÁNICO DA CUENTA DE QUE DURANTE LOS PRIMEROS CINCUENTA AÑOS DE ESTE SIGLO HUBO 117 GUERRAS EN LAS QUE MURIERON 42 MILLONES Y MEDIO DE PERSONAS"
©QUINO
MIRÁ VOS LA MUERTE... ¡QUÉ ÉXITO DE TAQUILLA, QUE LA TIRÓ!

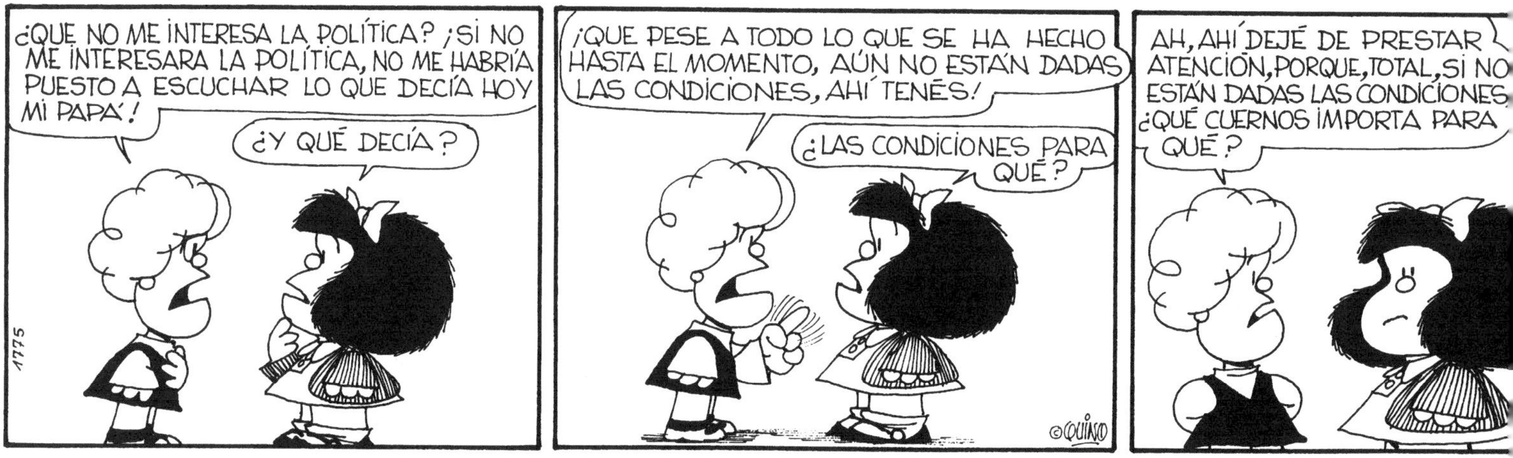
1775
¿QUE NO ME INTERESA LA POLÍTICA? ¡SI NO ME INTERESARA LA POLÍTICA, NO ME HABRÍA PUESTO A ESCUCHAR LO QUE DECÍA HOY MI PAPÁ!
¿Y QUÉ DECÍA?
¡QUE PESE A TODO LO QUE SE HA HECHO HASTA EL MOMENTO, AÚN NO ESTÁN DADAS LAS CONDICIONES, AHÍ TENÉS!
¿LAS CONDICIONES PARA QUÉ?
©QUINO
AH, AHÍ DEJÉ DE PRESTAR ATENCIÓN, PORQUE, TOTAL, SI NO ESTÁN DADAS LAS CONDICIONES ¿QUÉ CUERNOS IMPORTA PARA QUÉ?

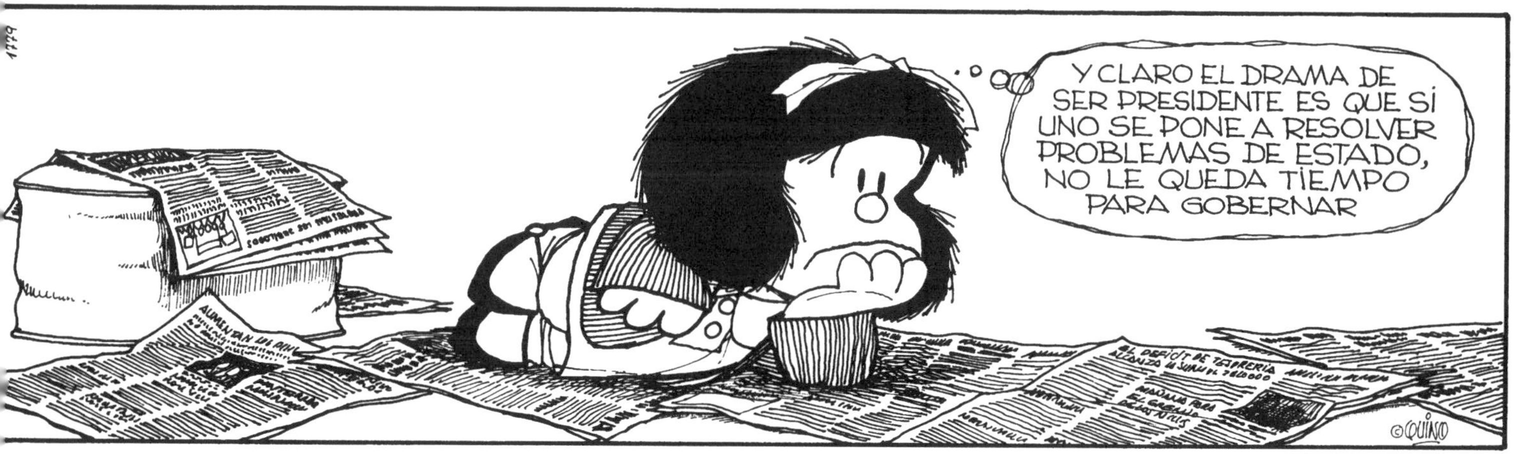
1779
Y CLARO EL DRAMA DE SER PRESIDENTE ES QUE SI UNO SE PONE A RESOLVER PROBLEMAS DE ESTADO, NO LE QUEDA TIEMPO PARA GOBERNAR
©QUINO

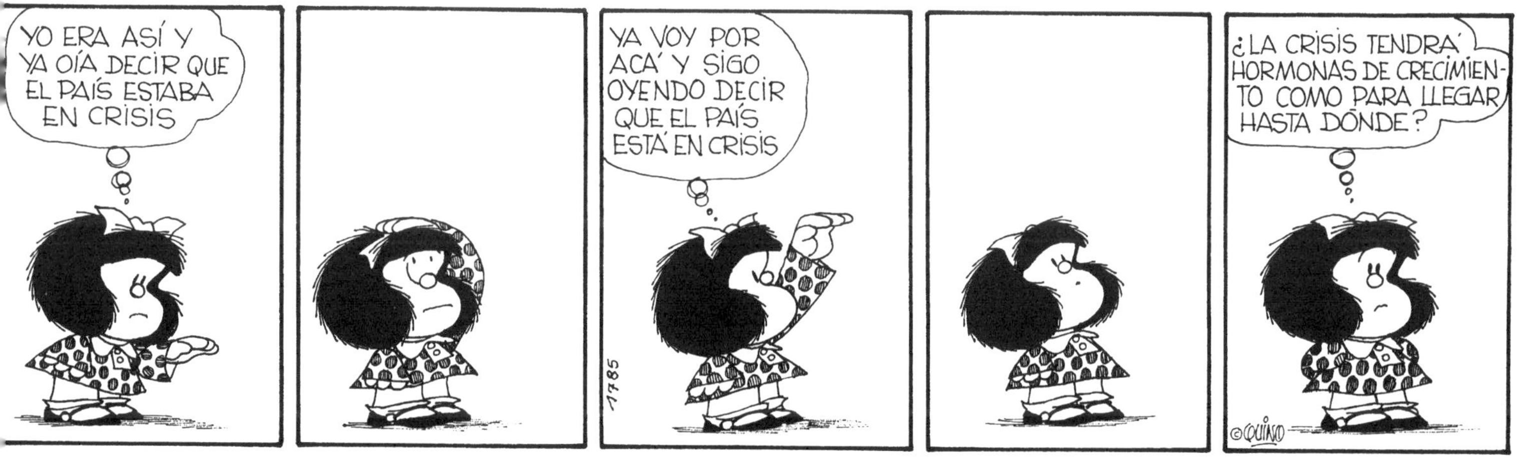
YO ERA ASÍ Y YA OÍA DECIR QUE EL PAÍS ESTABA EN CRISIS
YA VOY POR ACÁ Y SIGO OYENDO DECIR QUE EL PAÍS ESTÁ EN CRISIS
1785
¿LA CRISIS TENDRÁ HORMONAS DE CRECIMIENTO COMO PARA LLEGAR HASTA DÓNDE?
©QUINO

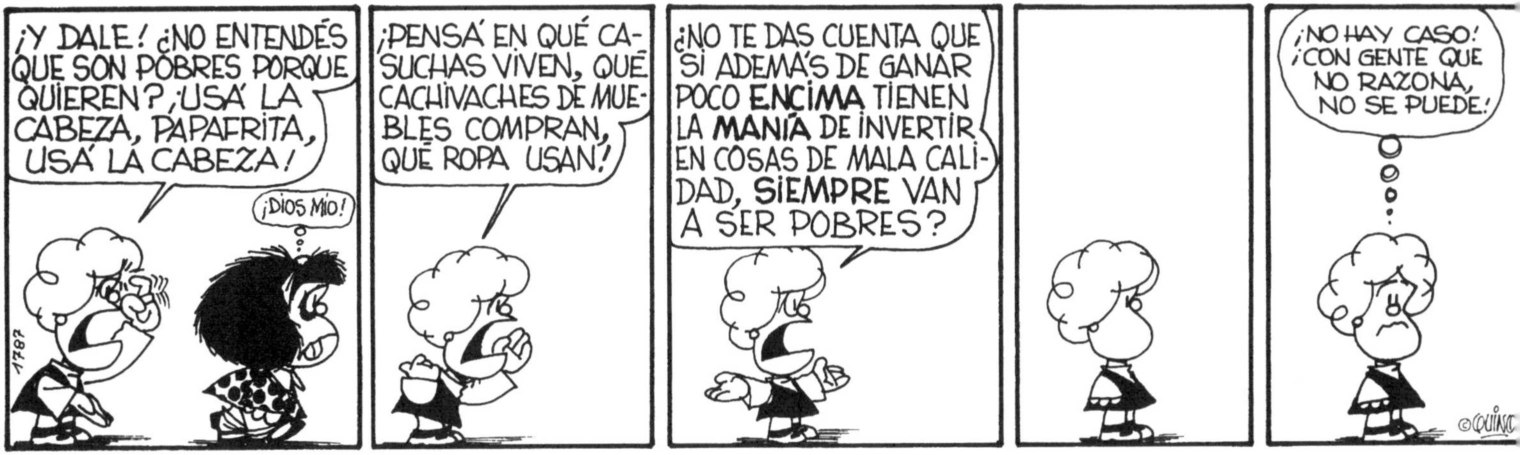
1787
¡Y DALE! ¿NO ENTENDÉS QUE SON POBRES PORQUE QUIEREN? ¡USÁ LA CABEZA, PAPAFRITA, USÁ LA CABEZA!
¡DIOS MIO!
¡PENSÁ EN QUÉ CASUCHAS VIVEN, QUÉ CACHIVACHES DE MUEBLES COMPRAN, QUÉ ROPA USAN!
¿NO TE DAS CUENTA QUE SI ADEMÁS DE GANAR POCO ENCIMA TIENEN LA MANÍA DE INVERTIR EN COSAS DE MALA CALIDAD, SIEMPRE VAN A SER POBRES?
¡NO HAY CASO! ¡CON GENTE QUE NO RAZONA, NO SE PUEDE!
©QUINO

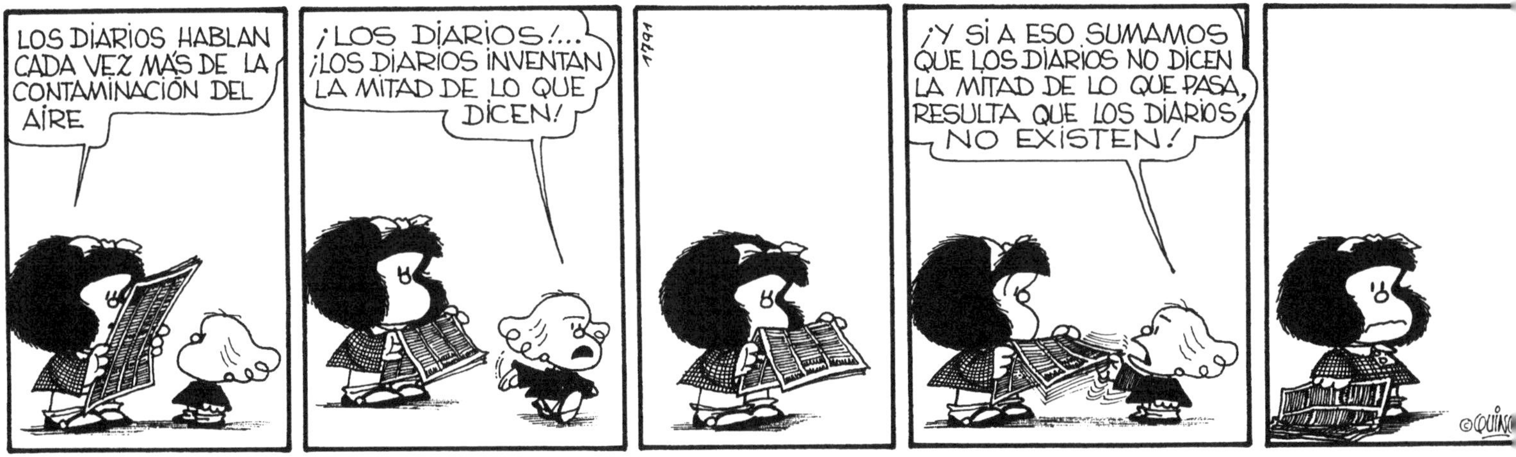
LOS DIARIOS HABLAN CADA VEZ MÁS DE LA CONTAMINACIÓN DEL AIRE
¡LOS DIARIOS!... ¡LOS DIARIOS INVENTAN LA MITAD DE LO QUE DICEN!
1791
¡Y SI A ESO SUMAMOS QUE LOS DIARIOS NO DICEN LA MITAD DE LO QUE PASA, RESULTA QUE LOS DIARIOS NO EXISTEN!
©QUINO

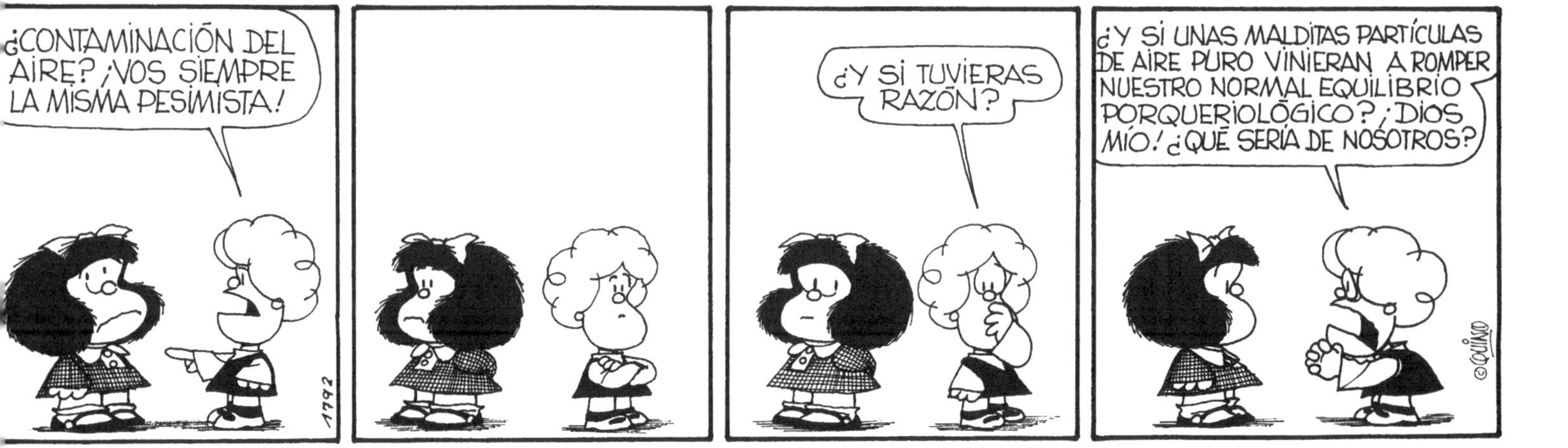
¿CONTAMINACIÓN DEL AIRE? ¡VOS SIEMPRE LA MISMA PESIMISTA!
1792
¿Y SI TUVIERAS RAZÓN?
¿Y SI UNAS MALDITAS PARTÍCULAS DE AIRE PURO VINIERAN A ROMPER NUESTRO NORMAL EQUILIBRIO PORQUERIOLÓGICO? ¡DIOS MÍO! ¿QUÉ SERÍA DE NOSOTROS?
©QUINO

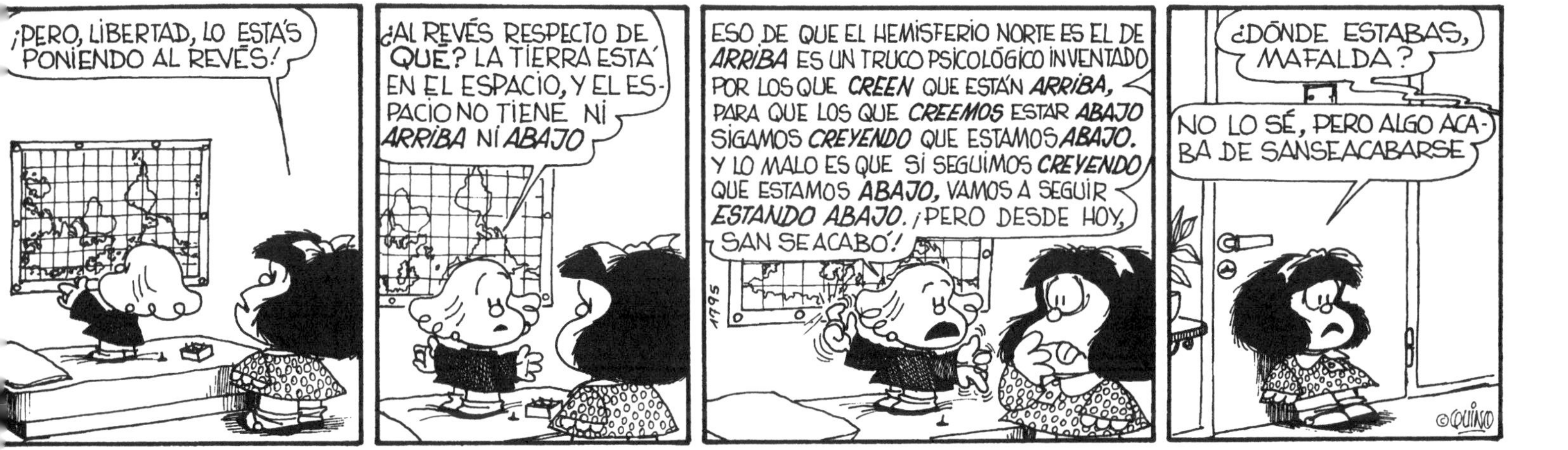
¡PERO, LIBERTAD, LO ESTÁS PONIENDO AL REVÉS!
¿AL REVÉS RESPECTO DE QUÉ? LA TIERRA ESTÁ EN EL ESPACIO, Y EL ESPACIO NO TIENE NI ARRIBA NI ABAJO
1795
ESO DE QUE EL HEMISFERIO NORTE ES EL DE ARRIBA ES UN TRUCO PSICOLÓGICO INVENTADO POR LOS QUE CREEN QUE ESTÁN ARRIBA, PARA QUE LOS QUE CREEMOS ESTAR ABAJO SIGAMOS CREYENDO QUE ESTAMOS ABAJO. Y LO MALO ES QUE SI SEGUIMOS CREYENDO QUE ESTAMOS ABAJO, VAMOS A SEGUIR ESTANDO ABAJO. ¡PERO DESDE HOY, SAN SEACABÓ!
¿DÓNDE ESTABAS, MAFALDA?
NO LO SÉ, PERO ALGO ACABA DE SANSEACABARSE
©QUINO

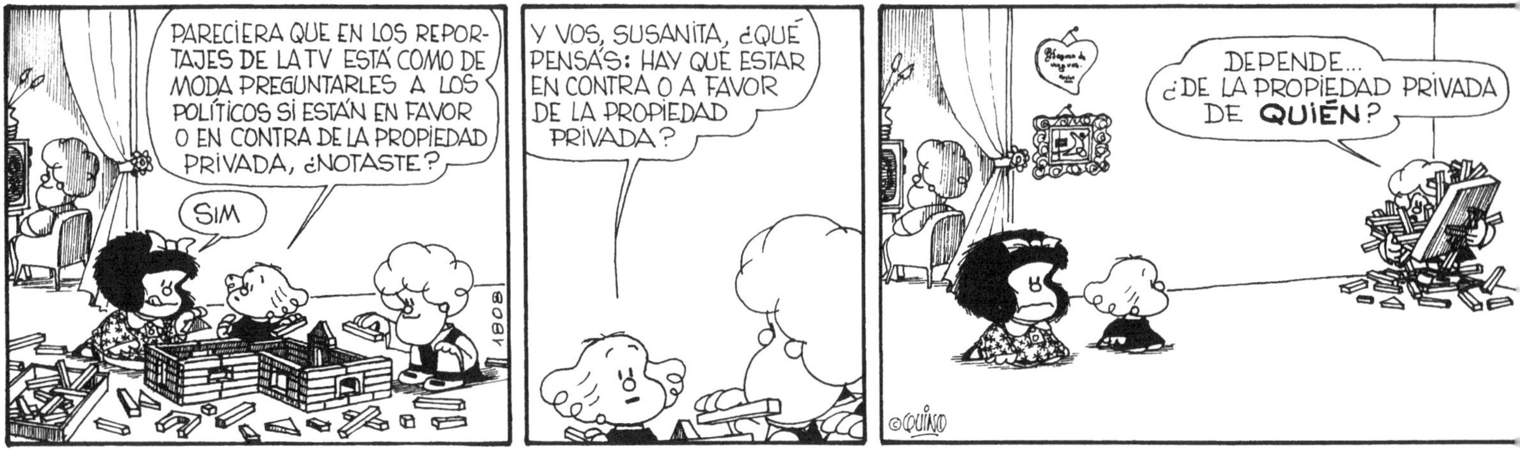
PARECIERA QUE EN LOS REPORTAJES DE LA TV ESTÁ COMO DE MODA PREGUNTARLES A LOS POLÍTICOS SI ESTÁN EN FAVOR O EN CONTRA DE LA PROPIEDAD PRIVADA, ¿NOTASTE?
SIM
1808
Y VOS, SUSANITA, ¿QUÉ PENSÁS: HAY QUE ESTAR EN CONTRA O A FAVOR DE LA PROPIEDAD PRIVADA?
DEPENDE... ¿DE LA PROPIEDAD PRIVADA DE **QUIÉN**?
©QUINO

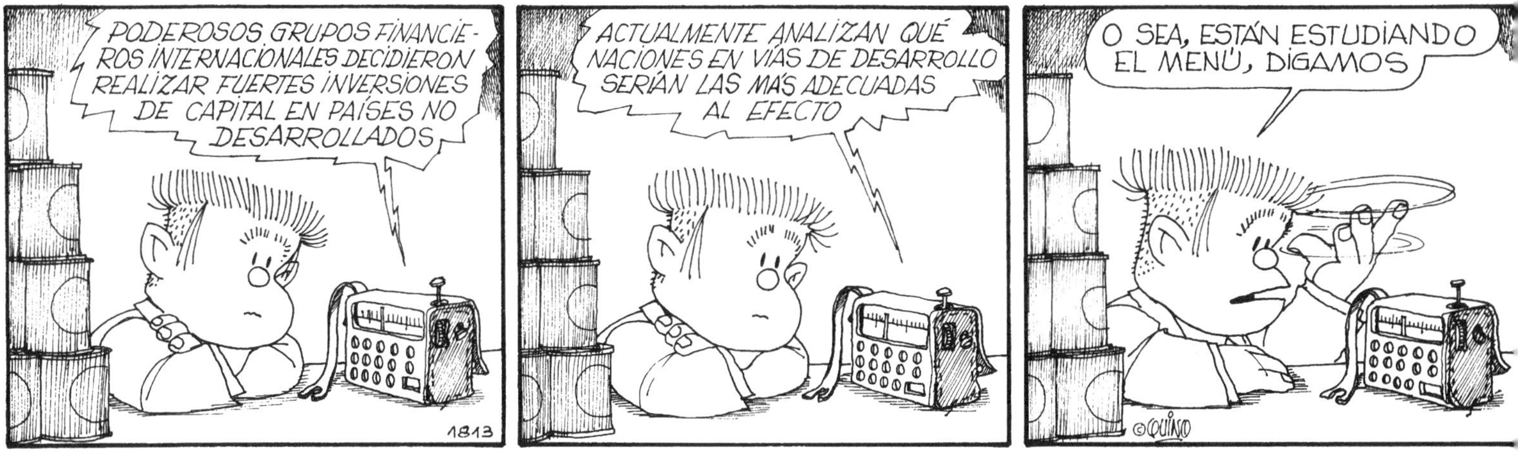
PODEROSOS GRUPOS FINANCIEROS INTERNACIONALES DECIDIERON REALIZAR FUERTES INVERSIONES DE CAPITAL EN PAÍSES NO DESARROLLADOS
1813
ACTUALMENTE ANALIZAN QUÉ NACIONES EN VÍAS DE DESARROLLO SERÍAN LAS MÁS ADECUADAS AL EFECTO
O SEA, ESTÁN ESTUDIANDO EL MENÚ, DIGAMOS
©QUINO

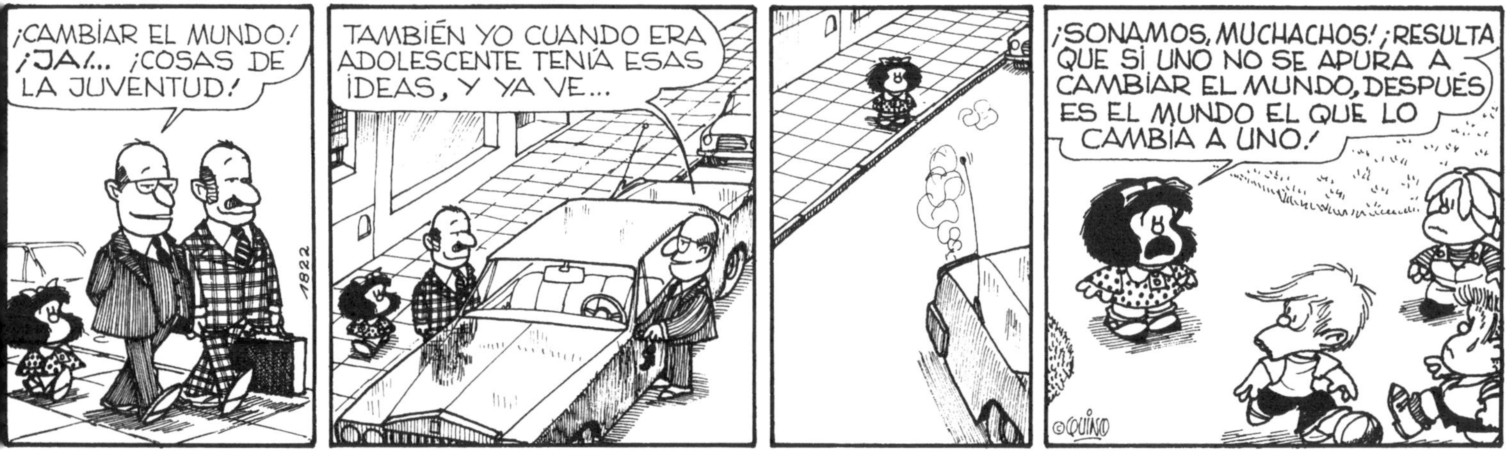
¡CAMBIAR EL MUNDO! ¡JA!... ¡COSAS DE LA JUVENTUD!
TAMBIÉN YO CUANDO ERA ADOLESCENTE TENÍA ESAS IDEAS, Y YA VE...
¡SONAMOS, MUCHACHOS! ¡RESULTA QUE SI UNO NO SE APURA A CAMBIAR EL MUNDO, DESPUÉS ES EL MUNDO EL QUE LO CAMBIA A UNO!
©QUINO

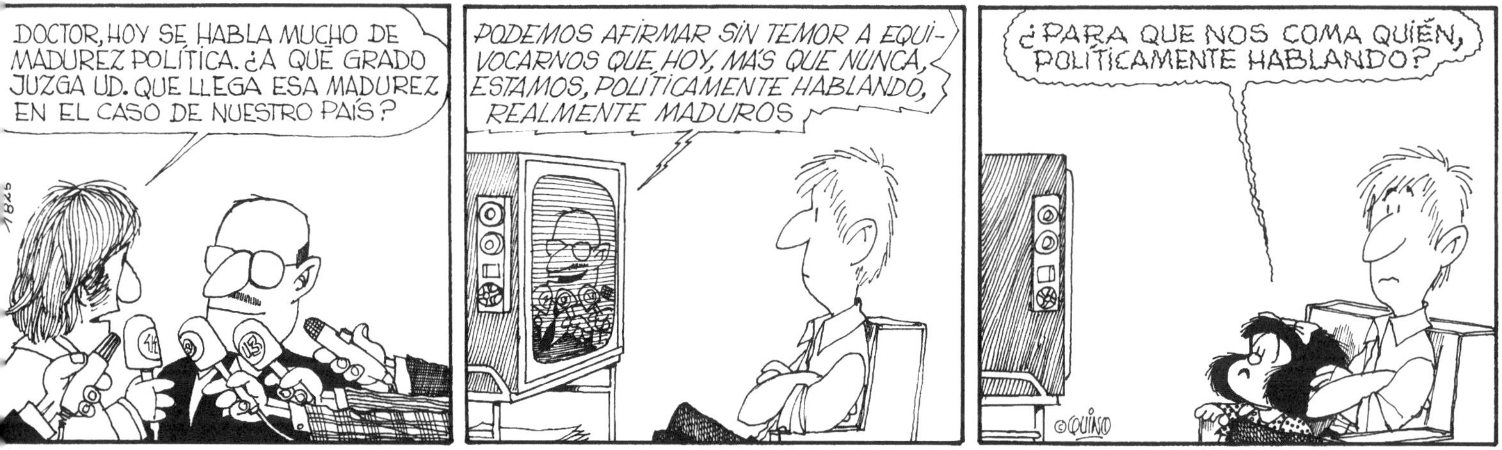
DOCTOR, HOY SE HABLA MUCHO DE MADUREZ POLÍTICA. ¿A QUÉ GRADO JUZGA UD. QUE LLEGA ESA MADUREZ EN EL CASO DE NUESTRO PAÍS?
PODEMOS AFIRMAR SIN TEMOR A EQUIVOCARNOS QUE, HOY, MÁS QUE NUNCA, ESTAMOS, POLÍTICAMENTE HABLANDO, REALMENTE MADUROS
¿PARA QUE NOS COMA QUIÉN, POLÍTICAMENTE HABLANDO?
©QUINO

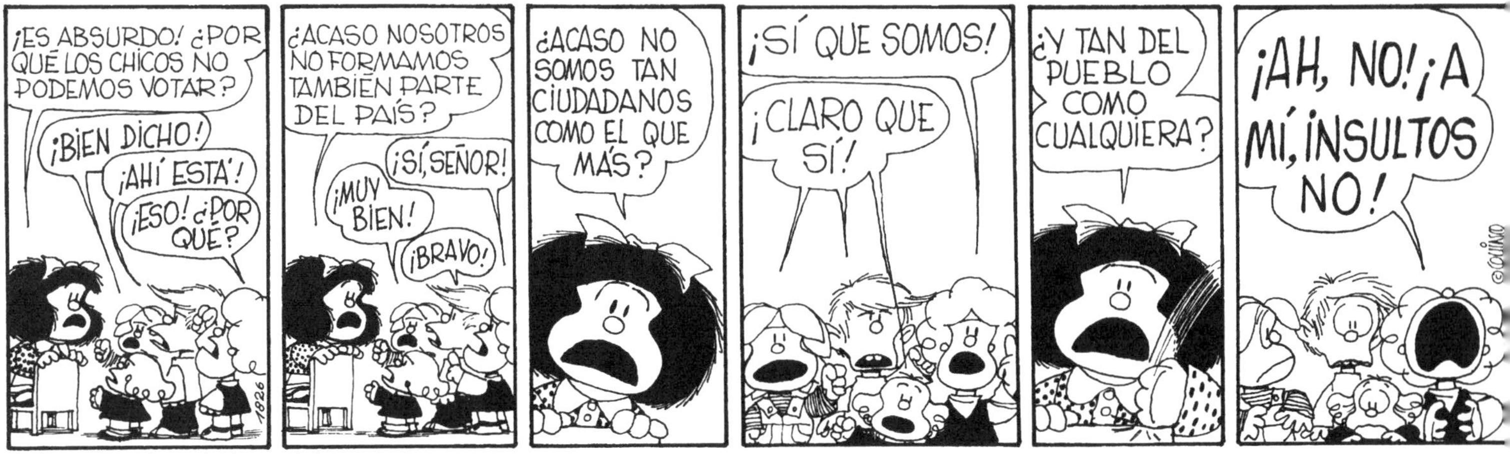
¡ES ABSURDO! ¿POR QUÉ LOS CHICOS NO PODEMOS VOTAR?
¡BIEN DICHO!
¡AHÍ ESTÁ!
¡ESO! ¿POR QUÉ?
¿ACASO NOSOTROS NO FORMAMOS TAMBIÉN PARTE DEL PAÍS?
¡SÍ, SEÑOR!
¡MUY BIEN!
¡BRAVO!
¿ACASO NO SOMOS TAN CIUDADANOS COMO EL QUE MÁS?
¡SÍ QUE SOMOS!
¡CLARO QUE SÍ!
¿Y TAN DEL PUEBLO COMO CUALQUIERA?
¡AH, NO! ¡A MÍ, INSULTOS NO!

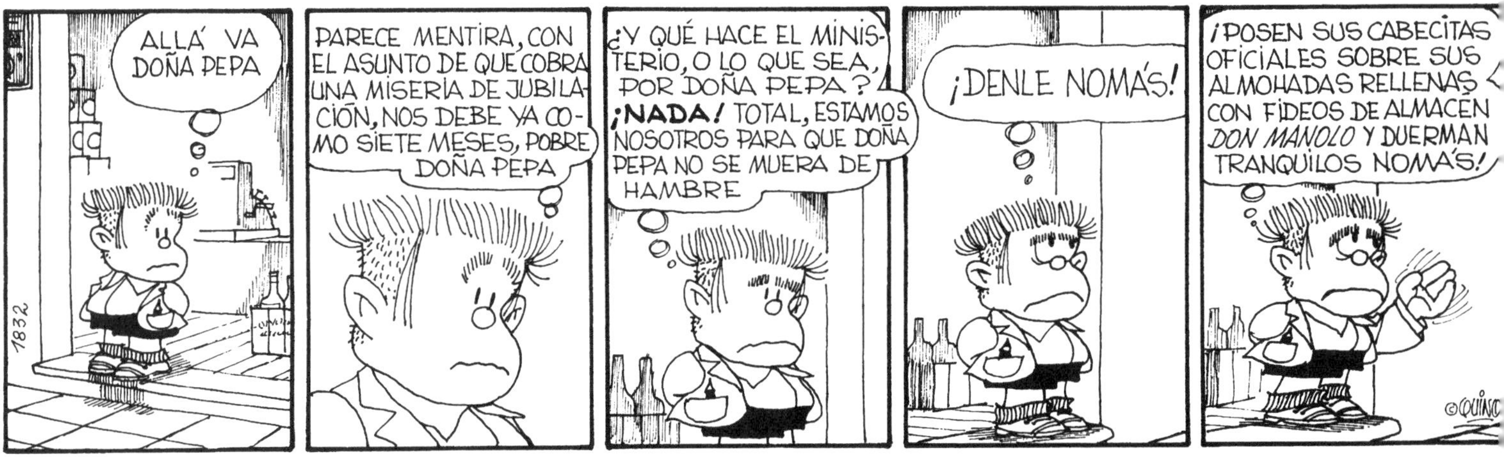
ALLÁ VA DOÑA PEPA
PARECE MENTIRA, CON EL ASUNTO DE QUE COBRA UNA MISERIA DE JUBILACIÓN, NOS DEBE YA COMO SIETE MESES, POBRE DOÑA PEPA
¿Y QUÉ HACE EL MINISTERIO, O LO QUE SEA, POR DOÑA PEPA? ¡NADA! TOTAL, ESTAMOS NOSOTROS PARA QUE DOÑA PEPA NO SE MUERA DE HAMBRE
¡DENLE NOMÁS!
¡POSEN SUS CABECITAS OFICIALES SOBRE SUS ALMOHADAS RELLENAS CON FIDEOS DE ALMACÉN DON MANOLO Y DUERMAN TRANQUILOS NOMÁS!

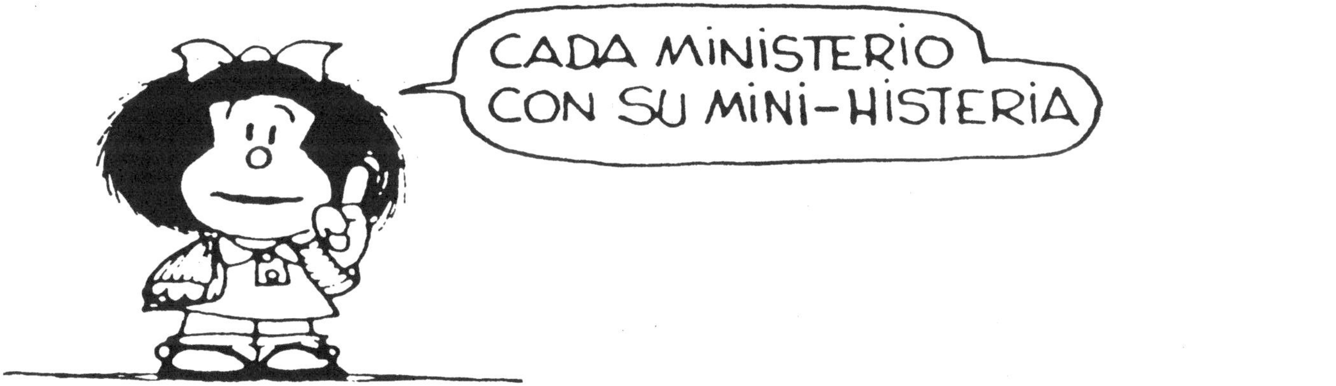
CADA MINISTERIO CON SU MINI-HISTERIA

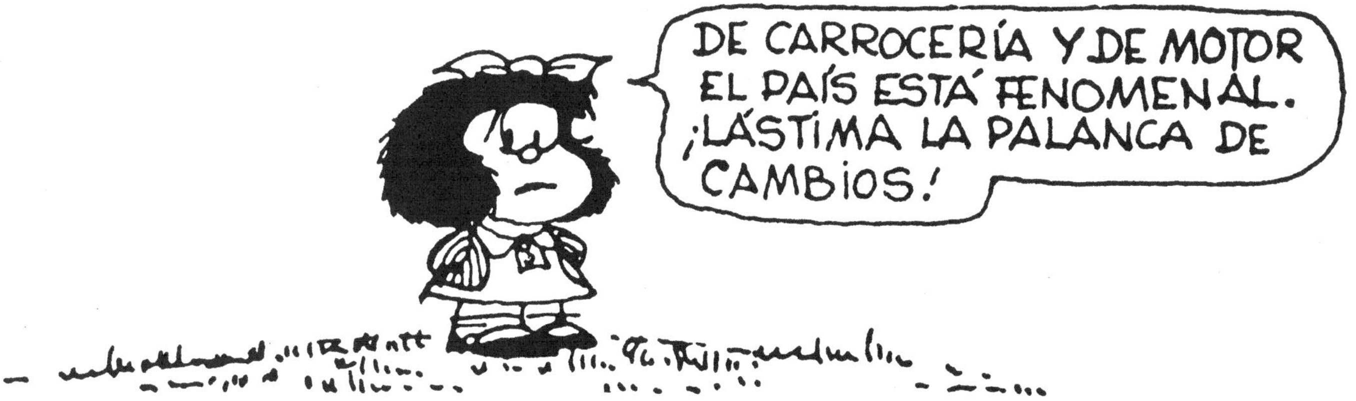
DE CARROCERÍA Y DE MOTOR EL PAÍS ESTÁ FENOMENAL. ¡LÁSTIMA LA PALANCA DE CAMBIOS!

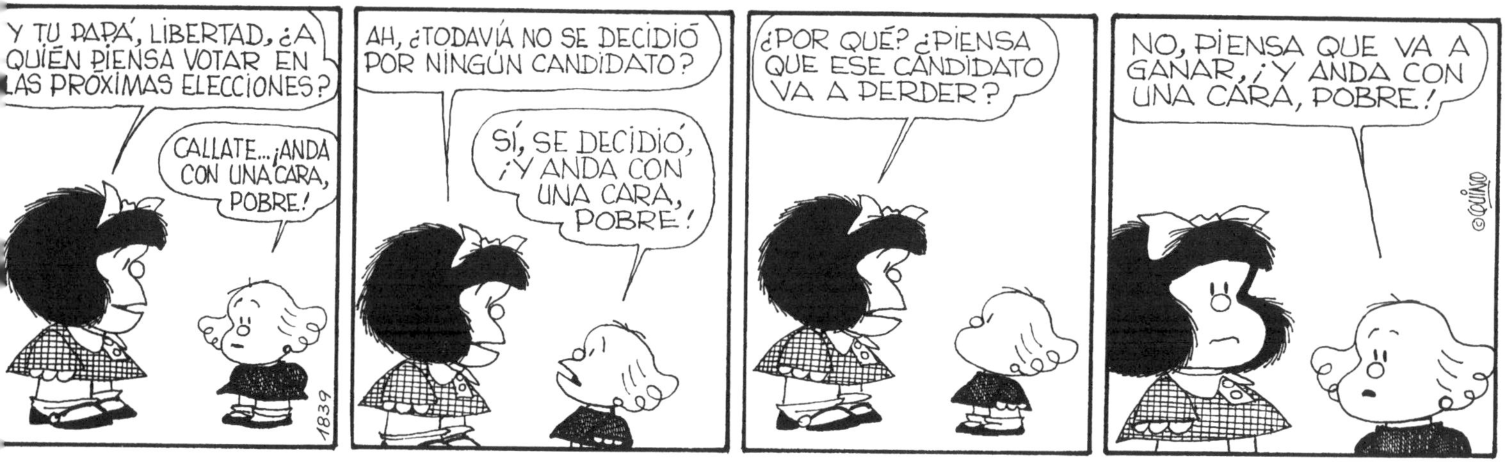
Y TU PAPÁ, LIBERTAD, ¿A QUIÉN PIENSA VOTAR EN LAS PRÓXIMAS ELECCIONES?
CALLATE... ¡ANDA CON UNA CARA, POBRE!
1839
AH, ¿TODAVÍA NO SE DECIDIÓ POR NINGÚN CANDIDATO?
SÍ, SE DECIDIÓ, ¡Y ANDA CON UNA CARA, POBRE!
¿POR QUÉ? ¿PIENSA QUE ESE CANDIDATO VA A PERDER?
NO, PIENSA QUE VA A GANAR, ¡Y ANDA CON UNA CARA, POBRE!
©QUINO

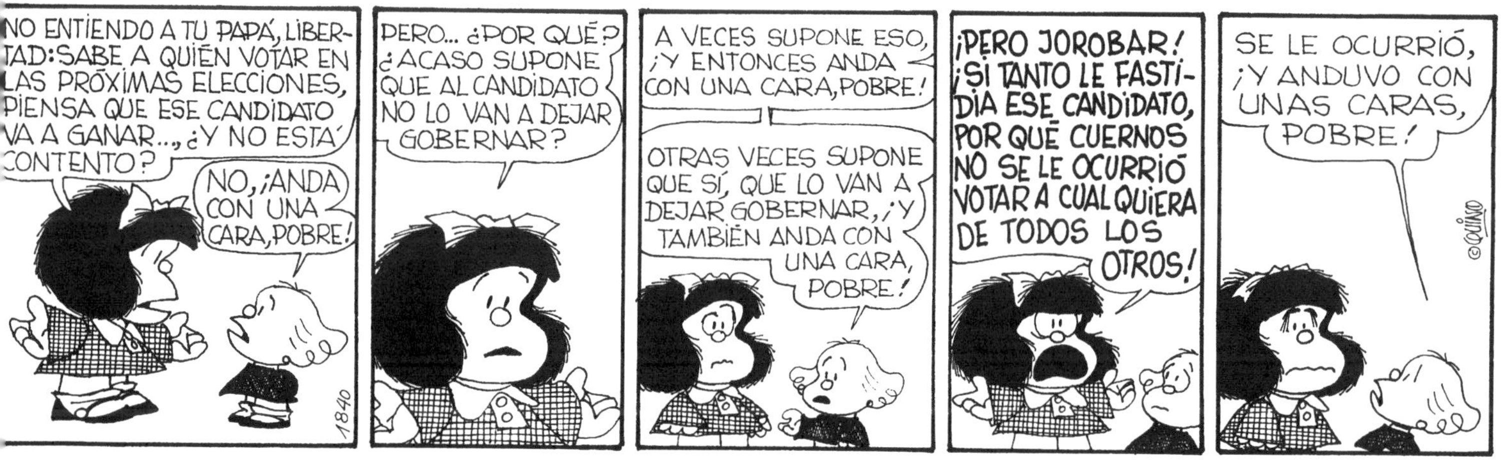
NO ENTIENDO A TU PAPÁ, LIBERTAD: SABE A QUIÉN VOTAR EN LAS PRÓXIMAS ELECCIONES, PIENSA QUE ESE CANDIDATO VA A GANAR..., ¿Y NO ESTÁ CONTENTO?
NO, ¡ANDA CON UNA CARA, POBRE!
1840
PERO... ¿POR QUÉ? ¿ACASO SUPONE QUE AL CANDIDATO NO LO VAN A DEJAR GOBERNAR?
A VECES SUPONE ESO, ¡Y ENTONCES ANDA CON UNA CARA, POBRE!
OTRAS VECES SUPONE QUE SÍ, QUE LO VAN A DEJAR GOBERNAR, ¡Y TAMBIÉN ANDA CON UNA CARA, POBRE!
¡PERO JOROBAR! ¡SI TANTO LE FASTIDIA ESE CANDIDATO, POR QUÉ CUERNOS NO SE LE OCURRIÓ VOTAR A CUALQUIERA DE TODOS LOS OTROS!
SE LE OCURRIÓ, ¡Y ANDUVO CON UNAS CARAS, POBRE!
©QUINO

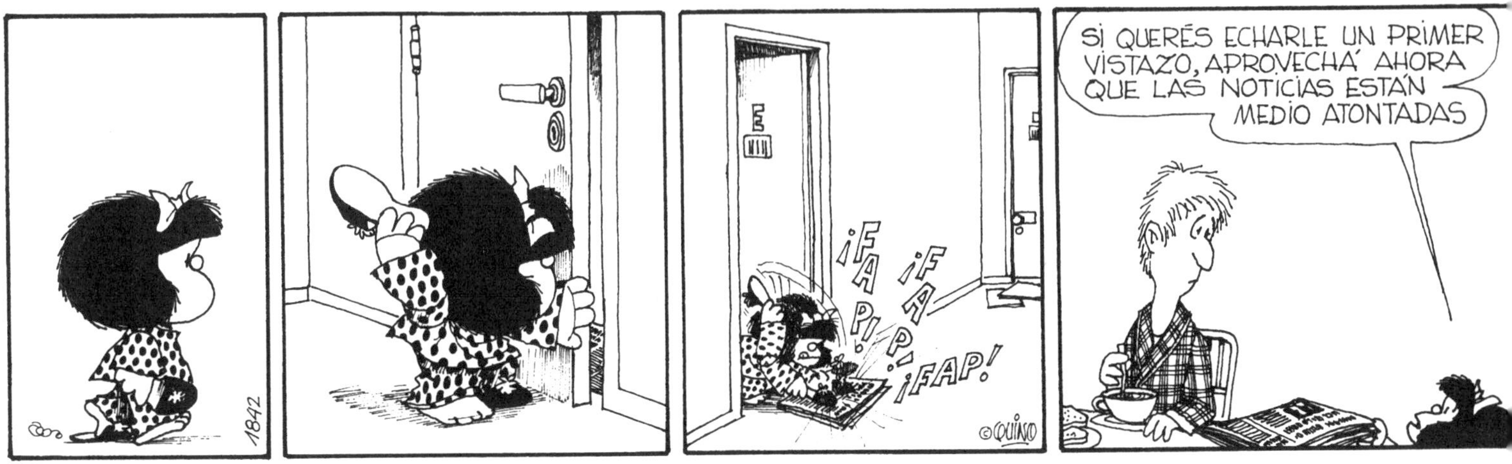
1842
¡FAP! ¡FAP! ¡FAP!
©QUINO
SI QUERÉS ECHARLE UN PRIMER VISTAZO, APROVECHÁ AHORA QUE LAS NOTICIAS ESTÁN MEDIO ATONTADAS

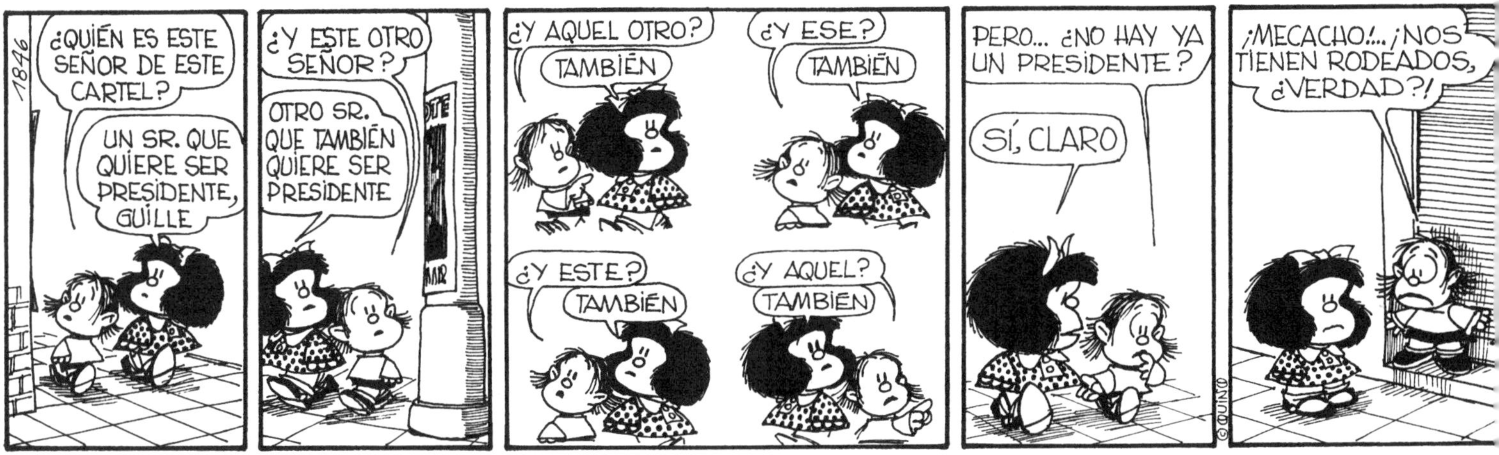
1846
¿QUIÉN ES ESTE SEÑOR DE ESTE CARTEL?
UN SR. QUE QUIERE SER PRESIDENTE, GUILLE
¿Y ESTE OTRO SEÑOR?
OTRO SR. QUE TAMBIÉN QUIERE SER PRESIDENTE
¿Y AQUEL OTRO?
TAMBIÉN
¿Y ESE?
TAMBIÉN
¿Y ESTE?
TAMBIÉN
¿Y AQUEL?
TAMBIEN
PERO... ¿NO HAY YA UN PRESIDENTE?
SÍ, CLARO
©QUINO
¡MECACHO!... ¡NOS TIENEN RODEADOS, ¿VERDAD?!

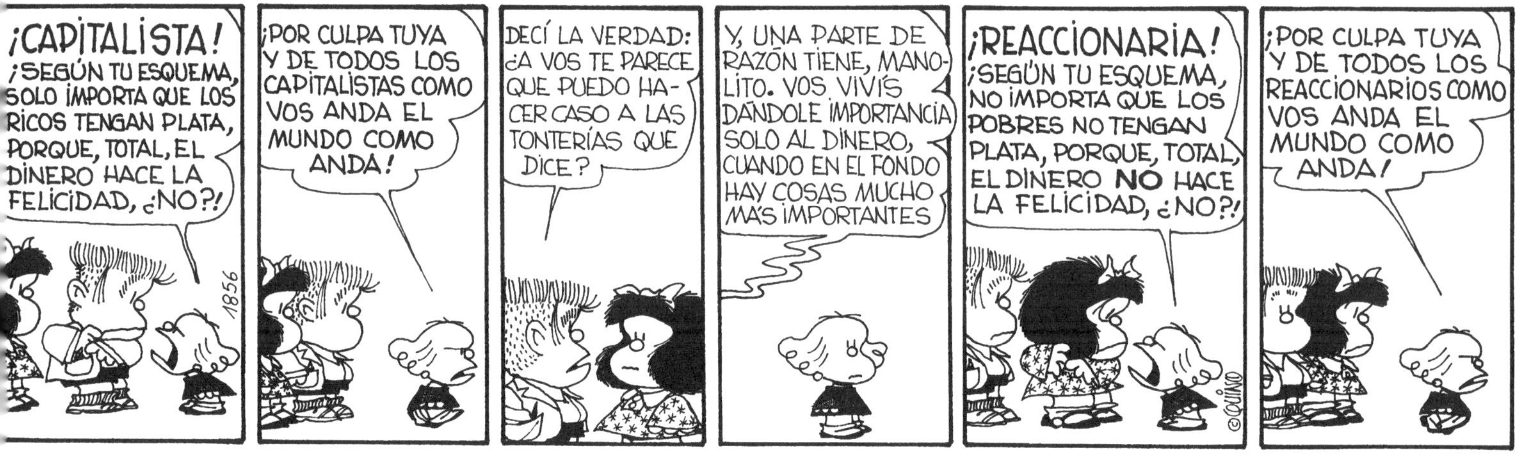
¡CAPITALISTA! ¡SEGÚN TU ESQUEMA, SOLO IMPORTA QUE LOS RICOS TENGAN PLATA, PORQUE, TOTAL, EL DINERO HACE LA FELICIDAD, ¿NO?!
1856
¡POR CULPA TUYA Y DE TODOS LOS CAPITALISTAS COMO VOS ANDA EL MUNDO COMO ANDA!
DECÍ LA VERDAD: ¿A VOS TE PARECE QUE PUEDO HACER CASO A LAS TONTERÍAS QUE DICE?
Y, UNA PARTE DE RAZÓN TIENE, MANOLITO. VOS VIVÍS DÁNDOLE IMPORTANCIA SOLO AL DINERO, CUANDO EN EL FONDO HAY COSAS MUCHO MÁS IMPORTANTES
¡REACCIONARIA! ¡SEGÚN TU ESQUEMA, NO IMPORTA QUE LOS POBRES NO TENGAN PLATA, PORQUE, TOTAL, EL DINERO NO HACE LA FELICIDAD, ¿NO?!
©QUINO
¡POR CULPA TUYA Y DE TODOS LOS REACCIONARIOS COMO VOS ANDA EL MUNDO COMO ANDA!

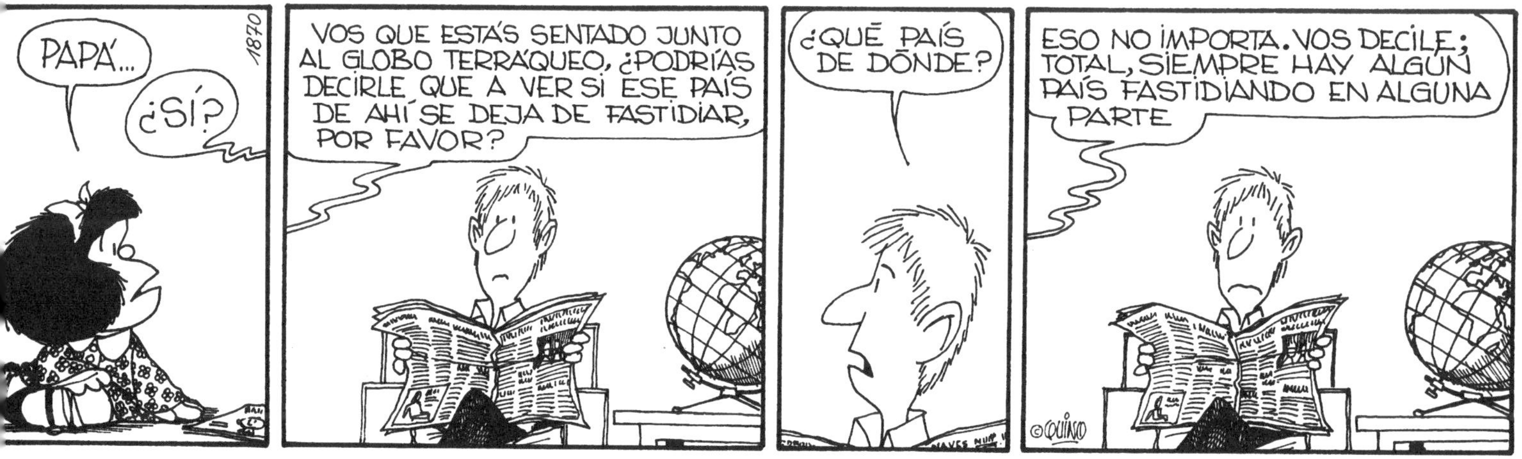
1870
PAPÁ...
¿SÍ?
VOS QUE ESTÁS SENTADO JUNTO AL GLOBO TERRÁQUEO, ¿PODRÍAS DECIRLE QUE A VER SI ESE PAÍS DE AHÍ SE DEJA DE FASTIDIAR, POR FAVOR?
¿QUÉ PAÍS DE DÓNDE?
ESO NO IMPORTA. VOS DECILE; TOTAL, SIEMPRE HAY ALGÚN PAÍS FASTIDIANDO EN ALGUNA PARTE
©QUINO

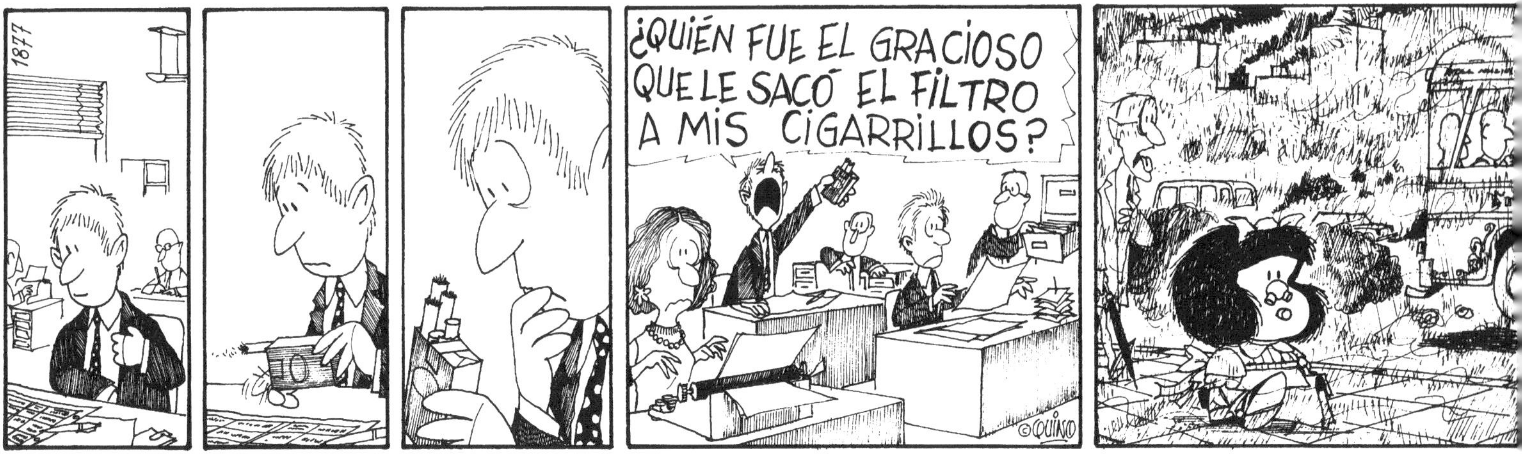
1877
¿QUIÉN FUE EL GRACIOSO QUE LE SACÓ EL FILTRO A MIS CIGARRILLOS?
©QUINO

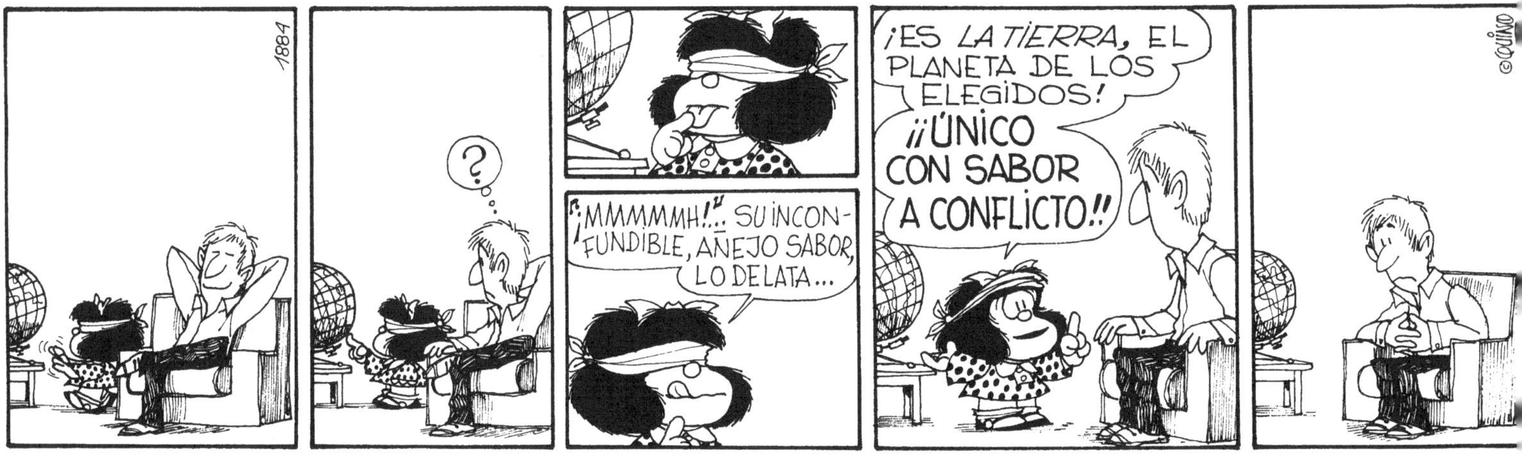
1884
?
¡MMMMMH!... SU INCONFUNDIBLE, AÑEJO SABOR, LO DELATA...
¡ES *LA TIERRA*, EL PLANETA DE LOS ELEGIDOS!
¡¡ÚNICO CON SABOR A CONFLICTO!!
©QUINO

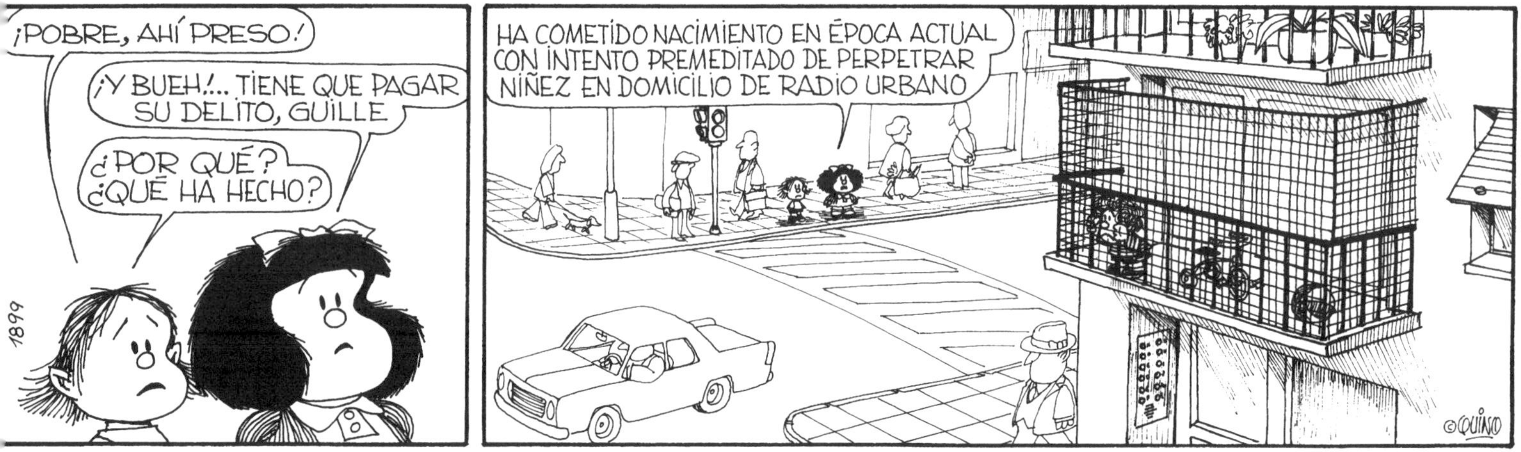
¡POBRE, AHÍ PRESO!
¡Y BUEH!... TIENE QUE PAGAR SU DELITO, GUILLE
¿POR QUÉ? ¿QUÉ HA HECHO?
1899
HA COMETIDO NACIMIENTO EN ÉPOCA ACTUAL CON INTENTO PREMEDITADO DE PERPETRAR NIÑEZ EN DOMICILIO DE RADIO URBANO
©QUINO

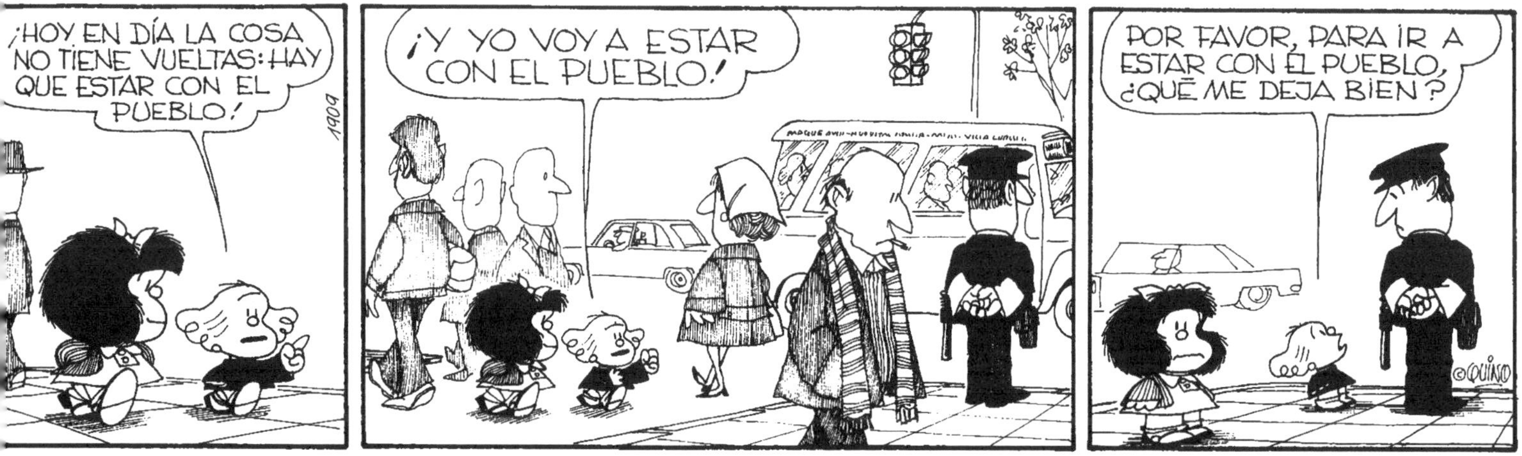
¡HOY EN DÍA LA COSA NO TIENE VUELTAS: HAY QUE ESTAR CON EL PUEBLO!
1909
¡Y YO VOY A ESTAR CON EL PUEBLO!
POR FAVOR, PARA IR A ESTAR CON EL PUEBLO, ¿QUÉ ME DEJA BIEN?
©QUINO

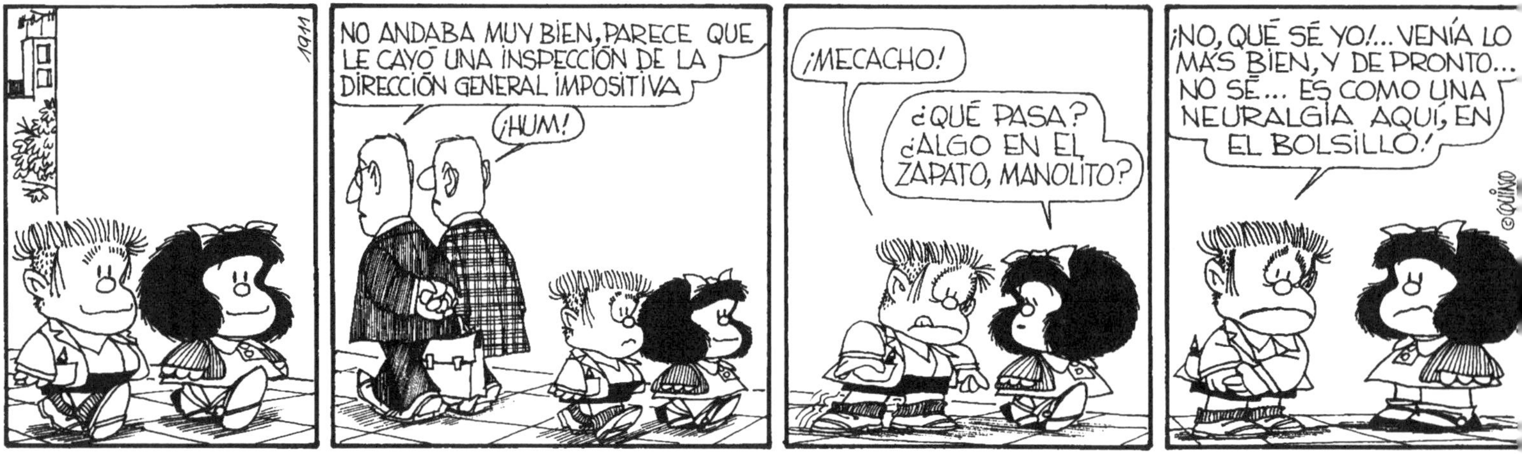
1911
NO ANDABA MUY BIEN, PARECE QUE LE CAYÓ UNA INSPECCIÓN DE LA DIRECCIÓN GENERAL IMPOSITIVA
¡HUM!
¡MECACHO!
¿QUÉ PASA? ¿ALGO EN EL ZAPATO, MANOLITO?
¡NO, QUÉ SÉ YO!... VENÍA LO MÁS BIEN, Y DE PRONTO... NO SÉ... ES COMO UNA NEURALGIA AQUÍ, EN EL BOLSILLO!
©QUINO

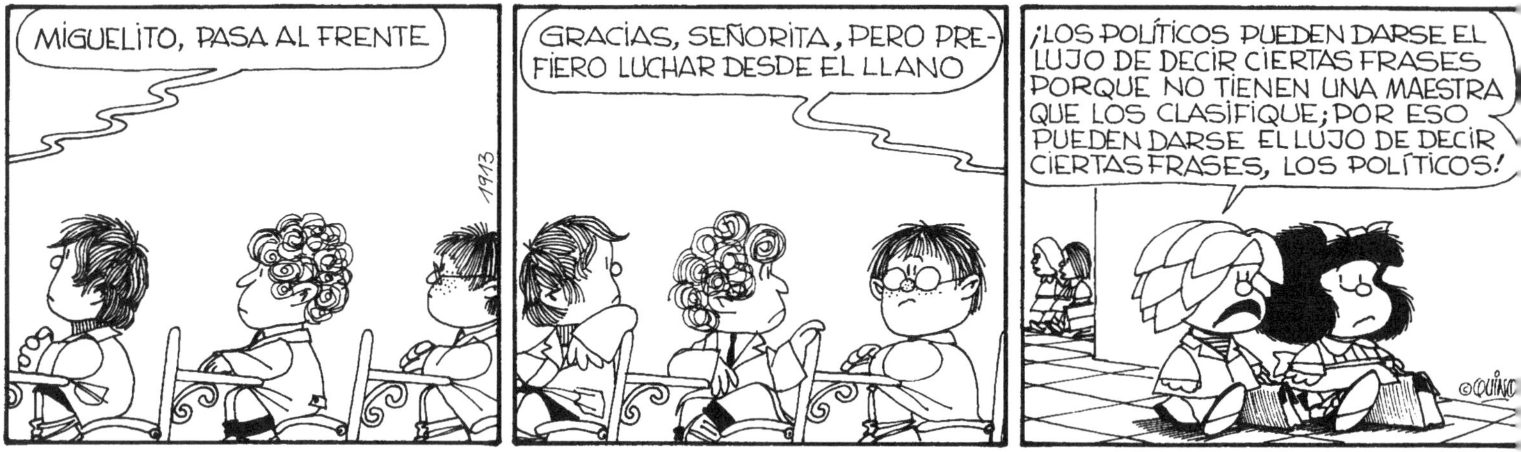
MIGUELITO, PASA AL FRENTE
1913
GRACIAS, SEÑORITA, PERO PREFIERO LUCHAR DESDE EL LLANO
¡LOS POLÍTICOS PUEDEN DARSE EL LUJO DE DECIR CIERTAS FRASES PORQUE NO TIENEN UNA MAESTRA QUE LOS CLASIFIQUE; POR ESO PUEDEN DARSE EL LUJO DE DECIR CIERTAS FRASES, LOS POLÍTICOS!
©QUINO

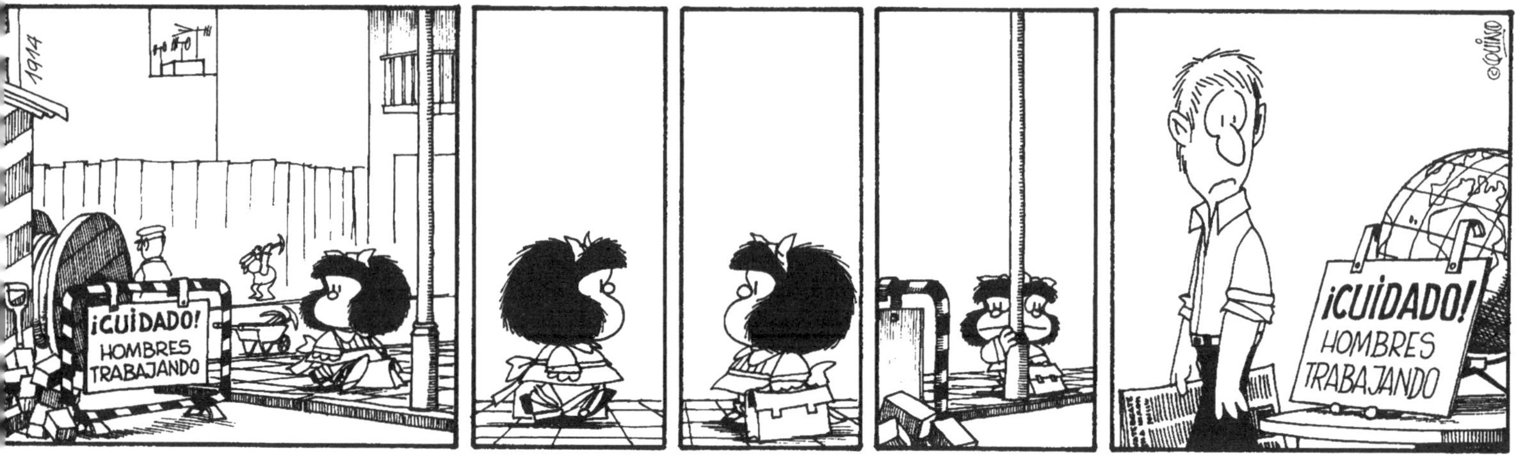
1914
¡CUIDADO! HOMBRES TRABAJANDO
¡CUIDADO! HOMBRES TRABAJANDO
©QUINO

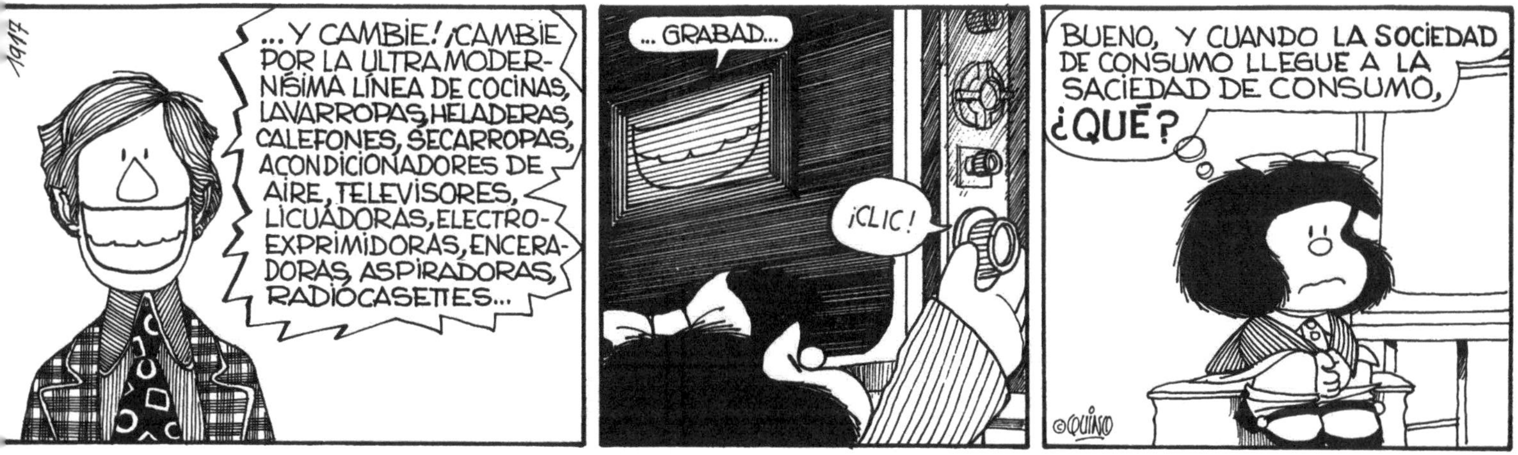
1917
...Y CAMBIE! ¡CAMBIE POR LA ULTRAMODERNÍSIMA LÍNEA DE COCINAS, LAVARROPAS, HELADERAS, CALEFONES, SECARROPAS, ACONDICIONADORES DE AIRE, TELEVISORES, LICUADORAS, ELECTRO-EXPRIMIDORAS, ENCERADORAS, ASPIRADORAS, RADIOCASETTES...
... GRABAD...
¡CLIC!
BUENO, Y CUANDO LA SOCIEDAD DE CONSUMO LLEGUE A LA SACIEDAD DE CONSUMO, ¿QUÉ?
©QUINO

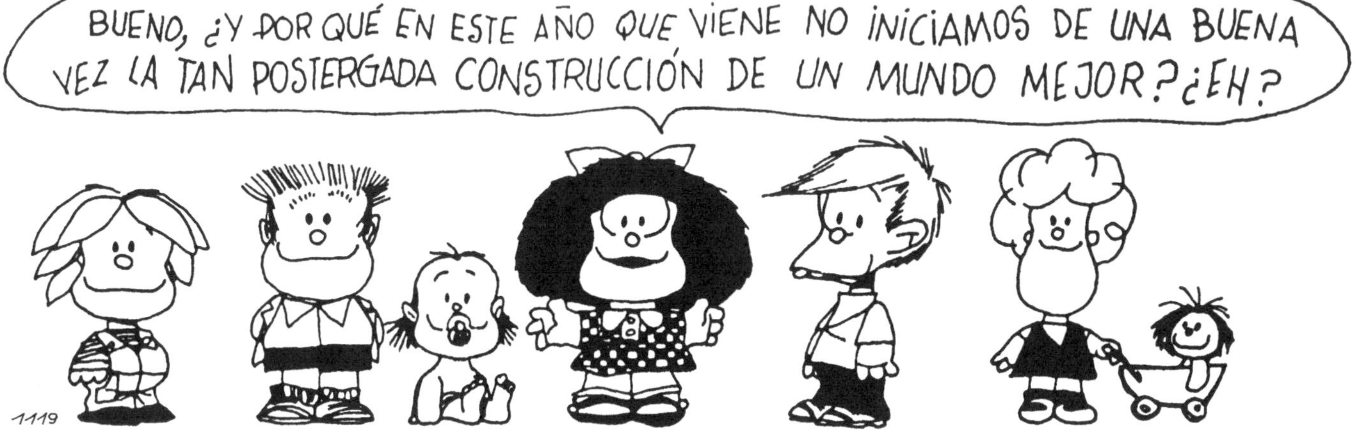
BUENO, ¿Y POR QUÉ EN ESTE AÑO QUE VIENE NO INICIAMOS DE UNA BUENA VEZ LA TAN POSTERGADA CONSTRUCCIÓN DE UN MUNDO MEJOR? ¿EH?
1119

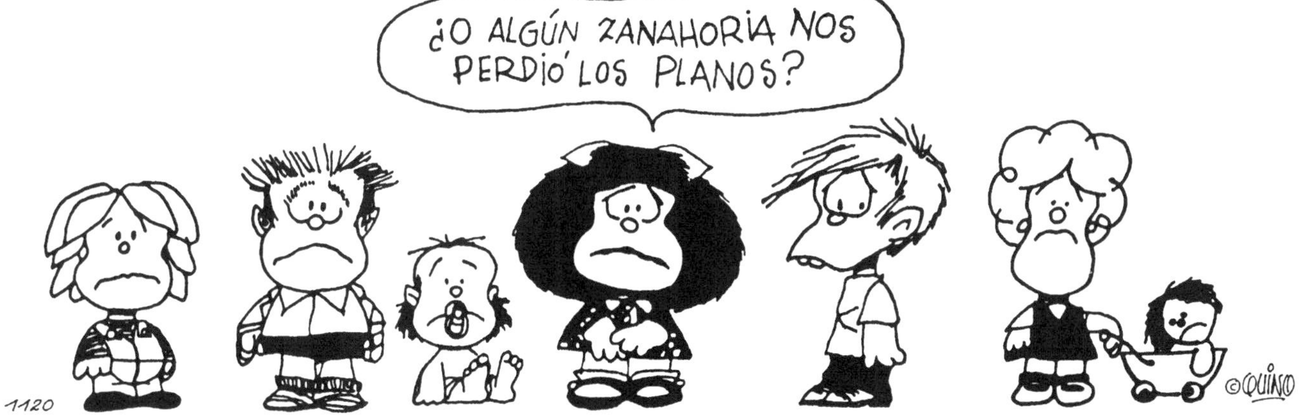
¿O ALGÚN ZANAHORIA NOS PERDIÓ LOS PLANOS?
1120
©QUINO

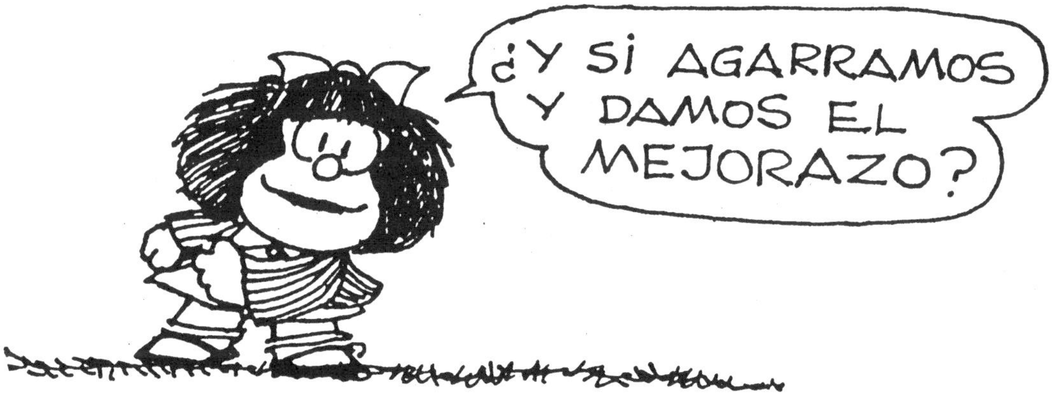
¿Y SI AGARRAMOS Y DAMOS EL MEJORAZO?

Joaquín Lavado nació el 17 de julio de 1932 en Mendoza (Argentina) en el seno de una familia de emigrantes andaluces. Descubrió su vocación como dibujante a los tres años. Por esas fechas ya lo empezaron a llamar **Quino**. En 1954 publica su primera página de chistes en el semanario bonaerense *Esto Es*. En 1964, su personaje Mafalda comienza a aparecer con regularidad en el semanario *Primera Plana*. El éxito de sus historietas le brinda la oportunidad de publicar en el diario nacional *El Mundo* y será el detonante del boom editorial que se extenderá por todos los países de lengua castellana. Tras la desaparición de *El Mundo* y un año de ausencia, Mafalda regresa a la prensa en 1968 gracias al semanario *Siete Días* y en 1970 llega a España de la mano de Esther Tusquets y de la editorial Lumen. En 1973, Mafalda y sus amigos se despiden para siempre de sus lectores. Lumen ha publicado los once tomos recopilatorios de viñetas de *Mafalda*, numerados de 0 a 10, y también en un único volumen —*Mafalda. Todas las tiras* (2011)—, así como las viñetas que permanecían inéditas y que integran junto con el resto el libro *Todo Mafalda*, publicado con ocasión del cincuenta aniversario del personaje. En 2018 vio la luz la recopilación en torno al feminismo *Mafalda. Femenino singular*; en 2019, *Mafalda. En esta familia no hay jefes*; en 2020, *El amor según Mafalda*; en 2021, *La filosofía de Mafalda* y en 2022, *Mafalda presidenta*. También han aparecido en Lumen los dieciséis libros de viñetas humorísticas del dibujante, entre los que destacan *Mundo Quino* (2008), *Quinoterapia* (2008), *Simplemente Quino* (2016), y el volumen recopilatorio *Esto no es todo* (2008).

Quino ha logrado tener una gran repercusión en todo el mundo, se han instalado esculturas de Mafalda en Buenos Aires, Oviedo y Mendoza, sus libros han sido traducidos a más de veinte lenguas y dialectos (los más recientes son el armenio, el búlgaro, el hebreo, el polaco y el guaraní), y ha sido galardonado con premios tan prestigiosos como el Príncipe de Asturias de Comunicación y Humanidades y el B'nai B'rith de Derechos Humanos. Quino murió en Mendoza el 30 de septiembre de 2020.

... Y EN LA ACTUAL COYUNTURA EN LA QUE EL COPYRIGHT
DE ESTE LIBRO ES DE QUINO, EN LA QUE EDITORIAL
LUMEN (TRAVESSERA DE GRACIA, 47-49, BARCELONA)
EDITA ESTE VOLUMEN, NO DEBEMOS IGNORAR QUE QUEDA
HECHO EL DEPÓSITO LEGAL N.º B-18.931-2021, NI QUE SU
ISBN ES EL 978-84-264-1109-9
ESTE LIBRO ESTÁ IMPRESO EN ESPAÑA Y,
POR QUÉ NO DECIRLO, PRINTED IN
SPAIN, PERO UN PRINTED NUESTRO,
LIBRE DE INFLUENCIAS
FORÁNEAS QUE...